Nitsche · DER WEG AUS DER KRISE

Roland Nitsche

DER WEG AUS DER KRISE

Bewältigte Zivilisation

Langen-Müller

Schutzumschlag: Typobild-Werbung Günter Becker
Satz und Druck: Brönner & Daentler KG, Eichstätt
Binden: Buchbinderei Thomas, Augsburg
Printed in Germany 1974
ISBN 3-7844-1540-7

Inhalt

Vorwort

Energiealarm in allen führenden Industrieländern Europas, in den USA und Japan. Er hat den Umweltalarm in den Hintergrund der öffentlichen Diskussionen gedrängt, aber nur scheinbar unaktuell gemacht. Denn trotz der Erdölkrise und ihrer Folgen hat nach wie vor die Sanierung der Biosphäre Vorrang unter den Aufgaben der Kulturmenschheit, und diese beginnt, ihre Gefährdung durch die Umweltverseuchung zu begreifen. Die EWG hat 1972 ein Rettungsprogramm für den Rhein entworfen. Im gleichen Jahr haben die Delegierten von 29 Staaten in Rejkjavik eine internationale Konvention zum Schutz der Meere ausgearbeitet und die USA und Kanada ein Abkommen über die Säuberung der gefährlich verschmutzten großen Seen unterzeichnet. Die UNO hat einen Aktionsplan für Umweltschutz erarbeitet und Bonn ein Immissionsschutzgesetz erlassen, das mit harten Strafandrohungen Umweltverschmutzung verbietet. Der damalige stellvertretende Vorsitzende der EWG-Kommission, Sicco Mansholt, verlangte Sauberkeitszertifikate oder Strafzoll für Importwaren, von denen nicht nachgewiesen wird, daß sie ohne Umweltschädigung erzeugt wurden. Ja selbst die NATO hat im November 1971 nach zweijähriger Vorarbeit Richtlinien für die Bekämpfung der Luftverpestung aufgestellt, und 1972 unterzeichneten Moskau und

Washington ein bilaterales Umweltabkommen, nur wenige Tage vor der multilateralen UNO-Weltraumkonferenz, die für 1972 nach Stockholm einberufen war.

Aber schon am 22. April 1970 haben die USA unter enormer Beteiligung der Bevölkerung den »Earth Day« begangen, der auf die Krise der Biosphäre aufmerksam machte und »action now« für die Erde verlangte. Brasilien entwarf ein Schutzprogramm für die Umwelt von Rio de Janeiro, und Japan hat seine »Agentur für Umweltschutz«. Die Moskauer ›Literaturnaja Gazeta‹ warnte: »Wir töten unsere Erde«, und Nixon verkündete für die USA ein Milliarden-Dollar-Programm zur Sanierung des Wasserhaushalts. Die Völker beginnen umweltbewußt zu werden.

Die OECD, der 23 Staaten angehören, und die europäischen Dachverbände der Industrie haben den Umweltschutz zu ihrem Thema gemacht, die Wiener Tagung der internationalen Handelskammer im April 1971 befaßte sich ebenfalls mit ihm so wie die Wiener Konferenz des Europarates im März 1973. Denn die kaum noch übersehbare ökologische Literatur mahnt in allen Sprachen einstimmig, daß es später sei, als man glaubt. Die Rettung des menschlichen Lebensraums vor seiner Zerstörung durch die Wohlstandsgesellschaft duldet keinen Aufschub mehr, soll die Menschheit davor gerettet werden, technischen Selbstmord zu begehen.

Aber die Welt fühlt sich inmitten eines Schöpfungstages, und der Schöpfungsrausch des Menschen kennt keine Grenzen. Er hat erfahren, daß seine Umwelt machbar ist, und so macht er sie denn, den Blick stur auf seine stets bessere Versorgung fixiert, indem er sich immer neue wirtschaftliche Zukunftsbilder vorantreibt, an denen sich alle seine Glückserwartungen entzünden.

Die Vorbereitung der Produktion auf die Bedarfsdekkung für sieben Milliarden Menschen im Jahre 2000; die uferlosen Hoffnungen, die man auf Chemie und Atomkraft setzt; der Griff der Technik in den Kosmos – das alles hält unsere Zeit in Atem, die sich als Epoche der Welterneuerung versteht, als »Kulturschwelle« (Arnold Gehlen), als »Ende der bisherigen abendländischen Entwicklung« (Alfred Weber), als »Wendepunkt der Geschichte« (Pierre Bertaux).

Der französische Kulturphilosoph Gaetan Picon schrieb: »Noch niemals ist das Gefühl, eine beispiellose Verwandlung von nie dagewesenen Ausmaßen zu erleben, so stark und so begründet gewesen wie in unserer Zeit. Ein neues geologisches Zeitalter hob die Rinde unseres geistigen Planeten empor, nachdem dessen tiefste Schichten Umwandlungen erlitten hatten.«[1]

Das waren zunächst nur schwer kommunizierbare Stimmungen, in denen sich Ahnungen mit Wissen, Ängste mit Hoffnungen, Pläne mit Ratlosigkeit mischten. Heute herrscht ein Gefühl vor, das unter den Besorgten aller Länder als eine »Stimmung von Gefahr« (Karl Jaspers) um sich greift und ihnen die qualvolle Frage aufdrängt, in welche Himmel oder Höllen der sich selbst überstürzende Fortschritt die Menschheit führen wird und was das Dahinrasen in die Zukunft eigentlich lenkt.

Oder sollte nichts mehr lenken? Sollte die Menschheit in einen Fortschritt geraten sein, der steuerlos geworden ist und ins Ungewisse führt, solange sein Treibstoff reichen mag, die menschliche Fortschrittsenergie? Man schlage beliebige Zeitungen, Zeitschriften oder Sachbücher auf, man verfolge die Themen wissenschaftlicher Kongresse, wirtschaftlicher Tagungen oder politischer Versammlungen. Überall ist der Fortschritt im Gespräch. Er ist es, der jede Politik technischer Mittelanwendungen regiert, ob es die Verkehrs-, Industrie-, Siedlungs-, Gewerbe-, Raumfahrt- oder Rüstungspolitik ist. Immer und überall geht es um den Fortschritt. Denn unverändert ist seit dem Beginn des Industriezeitalters die Suggestivkraft, mit der er auf die Lebensgestaltung wirkt. Jede Kritik an ihm wird der Fortschrittsfeindschaft verdächtigt, als wäre diese nicht so absurd wie Feindschaft gegen die Erdumdrehung. Denn der Fortschritt der modernen Technik hat seinen »point of no return« in dem Augenblick bereits überschritten, in dem sie geboren wurde, und ihr Schicksal ist es, immer weiter vorzuschreiten; nur ihre Ziele kann die Technik ändern. Doch ihre traditionellen sind so stark wertbesetzt, daß ihnen selbst die natürliche Umwelt bedenkenlos aufgeopfert wird, ist nur der Appell an die geradezu uferlosen Glückserwartungen, die in die Technik gesetzt werden, und an die wirtschaftliche Fortschrittsleidenschaft stark genug.

Aber der Ruin des Atemraums in den Städten, die Verseuchung der Weltmeere, die Verwandlung der Flüsse in Kloaken, der Seen in stinkende Tümpel und der Felder in Giftablagerungen — das alles erzwingt eine Umorientierung des Fortschritts von der sturen Vermehrung der Lebensgüter zur Sicherung des Lebens selbst. Denn die Ausgleichskräfte der Natur, die im Tier- und Pflanzenreich Fehlentwicklungen so weitgehend selbsttätig korrigieren, genügen längst nicht mehr, um durch solche Regelungsautomatik überall dort gegenzusteuern, wo der Mensch die biologische Richtung verloren hat.

Von den Klagen Platons über die Abholzung der attischen Berge vor zweieinhalb Jahrtausenden bis zu den Warnungen Nixons in diesen Jahren reicht das vergebliche Bemühen einzelner, den Amoklauf der Menschheit gegen die Natur zu stoppen. Wie sie, von ihren Anlagen und Fähigkeiten verführt, in diese Sackgasse des Fortschritts geriet und wie der ursprünglich notwendige Kampf ums Dasein zu einem ruinösen Kampf gegen die biologische Daseinsbasis entartete, das ist ein dramatisches Geschehen, dessen Klimax jetzt erreicht und dessen Peripetie unerläßlich ist.

Fast könnte man glauben, diese Umkehr stehe unmittelbar bevor, erlebt man doch geradezu eine Explosion von Aktivitäten für den Umweltschutz, die manchmal schon eine Umwelthysterie werden und ein Geschäft mit der Angst. Es gibt in Europa kaum noch eine Gemeinde, eine Partei, eine Regierung, die nicht ihr Umweltbewußtsein demonstriert oder doch zumindest deklamiert; die Umweltfrage scheint längst in jedermanns Bewußtsein gedrungen zu sein.

Doch dann speit wieder in Hamburg der Kamin eines Kupferwerks Giftwolken aus, finden sich in Belgien sorglos vergrabene und leicht angerostete Fässer mit

Zyankali und sterben im Abwasser von Industrien die letzten Fische in Schweizer Seen. Giftstoffe werden noch immer ins Meer geleitet, und seine Verölung geht weiter. Dann wieder hört man, daß die Luftverpestung in Venedig Industriearbeiter zwingt, Gasmasken zu tragen, daß im Februar 1973 ein Volksaufstand in Korsika vergeblich versuchte, die Vergiftung der Ufergewässer durch Chemierückstände zu verhindern, daß eine Fabrik in Niederösterreich durch ihre Abwässer den Fischbestand der Donau auf weite Strecken gemordet hat, und daß sowjetische Behörden über die Umweltgleichgültigkeit vieler Industrien in ihrem Lande klagen.

Während Naturschutzgesetze die Ausrottung von Enzian, Edelweiß und Murmeltieren verbieten, ist der Mensch weiter dabei, die Ausrottung der eigenen Gattung zu betreiben. Denn der Druck der Bevölkerungsexplosion, die Faszination durch das Wirtschaftswachstum und das Zuckerbrot der ständigen Wohlstandsvermehrung wirken stärker als alle Warnungen der Wissenschaft vor der Verwüstung der Biosphäre. Die große Umkehr ist noch nicht da, die Umwelt noch längst nicht gesichert, denn die Signalwirkungen der unzähligen lokalen Umweltkatastrophen sind bescheiden geblieben.

Weit aufschreckender wirkten die Signale der drohenden Energiekrise, die durch die Erdölpolitik der arabischen Staaten plötzlich ausgelöst wurde. Aber daß der Energiemangel durch Wachstumsstop zum Stop der Umweltverwüstung werden wird, ist heute noch nicht mehr als eine Vermutung; sehr unwahrscheinlich, daß sie Wirklichkeit wird. Die Rettung der Biosphäre kann nur durch eine tiefgreifende Bewußtseinsänderung der Kulturmenschheit erreicht werden, und daß der arabische Ölboykott genügt, sie zu bewirken, ist kaum zu glauben.

Was machte den Menschen zum Feind der Natur, wie brachte er sich in seine heutige Situation, die sein Überleben gefährdet, und *wie kann er aus ihr heraus?* Das sind Fragen, auf die Antworten gefunden werden müssen, denn nur sie geben der Menschheit die Chance, die Krise ihres Fortschritts durch ein Überlebensprogramm zu meistern.

I.

Erinnerungen an den Ursprung

Im Banne der Zukunft

Wer den Menschen von heute verstehen will, muß nach seinem Ursprung fragen. Denn wie sich im Aufbau des menschlichen Körpers überall Erinnerungen an dessen Stammesgeschichte finden, im Arm an den Flügel urältester Vogelahnen und in der ältesten Hirnschicht an Reste des Reptilienhirns, so zeigt sich in dem Seelenleben des Modernen unverlierbares Erbgut aus der Zeit der Menschheitsdämmerung.

In einem Aufsatz, den Otto König abdruckt, schreibt Konrad Lorenz, »daß alle Lebewesen, einschließlich des Menschen selbst, nicht nur die Merkmale ihres Körperbaues, sondern auch die gesamte Struktur ihres körperlichen und seelischen Verhaltens einem Entwicklungsvorgang verdanken, der sich im Laufe von vielen Jahrmillionen abgespielt hat und in dessen Laufe Komplizierteres, Höheres aus Einfacherem, Niedrigerem entstanden ist. Der Weg zum Verständnis des Menschen führt genau ebenso über das Verständnis des Tieres, wie ohne Zweifel der Weg zur Entstehung des Menschen über das Tier geführt hat.«[2] Damals, als unsere Gattung sich aus ihren tierischen Vorfahren entwickelte, wurden ihr von der Natur Dispositionen mitgegeben, die sie als urtümliche Instinkte, Hemmungen, Triebe und Ängste bis heute konserviert. Sie sind die unbewußten Auslöser eines großen Teils des Weltverhaltens auch des heutigen Menschen, das ihn bis zur

biologischen Gefährdung seiner ganzen Gattung getrieben hat.
Der Frühmensch, von der Entwicklung weitgehend aus den Zwängen vormenschlicher Instinktgebundenheit, aber zugleich aus der Bergung in einem genau auf die tierischen Bedürfnisse abgestimmten Lebensmilieu entlassen, wurde weltoffen und mußte sich Natur in Kultur umgestalten, um sich zu erhalten. Denn es gibt keine Umwelt, in die er so natürlich eingepaßt wäre wie die anderen Lebewesen in die ihre. Er hat sich die Chance seines Überlebens selber zu schaffen, indem er sich mit der Natur, zweckvoll handelnd, also arbeitend und sie zu seinem Nutzen verändernd, auseinandersetzt.
Noch seine unmittelbaren tierischen Vorfahren lebten, obwohl schon weniger spezialisiert, nicht anders als die anderen Wesen auch: instinktgebunden und noch immer naturgesichert. Aber bereits die allerfrühesten Menschen waren durch diese gleiche Natur mehr gefährdet als das Tier, weil weniger durch Instinkte geschützt und zu Angriff wie Verteidigung schlechter gerüstet. Vom Raubwild bedroht, vom Jagdwild abhängig, lebten diese Urmenschen im Kampf um die Erhaltung vom ersten bis zum letzten Augenblick. Sie jagten und wurden gejagt, mordeten und wurden gemordet, waren Jäger und Wild zugleich, und der Zufall war Herr über ihr Leben.
Zufällig mochte ein Höhlenbewohner einmal in einer Fanggrube ein größeres Wild erbeutet haben, als es er und seine Familie am gleichen Tag verschlingen konnten. Also war er am nächsten Tag von Jagd entbunden und beschäftigungslos. Doch für ihn wurde Müßiggang

nicht aller Laster, sondern aller Erfindungen Anfang. Denn als er so in seiner Höhle herumdämmerte, mag ihm ein zweiter Zufall ein scharfes Knochenstück in die Hand gespielt haben, und der Neugiertrieb, den der Mensch mit vielen höheren Tieren teilt, wird lebendig geworden sein. Dort lag der Fleischvorrat für morgen, und hier umklammerte die Hand einen scharfen Gegenstand. Spielerisch und vielleicht zum Entsetzen der Höhlenfrau stieß der Höhlenmann den Gegenstand in das so schwer erbeutete Fleisch und zog ihn durch: das Urmesser war erfunden. Durch die Werkzeuge war nicht nur die Jagd leichter geworden, der Mensch hatte auch gelernt, daß Nahrungsvorsorge über den unmittelbaren Bedarf hinaus Freizeit für die Herstellung jagderleichternder Geräte gab; die produktionsumwegige Vorsorgewirtschaft war da.

Mit der Ausformung seines Großhirns hatte der Mensch die Fähigkeit erlangt, sich die Zukunft als künftige Gegenwart vorzustellen, und mit der Erfindung des Werkzeugs gewann er die Möglichkeit, diese Zukunft vorsorglich abzusichern. Sein erstes Vorausdenken in die Zeit trieb ihn bald dazu, den Gefahren der Zukunft auch mit magischen Riten zu begegnen, indem er die Naturdämonen, die Hunger und Jagdglück in ihrer Macht hatten, durch Opfer besänftigte und bei Laune hielt. Denn diese Opfer gaben nach dem Glauben des Primitiven dem Spender die Kraft, die unsichtbaren und gefährlichen Empfänger seiner Gabe, die über Leben und Tod entschieden, zu freundlichem Verhalten zu zwingen. Mit rituellem Lösegeld kaufte sich der Mensch von den Gefahren der Zukunft frei. Deshalb wurde aus dem germanischen ›geldan‹, das ›Opfer‹ bedeutet, unser Geld und aus dem gotischen ›gild‹, der Opfergemeinschaft, die Gilde.

Wie sehr die Menschen der Altsteinzeit bereits in die Zukunft dachten, beweist auch ihre Höhlenmalerei, die ihnen nicht l'art pour l'art, sondern Kunst der Lebenssicherung war. Sie war Beschwörung des Jagdglücks, also eine Form magischer Zukunftsvorsorge. Noch im Altdeutschen bedeutete ›bilith‹, von dem sich unser ›Bild‹ ableitet, Wunderzeichen und höhere Wirklichkeit. Daß diese Höhlenkünstler ihre steinzeitlichen Wunderzeichen schon oft bis zum Abstrakten reduzierten, wie etwa in manchen spanischen Felsmalereien, zeigt, wie unabhängig ihr Denken bereits von den unmittelbaren Sinneswahrnehmungen geworden war.

Nur das Vermögen der Ver-Gegenwärtigung des Künftigen hat den Menschen aus der tierischen Verhaftung in der Gegenwart gelöst. Sein Zukunftsdenken hat ihm als erste abstrakte Leistung seiner heraufdämmernden Vernunft den Weg zur Beherrschung der Natur durch Kultur geöffnet, und erst diese Vorstellbarkeit des Kommenden wurde zu seiner Disposition, Welt zu gestalten und schließlich Welt zu gefährden.

Der Antrieb, sich zweckvoll handelnd vor der Zukunft zu sichern, wurzelte in dem sorgenvollen Vorausdenken in deren Ungewißheit. Dieses Handeln ist des Menschen Antwort auf seine Herausforderung durch seine Situation, die seine Zukunft mit einschließt. Sorge um die Zukunft und die Hoffnung, sie zu bestehen, sind vom Ursprung des Menschen bis heute das Antriebspaar seines Verhaltens zur Umwelt. Nur in sorgegestimmter handelnder Auseinandersetzung mit seiner Zukunft zeigt sich die praktische Freiheit des Menschen, die hier weltwirksam und geschichtsmächtig wird. Könnte er jemals vom Sorge- zum Ruhewesen werden, gäbe es keine Weltveränderung mehr, die Geschichte hätte sich erfüllt. Doch das kann niemals geschehen, und nie kann dem Menschen seine Zukunft gleichgültig sein. Darum ist seine Frage nach ihr alt, uralt. Schon sehr bald hat der Mensch die Eingeweide der Schlachtopfer, den Vogelflug, die Träume und die Sterne um die Zukunft befragt. Denn schon mit dem Morgenlicht der frühesten Kultur war in die Geschichte das eingetreten, was sie seither beherrscht: das Prinzip Sorge. Wo die Zukunft als kommende Gegenwart keinen Platz im Bewußtsein hat und keine Vorsorge auslöst, stagniert der Mensch in jener augenblickverhafteten, primitiv vitalistischen, tiernahen Lebenshaltung, die in vielen Entwicklungsgebieten seine Umstimmung auf wirtschaftliche Zukunftssicherung so schwer macht.

Sorge um die Zukunft ist eine Stimmung, die dem Tier völlig fremd ist. Es ist von Natur darauf angelegt, ihr »blind zu vertrauen«, das heißt, sich durch seinen Instinktmechanismus von Augenblick zu Augenblick leiten zu lassen, ohne die Zukunft als Drohung im Bewußtsein zu haben. Selbst wo ein Tier für die Zukunft vorzusorgen scheint, wie der Hamster durch Vorratshaltung, ist das ein bewußtloses und instinktgesteuertes Tun ohne Wissen um seinen Sinn. Es ist objektiv zweckvoll, weil zukunftsichernd, aber subjektiv zwecklos, weil triebhaft unbewußt. Es sind nur wenige höhere Tiere bekannt, die ihr Instinktverhalten unter der Wirkung äußerer Hemmungen zu verändern und auf einen erstrebten Erfolg hin in beschränkter Freiheit zu handeln vermögen, wie gewisse Menschenaffen, die Werkzeuge verwenden.

Die moderne Forschung hat die Grenze zwischen Tier und Mensch immer unschärfer gemacht. Auch der Mensch ist noch von Instinkten abhängig wie das Tier; hier gibt es nur graduelle Unterschiede. Auch das Tier hat seine Sprache, die von Artgenossen verstanden wird; der artfremde Mensch hat mühsam die Bienensprache erlernt, jetzt studiert er die Sprache der Delphine. Der Mensch ist Werkzeugbenützer, manche Affenart ist es in bescheidensten Grenzen auch. Der Mensch ist ein gesellschaftliches Wesen; Graugänse und Paviane sind es nicht minder. Menschen geben ihre erworbene Erfahrung lehrend an die nächste Generation weiter; Ratten und Dohlen tun das gleiche. Der Mensch sucht Antriebsreize in zweckfreiem Spiel, doch verspielter als Delphine, Junghunde und Katzen kann kein Wesen sein.

Wenn das alles auch zur Vorsicht mahnt, irgendeine Eigenschaft als ausschließlich menschlich zu behaupten, so läßt sich doch mit – vorläufiger? – Gewißheit sagen, daß sich kein Tier um seine Zukunft sorgt, weil keines genügend abstraktes Vorstellungsvermögen besitzt oder seine Vorstellungen lange genug stabilisieren kann, um Zukunftspläne zu entwerfen. Der englische Biologe Julian Huxley schreibt klipp und klar: »Als einziger Organismus ist der Mensch in der Lage, gewohnheitsgemäß an Dinge zu denken, die nicht da

sind. Er allein kann eine komplizierte Situation erfassen, die Gegenwart und Zukunft umspannt.«[3]
So lebt das Tier: es sucht seine Beute genau dann, wenn der Nahrungstrieb es verlangt, doch es denkt nicht vorher an Nahrungssicherung. Es flieht seine Feinde, wenn sein Fluchtreflex ausgelöst wird, doch es sorgt sich um diesen Reflex vorher nicht. Es baut sein Nest, wenn es sein Nistinstinkt befiehlt, keinen Augenblick früher und keinen später und ohne Vorsorge um Baumaterial. Sprechen wir aber von Tieren, dann ist das zu oberflächlich gesprochen. Denn es ist zu unterscheiden zwischen den niederen Tieren, die dem Lebensursprung noch näher sind, und höheren, die eine längere Entwicklungszeit hinter sich haben. Schnecke und Hund sind gleichermaßen Tiere, und doch welch ein Unterschied in ihren Hirnstrukturen, ihrem Verhalten und ihrer Instinktgebundenheit! Es läßt sich sagen, daß Tiere, je höher sie auf der Entwicklungsleiter stehen, um so instinktfreier und lernfähiger sind, doch selbst dem höheren Tier ist es meist unmöglich, sein instinktives Verhalten, wenn es situationswidrig geworden ist, zu modifizieren.
Der Urhund war in seiner freien Wildbahn gewöhnt, Fäkalien zu vergraben. Die gleiche, sinnlos gewordene Grabbewegung unterläßt der domestizierte Hund auch heute nicht, wenn er sich auf städtischem Asphalt entleert hat. Jeder Hundebesitzer kennt auch die Schwierigkeit, eine Wunde seines Tieres mit Salbe zu behandeln. Denn der Hund hat den in seinem natürlichen Milieu höchst sinnvollen Trieb, die Wunde zu lecken, weil sein Speichel Heilwirkung hat. Also wird er auch

die Salbe fortlecken, ja den Schutzverband aufbeißen, um lecken zu können. Das ist sein Versuch instinktgeleiteter Selbstheilung, der naturgemäß aber kulturkonträr ist. Es bedarf sehr erheblicher Behinderungen des Instinktprogramms, um die bei den Tieren stereotyp und zwanghaft ablaufenden Instinkthandlungen zu einer Anpassung an eine neue Situation zu bringen. Es ist das Schicksal des Menschen, daß Kultur auch bei ihm und nicht nur beim Tier Instinkte, die in der Natur lebensfördernd sind, um ihren Sinn bringen, ja lebensfeindlich machen kann, wenn sie nicht entwicklungskonform modifiziert oder völlig abgebaut werden. Der menschliche Aggressionsinstinkt wurde es nicht. Er ist nach Konrad Lorenz »ein Instinkt wie jeder andere und unter natürlichen Bedingungen auch ebenso arterhaltend«. Doch er geriet durch die Entwicklung in Konflikt mit der Kultur. Seine heutigen, die ganze Gattung bedrohenden Auswirkungen sind, wieder nach Konrad Lorenz, »Fehlleistungen eines an sich lebenserhaltenden Instinktes«. Und nicht nur der Instinkt der Aggression gegen seinesgleichen, sondern auch gegen die Natur hat die Kulturentwicklung sozusagen verschlafen. Man merkt es deshalb kaum, »daß trotz des Wegfalls der materiellen und physischen Not die Triebe des Menschen weiterhin auf den früheren Zustand der Not und des Kampfes eingestellt sind, also ihre ganze Aggressivität beinhalten. Da ihnen aber keine natürlichen Aufgaben und Grenzen gesetzt sind, so findet der Mensch keine vernünftige Verwendung für die freigewordene Triebenergie, sondern verliert sich auf allen Gebieten in Maßlosigkeiten, die zu einer hemmungslosen Dynamik der Gesellschaft führen.« So schreibt der schweizerische Nationalökonom Eugen Böhler[4].

Aggressiv, wie die vormenschlichen Ahnen der Umwelt raubten, was sie brauchten, so lebte der älteste menschliche Wildbeuter, und nicht anders lebt der Mensch in seiner technischen Kultur. Weiterhin gilt ihm die Natur als unerschöpflich, als Objekt, geschaffen, ihm zu dienen, und sein Urinstinkt der Beutejagd wurde zur wirtschaftlichen Verhaltensform der »Herrschaft über die Natur«. Als industrieller Wildbeuter plündert er seine Biosphäre genauso, wie sein Urahn die Fruchtbäume und Feuersteinlager einst geplündert hat.

Denn als ständig riskiertes Geschöpf ist der Mensch anatomisch, physiologisch und psychologisch auf immer neue Weltveränderung hin angelegt. Er hat auf seinem Entwicklungsgang mit den Händen ein in der Tierwelt beispielloses Universalwerkzeug und mit seinem Denkvermögen den Schlüssel zur Werkzeuganwendung mitbekommen. So muß er nicht nur, sondern kann auch seinen Lebensraum von feindlicher Natur in freundliche Kultur umformen. Das ist die übliche Beschreibung seines Aggressionsverhaltens gegen die natürliche Umwelt. Denn jedes Stück Kultur muß ihr doch abgerungen, von ihr erbeutet werden, die Feindseligkeit der Natur ist die weitaus ältere Lebenserfahrung als das viel spätere magische Wissen, wie abhängig der Mensch von ihrer Freundlichkeit ist.

Situationsabhängigkeit, Handlungszwang, Zukunftsausrichtung und Sorgefähigkeit sind die Mitgift der Natur für das durch Instinkte nicht mehr genügend

»festgestellte Wesen«, den Menschen, der sich die Welt ständig umzuformen hat. So begleitet sein ganzes Tun die Stimmung der Sorge, an den Abenteuerlichkeiten dieser Aufgabe zu scheitern, ja seine Begabung mit Sorgefähigkeit mag die »List der Natur« sein, durch die sie ihn am Leben erhält, indem sie ihn zu ständiger Zukunftssicherung zwingt.

Der Neandertaler, der in der jüngeren Altsteinzeit, vielleicht bis vor 60 000 Jahren, Europa bewohnte, war noch immer Sammler und Jäger. Seine Zukunftsvorstellung ging nicht über jene Spanne hinaus, die von der Regung des Hungergefühls bis zur Zerlegung des erbeuteten Wildes reichte, und mit Recht denkt die Wissenschaft nicht eben hoch von ihm. Mit seinen kurzen, geknickten Beinen, dem gebückten Gang, seinen wüsten Stirnwülsten, dem massigen Unterkiefer und der fliehenden Stirn zeigte er noch alle Spuren unterentwickelten Menschentums und lebte von der Hand in den Mund.

Er kam nicht dazu, seine Brauenwülste abzulegen, seinen Gang zu verschönern und seine Vernunft zu vervollkommnen. Denn der Cro-Magno-Mensch, unser unmittelbarer Vorfahre mit hoher Stirn, ganz aufrechtem Gang und sehr ausgebildeter Denkfähigkeit brachte ihn (gewiß nicht nur durch sanfte Überredung) zum Verschwinden und leitete mit Seßhaftigkeit und Vorsorgewirtschaft zur Kultur der Jungsteinzeit über. Seine bäuerliche Vorsorge galt freilich auch erst nur dem naheliegenden und im Zyklus der Natur immer wiederkehrenden Geschehen, dem Wachstum der Herden und dem Gedeihen der Ernte. Heute aber ist die

Sorge um die Zukunft weit in die Zeit hinausgeschoben, jahrzehnteweit über die Gegenwart, und richtet sich auf alles, was da kommen mag. Es gibt nichts mehr, was außerhalb dieser Vorsorge stünde, in die jetzt auch die Biosphäre einzubeziehen ist. Sie wird nicht länger nur als Nutz-, sondern auch als Schutzobjekt zu verstehen sein.

Leicht ließe sich die ganze Wirtschaftsgeschichte von der Domestizierung der Tiere und der so wunderbaren Entwicklung der Halmfrüchte aus Wildgräsern bis zur heutigen technischen Umweltveränderung unter den Aspekt ständiger Vermehrung der Vorsorgeleistung stellen. Von der Urfamilie als Lebens-, Produktions- und Konsumgemeinschaft bis zur sozialen Risikogemeinschaft der Massengesellschaft und von der ältesten Beutewirtschaft bis zum Umweltschutz von morgen führt das aus Zukunftssorge erwachsene Bedürfnis nach stets mehr Lebenssicherung. Dieses Bedürfnis war es, das den Menschen immer dazu trieb, mit den je gegebenen Mitteln seine Vorsorgewirtschaft von der steinzeitlichen Tierhaltung und Feldbestellung bis zur systematisierten Weltwirtschaftsorganisation unserer Zeit zu vervollkommnen und damit die Eingriffe in die Umwelt zu vervielfachen.

Denn diese Eingriffe sind nicht von heute. Vom Kulturursprung bis gestern galt die Natur als das, was verändert, unterjocht, dem Menschen hörig gemacht werden muß. Schon der neolithische Bauer veränderte sie durch Waldrodung, Viehhaltung, Getreidebau und Abfallanhäufung. An der Wiege der abendländischen Kultur, um 400 v. Chr., klagte Plato in seinem ›Kritias‹ über die Abholzung der Wälder: »Früher, als das Land noch unversehrt war, waren seine Berge voll fetter Erde. Jetzt sind, wie von einem durch Krankheit ausgezehrten Körper, nur noch die Knochen übriggeblieben, weil die Erde, soweit sie fett und weich war, ringsherum abgeschwemmt ist und nur das magere Gerippe des Landes zurückließ.«

Doch solche Erosion der attischen Berge blieb wie jede andere Umweltschädigung bei der damals noch so geringen Siedlungsdichte und wenig technischen Wirtschaft bescheiden. Die ökologischen Folgen dieser Aggression gegen die Natur waren geringfügig, hier wurde nicht mehr als der harmlose Anfang einer Entwicklung gesetzt, die erst heute lebenbedrohend geworden ist.

Von Christi Geburt bis ins 17. Jahrhundert brauchte die Erdbevölkerung, um sich von 250 Millionen auf 500 zu verdoppeln. Heute verdoppelt sie sich in 30 Jahren. Denn erst jetzt treiben technischer Fortschritt und Vermehrung der Menschheit einander wechselseitig an. Bessere Versorgung und Hygiene bewirken stärkere Zuwachsraten der Bevölkerung, mehr Menschen brauchen immer mehr technische Versorgungsapparaturen, und diese nehmen keine Rücksicht auf die Umwelt, die doch schon durch die Bevölkerungsexplosion immer stärker in Anspruch genommen wird.

Bis zum Beginn des Industriezeitalters konnte sich die Natur des Menschen noch erwehren. Was er an Wild abschoß, wuchs nach, was er rodete, wurde als Pflanzland wieder Sauerstoffproduzent, und sein geringer

Zivilisationsschutt wurde von freundlichen Flüssen ins unendliche Meer geschwemmt oder als organischer Abfall von der guten Erde verdaut. Der Rauch seiner Holzfeuer verschwand spurlos in der Atmosphäre. In den heutigen, seine ganze Gattung bedrohenden Konflikt mit der Natur geriet der Mensch erst mit dem Beginn seiner industriellen Wirtschaftsweise, und erst jetzt beginnt er zu begreifen, daß die scheinbare Unerschöpflichkeit seiner Biosphäre höchst erschöpflich ist. Das ist ein Schock für ihn und reißt ihn aus jahrtausendelanger Gewöhnung an die Selbstverständlichkeit ständiger Naturausbeutung heraus, von der er sich immer mehr erwartete.

Wie unfrei ihn diese spannungsgeladene Übererwartung gemacht und in wie viele Ketten der Vorsorge er sich verstrickt hat, der sich von den Ketten der Sorge befreien will, bleibt noch immer unterhalb seiner Bewußtseinsschwelle. Er erlebt es täglich, aber begreift es nicht, wie ihn die Freiheit seiner Selbstgestaltung, um die soviel Wesens gemacht wird, in die Sklaverei seiner Selbstverpflichtung an die Zukunft gelockt hat. Denn er stellt heute alles, was ist, unter die Projektion dessen, was sein wird, und erlebt das Jetzt nicht mehr als Situation, sondern nur noch als Prozeß, der in das Dann drängt, von dem er alles erhofft, was die Gegenwart ihm schuldig bleibt.

Diese Schuldeintreibung kennt keine Geduld. Tempo und Dynamik sind Leitwerte mit stärkster Gefühlsbesetzung, und die Zeit, einst »Anschauungsform der Erkenntnis«, ist zur Maßeinheit der Leistung geworden, die Uhrsekunde wird von der Kybernetik sogar in ihr billionstes Teilchen, die Pico-Sekunde, zerlegt. Die Jagd nach dem Noch-nicht-Dagewesenen prägt das moderne Leben, ja vielleicht ließe sich sagen, daß sich »das Moderne« geradezu in dem Ungenügen dessen ausdrückt, was je Gegenwart geworden ist, und in der Erwartungsüberfülle, mit der die Zukunft betrachtet wird, so weit hinaus sie im Griff der Gestaltungskräfte zu liegen scheint.

Diese ständig neu aufgeputschte Appetenz des Künftigen schafft zwischen ihm und dem Heutigen einen Spannungszustand, der sich technisch in der Erfindung immer neuer Hilfsapparaturen entlädt, die in den Dienst der Umweltveränderung gestellt werden. Längst sind diese Mittel zu Zwecken hochstilisiert und die Menschen zum Zubehör ihrer Mittel geworden. Der Druck, den das auf das Lebensgefühl ausübt, soll durch stets perfektioniertere Mittelanwendung überwunden werden, die doch immer mehr Aggression gegen die Biosphäre ausübt. »Während früher die Zukunftserwartung eine Mischung von Furcht und Hoffnung oder von Lust und Unlust war, ist die Furcht immer mehr von der Hoffnung verdrängt worden. In der Tat hat diese Veränderung bereits bewirkt, daß man heute das ›Goldene Zeitalter‹ in der Zukunft erwartet, während es früher in die Vergangenheit verlegt wurde.«[5]

Der Mensch ist durch das Geflecht von Mitteln, die er sich in Vorsorge für die Zukunft geschaffen hat, an ständiges und erwartungsfrohes Verhalten auf sie hin gewöhnt. So daß ihm die Selbstpreisgabe an diese Erwartung als Akt der Freiheit erscheint. Hegels »Weltgeist« mag sich ins Fäustchen lachen, wenn er mit dialektischer Tücke den Menschen am Nasenring der Zukunftserwartung von Unfreiheit zu immer mehr Unfreiheit zieht, die sich im gesellschaftlichen Bewußtsein zu Freiheit umsetzt. Wie den Menschen die Unterwerfung unter die Forderungen der Maschinenzeit biologisch schädigt, erlebt er wohl stark; darüber können Sozialmediziner Auskunft geben. Aber seine Antwort darauf ist nur noch intensivere Hingabe an den Appell der technologischen Zukunft, der längst verinnerlichter Zwang geworden ist. Verinnerlicht durch das ganze System von Wissenschaft, Technik, Ökonomie, Politik und Erziehung, die durch Überfütterung der Vorstellungskraft mit Zukunftsbildern das Freiheitsbewußtsein völlig zur Unterwerfung unter die Zukunft umfunktioniert haben.

»Jede Epoche ist unmittelbar zu Gott. Ihr Wert beruht gar nicht in dem, was aus ihr hervorgeht, sondern in ihrer Existenz selbst.« Dieser gegenwartsbewußte Satz Rankes ist unmodern. Modern ist Marxens ungeduldige Forderung: »Die Philosophen haben bisher die Welt nur interpretiert, es geht aber darum, sie zu verändern.« Diese Veränderung als das Hinauslangen in die Zukunft und die Reduktion der Zeit auf sie als einzig maßgebende Dimension haben jenes Gefühl der Unbefriedigung mit dem je Erreichten und jenen übertourigen Gang des Motors der Moderne bewirkt, der sie von allen früheren Zeiten unterscheidet und der Natur selbst unerträglich macht.

Die Zukunft ist alles geworden, ist einzig gültiger Bezugspunkt der Gegenwart, die nicht mehr ist als die

Stufe zu ihr, deren extreme Aufladung mit Emotionen alle Visionen der Gesellschaft beherrscht. Denn daß der gefühlsgeladene Bereich der gesellschaftlichen Beziehungen einer der wichtigsten Ausgangspunkte der menschlichen Welt- und Selbstinterpretation ist, wissen die Anthropologen und Soziologen längst.

Nun ist aber kaum ein Bereich intersozialer Aktionen gefühlsgeladener als jener, der sich an der Zukunft als Operationsfeld orientiert. Doch es ist ja nicht nur so, daß die Gegenwart die Zukunft bestimmt, auch die Zukunft bestimmt durch ihre Suggestionswirkung die Gegenwart. Das Morgen wirkt ins Heute zurück und kann dessen geistige und materielle Strukturen völlig beherrschen, je nach dem Bild, das sich eine Zeit von ihrer Zukunft macht, der sie sich als antizipierte Gegenwart tätig unterwirft. Ob sie im fatalistischen Glauben an die ewige Wiederkehr des Gleichen, im Pessimismus der Zeitalterlehre, in der optimistischen Gewißheit eines jenseitigen Heils oder in der Gewöhnung an den Fortschritt durch Naturausbeutung ihre Zukunft in den Blick faßt, das spiegelt sich in ihrer ganzen geistigen, wirtschaftlichen und sozialen Verfassung. Das zeigt die Moderne, die sich von dem ungehemmten technisch-ökonomischen Fortschritt das Menschheitsglück erwartet.

Daher ihr Hasten nach der Zukunft, die heute aggressiv angegangen wird und durch die Futurologie für den Zugriff des Menschen aufbereitet werden soll[6, 7]. Doch es war ein Wissenschafter, der mahnte: »Von entscheidender Bedeutung ist die Tatsache, daß alle wissenschaftlichen Überlegungen den Spielraum des

Unbestimmten und des Zufalls zwar einengen, aber nicht völlig aufheben können. Daher ist die Wissenschaft nur eine Hilfe für die Entscheidung, aber wir können ihr die Entscheidung nicht völlig zuschieben. Sie befreit uns nicht von der Entscheidung, der echte Entscheidungszwang ist für den Menschen unausweichlich.«[8]

Ob seine Entscheidung für die Aufopferung seiner Gegenwart an die Zukunft wirklich ein rationaler Verzicht auf Augenblicksglück zugunsten eines kommenden Dauerglücks oder nur die unreflektierte Selbstpreisgabe an eine Utopie ist, wird nicht gefragt. Und doch ist die Erwartung eines ständig wachsenden Lebensglücks durch materiellen Fortschritt in alle Zukunft der gefährlichste Mythos unserer Zeit.

Der Mythos vom Glück

Diese Hoffnung auf einen Zustand namens Glück gründet in den ältesten Tiefenschichten des menschlichen Bewußtseins. Sie entstand, als das Wesen, das eben erst Mensch geworden war, sich des Drucks der Realität, also der natürlichen und mitmenschlichen Umwelt wie seiner eigenen leiblichen Konstitution bewußt geworden war. Der Drang, dieser Beengung zu entgehen, der sich schon in dem Beschwörungszauber der altsteinzeitlichen Höhlenbilder ausdrückt, wurde spätestens mit der jungsteinzeitlichen Seßhaftigkeit übermächtig: Damals, als Menschen das erste Mal enger nebeneinander lebten, sich soziale Hemmungen und Gesellschaftsregeln auferlegten und deren Zwänge zu fühlen begannen wie die Forderungen der Sachgesetze ihrer ersten Produktionswirtschaft.

Die sehr frühen Erfahrungen in der Euphorie von Traum, Trance, Ekstase und Halluzination, daß es Zustände ohne Realitätsdruck gibt, die als ›Glück‹ erlebt wurden, mögen dessen Appellintensität bewirkt haben. Die Kürze solcher Ausnahmezustände der Befreiung bereicherte den Menschen um die Erfahrung von der Flüchtigkeit des Glücks und um die Hoffnung, es einmal in der Zukunft erjagen zu können, die schon damals mit suggestiver Kraft auf den Menschen wirkte.

Denn Realitätsdruck war eines der ersten Urerlebnisse

des wachgewordenen Selbstbewußtseins und produzierte die Urangst. Sie hat kein Objekt, sie ist richtungslos, nicht an eine benennbare Gefahr fixiert, und richtig erkennt Heidegger das Dasein selbst als ihren ›Gegenstand‹. Diese Angst ist irrational, aber biologisch sinnvoll. Sie war längst da, ehe der Mensch einer vernünftigen Lebensdeutung fähig wurde, sie ist seine Antwort auf seine Repression durch die umgreifende Natur und verlangt deren Bewältigung zur Absicherung der Zukunft.

Diese Urangst muß den Menschen mit aller Macht überfallen haben, als in einer entscheidenden Phase seiner Evolution sein Bewußtsein das Ich vom Es trennte und er nach dem »Biß in den Apfel der Erkenntnis« sah, daß er »nackt und bloß« war: modern gesagt, daß er, anders als das Tier, in keine schützende Umwelt gestellt, sondern durch die Natur ständig gefährdet ist. Schon sehr früh war es so weit. Der Mensch sah sich der Bergung im Schoße der Allnatur entwachsen und erlebte sie als ein erschreckendes Gegenüber. Darauf reagierte er mit Angst, und diese Urangst vererbte sich bis heute. Sie kommt aus den ältesten Tiefenschichten des Bewußtseins, und »diese Schichten bleiben nicht nur erhalten, sie üben vielmehr einen oft bestimmenden Einfluß auf die neopsychischen Funktionen aus«[9].

Die allmähliche Ausbildung des Selbstbewußtseins durch Trennung des Ich vom Es ist ein stammesgeschichtlicher Prozeß gewesen, der in der persönlichen Entwicklungsgeschichte jedes Menschen immer neu wiederholt wird. Auch das Kind braucht seine Zeit, bis es sich bewußt von seiner Umwelt scheidet, indem es Erfahrungen sammelt und sie lernend zum Aufbau seines Selbstbewußtseins verwertet. Unvorstellbar wie lange der Menschenstamm gebraucht haben mag, um dieses Kindheitsstadium der Gattung hinter sich zu lassen. Es muß Jahrhunderttausende gewährt haben, bis sie aus der Einsenkung in die Natur hinaus- und in den Dualismus Mensch-Natur hineingewachsen war. Damit wurde jene Individuation erreicht, die von der Bibel zeitraffend als Augenblickserfolg des Bisses in die verbotene Frucht dramatisiert wird. Zugleich begann aber des Menschen Konfrontation mit der Natur, mit der er sich um seiner Zukunft willen und aus Angst aggressiv auseinanderzusetzen begann.

Doch Erinnerungen an den ursprünglichen Zustand des Einsseins mit der Natur gab es weiterhin in Fülle. Da ist nicht nur der Sympathiezauber der Primitiven und all das Geraune auch höherer Kulturen von weissagenden Tieren, tierköpfigen Göttern und Tiermenschen. Da ist auch die kabbalistische und astrologische Figur des kosmischen Menschen, des »großen Adam«. Märchen und Sagen in aller Welt wissen heute noch von der Verwandlung von Menschen in Tiere und von der Erlösung der Tiere zur Menschengestalt. Der Sonnengesang des Franz von Assisi spricht die ganze belebte und unbelebte Natur als Schwester an, noch heute gibt es Spekulationen über die »Weltenseele«, menschenähnliche Vorstellungen Gottes, und noch heute läßt man sich von Geschichten ergreifen, in denen Tiere menschlich fühlen und denken. Selbst die Sprache konserviert diesen ursprünglichen Glauben an die Persönlichkeit auch der unbelebten Natur, wenn sie den Bach raunen, die Bäume träumen und den Wald schweigen läßt. Denn die Erinnerung an die große Einheit von Ich und Welt ist im stammesgeschichtlich ältesten Teil des Hirns lokalisiert. Doch sein Erinnerungsschatz ist überlagert von der rationalisierten Vernunft, die sich im wissenschaftlichen Weltbild ein Naturbegreifen schuf, das für ein geschwisterliches Verhältnis zwischen Mensch und Natur keinen Raum mehr läßt, die Umwelt als Feindin empfindet und Angst vor dem Dasein produziert. Hier liegt eine Wurzel des »sogenannten Bösen«. Der Mensch sucht Abfuhrmöglichkeiten für die aufgestaute und irrationale Angst durch jene Aggression, deren einst biologisch wertvolle Funktionen Konrad Lorenz gezeigt hat. Mitscherlichs Unterscheidung zwischen Trieb- und Repressionsaggression ist ohne jede Schärfe, denn Repression gab es vor dem frühesten Sozialisationsdruck als Bedrückung durch die Natur, und die Angst vor ihr löste die Triebaggression gegen sie aus.

Schon des Menschen frühestes Weltbegreifen drückte sich in Mythen der Lebensangst und der Glückshoffnung aus. Diese Angst ist auch den modernen Menschen angeboren, verläuft in neurologisch recht gut bekannten Bahnen, und ihr Chemismus wurde im Adrenalin und in gewissen Peptiden entdeckt. Verhaltenstherapie, Psychopharmaka und Neurochirurgie werden heute eingesetzt, wenn diese Angst krankhaft, etwa paranoider Verfolgungswahn wird, also jenes Maß überschreitet, mit dem fast jeder Mensch zu leben hat. Denn seit es den Menschen gibt, lebt er mit seiner

Angst, »vielleicht ist die Trennungsangst der Geburt erstes Angstmuster und Angstursache«[10].
Der Münchner Psychoanalytiker Fritz Riemann schreibt: »Angst ist ein zu unserem Dasein gehöriges Erleben; in immer neuen Abwandlungen begleitet sie uns von der Geburt bis zum Tode. Wir können sie nicht vermeiden, obwohl die Geschichte der Menschheit immer neue Versuche erkennen läßt, Angst zu bewältigen: in Magie, Religion und Wissenschaft etwa. Es ist eine unserer großen Illusionen, daß wir glauben, Angst vermeiden zu können. Sie gehört zu unserer Existenz und ist eine Spiegelung unserer Abhängigkeit. Es scheint hier eine Ausgewogenheit im Leben zu bestehen: gelingt es dem Menschen, eine Angst zu beseitigen, so tauscht er sie für eine neue ein; an der Tatsache, daß Angst zum Leben gehört, ändert sich dadurch nichts. Wissen und Technik können Ängste aufheben, aber dafür bezahlen wir mit anderen Ängsten. So ist es wohl eine Illusion zu meinen, der Fortschritt werde uns auch die Ängste nehmen können.«[11]
Welche Angstzustände der Frühmensch in der ihm rätselhaft gewordenen Natur zu bestehen hatte, läßt sich nicht nur aus den magischen Riten schließen, mit denen er die gefährdenden Mächte beschwichtigen wollte. Noch weit eindrücklicher ist die Tatsache, daß schon beim Säugling die Laute des Unbehagens älter sind als jene für Lust und Glücksgefühl, ohne Zweifel ein phylogenetisches Erbe aus den Uranfängen des Menschengeschlechts. Sigmund Freud hat recht zu behaupten, daß die Glücksmöglichkeiten für den Menschen spärlich sind, während es keine Grenze für seine

Leidensmöglichkeiten gibt. Daher auch die Angstmythen, die sich der Mensch überall schuf, wo er sich über den Weltenlauf Rechenschaft zu geben suchte. Sie erzählen von der Urangst auch der Götter und von der Götterdämmerung, von Titanenkämpfen, Morden im Himmel wie auf Erden, von Ungeheuern, die mit Weltvernichtung drohen, und von Schreckdämonen, die das Leben umstellen. Die Mythen erzählen von Höllen, vom Paradiesesverlust, von stürzenden Monden, vergeblicher Suche nach dem Kraut des Lebens, von wütenden Göttern, der Büchse der Pandora und von ähnlichen Geschichten des Ursprungs.

Als tröstender Gegenmythos entstand der vom Glück: Vom Zustand ohne Repression und Frustration durch die bedrückende Welt- und Götterwirklichkeit. Sehr bezeichnend, daß diese Glücksmythen überall jünger sind als die von der Urbedrückung, die Angstbilder sind dem Menschheitsursprung näher. Tyche, die griechische Schicksalsgöttin, war Tochter des unheimlichen Ursprungsgottes Okeanos, ehe sie in Rom zur Fortuna wurde, der Göttin des Glücks mit dem Füllhorn. Zuerst gab es die Bedrückung der Menschheit durch Zeus, dann erst ihre Befreiung durch das Feuer des Prometheus. Am Anfang war die Vertreibung der Ureltern aus dem Paradies und die Verfluchung der Menschheit, viel später erst das Glücksversprechen messianischer Erlösung. Die Glückshoffnung ist überall des Menschen Antwort auf sein ursprüngliches Unglücksgefühl in der Bedrohung durch die materielle Welt.

Wie sich alles Unbelebte nach dem Gesetz der Schwerkraft orientiert, sucht jedes lebendige Wesen, selbst das primitivste, den Zustand seines größten Wohlbefindens. So bemerkte Teilhard de Chardin in einem Vortrag über das Glück. Er hat recht, doch auch hier offenbart sich die Unterschiedlichkeit zwischen Mensch und Tier. Das Tier sucht instinkthaft sein Wohlbefinden im Wohlsein des Augenblicks. Wohl ist dem Wolf, wenn er seinen Fraß verdaut, wohl ist dem Affen, wenn er sein Junges laust, und wohl läßt es sich der Vogel sein, wenn er ungestört brütet. Das Glück des Augenblicks wird vom Tier instinkthaft gesucht und gefunden.

Doch um das Glück des Menschen ist es sehr anders bestellt. Seitdem er sich vom Tiere schied, war ihm der Augenblick unhold. Er war für ihn immer voll mit Gefahren, die er sich sichernd vom Leibe halten mußte, und seine heraufdämmernde Vernunft verstellte seinen Instinkten den Genuß des Augenblicksglücks. Sie machte ihn mißtrauisch gegen die Gegenwart und gegen deren Einladung zum Wohlsein, die er des Trugs und der Gefährlichkeit verdächtigte. Sein Glück lag nicht mehr im Augenblick, der mit Vernichtung drohte, sondern in einer von Gefahren freien Zukunft. Ob er sich dieses Glück schamanistisch als Lösung der Seele vom Körper, buddhistisch als Hinauswachsen über die Natur, gnostisch als Selbsterlösung durch rechtes Wissen, christlich als Ende im besseren Jenseits oder technisch als Überwindung der Natur durch Kultur imaginiert – immer sucht er ein »Glück« ohne Angst, und schon die ältesten Mythen erzählen davon.

Denn immerzu hält sich der Mensch für seine Repression durch die Natur dadurch schadlos, daß er sich ein kompensatorisches Zukunftsglück erfindet und diesen Zustand der Befreiung erst in bewußten mythischen Bildern, dann in unbewußten Archetypen und schließlich in künstlich erzeugten Glückszuständen oder in angewöhnten Glückserwartungen ausdrückt. Die Suche nach Glück im Drogenrausch gewisser›progressiver‹ Gruppen unserer Zeit ist ein Rückgriff auf eine der ältesten Formen frühmenschlicher Glücksproduktion[12]. Denn der Glücksmythos, verfestigt in den halluzinatorischen Befreiungserlebnissen des Bilsenkraut-, Fliegenpilz- und Hanfrausches oder in den Tanzekstasen neolithischer Magier, ist unausrottbares stammesgeschichtliches Erbe, das immer glücksmotivierte Verhaltensweisen ausformt. Die mythischen Leitbilder mögen noch so tief ins Unterbewußtsein abgesunken sein – die Menschheit kann ihre Mythen zwar verdrängen, aber vergessen kann sie sie nie. Sie kann sie nicht überwinden, sondern nur durch Rationalität überlagern und durch Kultur umstilisieren. Was keimhaft im frühmenschlichen Hirn war, wird vom entwickelten Menschen seinem Wesen einverleibt, integriert sich zu einem unverlierbaren Teil seines Es, das in sein Ich wirkt und sich mit der Umwelt im mythischen Rahmen der Glückserwartung auseinandersetzt. Es ist zu vermuten, »daß der lebende Mythos eine List der Natur ist, die vitale Tätigkeit in Gang zu halten, was aber zugleich zu einer Erhöhung der Arbeitslast des Menschen und zu einer Verstärkung der Gefahren führt, denen die Hoffnung zu entrinnen hofft«[13]. So lebt der Mensch im ständigen Noch-nicht, das jedem Jetzt-schon seinen Wert nimmt und das er sich einmal durch das mythische Licht symbolisiert hat, das dereinst die Welt mit Glück erleuchten sollte.

Mythen waren in der Frühzeit der Kulturen heilige Wirklichkeiten. Ihre Verweltlichung und die Abschiebung ihrer Bilder unter die Bewußtseinsschwelle haben ihre Inhalte zu praktisch vollziehbarem Weltgeschehen rationalisiert. Es verlangt keine Ehrfurcht mehr, denn es scheint nichts mehr da zu sein, vor dem die Menschheit zu schaudern hätte wie damals, als ihr noch der biblische Gott durch Kollektivabrechnung mit ihr in der Sintflut zeigte, wessen ein Überirdischer fähig war.

So ersetzte der Mensch schließlich alle Erwartungen eines von den Göttern abhängigen Glücks durch diesseitige Glücksspekulationen. Weder wollte er sich von der so zweifelhaften Gunst der Unsichtbaren noch von der Laune des blinden Schicksals abhängig wissen. Was er wollte, war: dem »Neid der Götter« entgehen und die Glücksgestaltung durch Naturbeherrschung in die eigenen Hände nehmen. Das konnte auf zweierlei Art geschehen: einmal durch vernunftgesteuerte Entwicklung des Heute zu einem besseren Morgen, schrittweise, kurzfristigen Vorentwürfen folgend, mit rationaler Unterwerfung unter die natürlichen und gesellschaftlichen Sachbedingungen der Situation. So arbeitete von Anbeginn der Wirklichkeitssinn. Die zweite Art der Zukunftsbewältigung verfuhr sehr anders. Ihr Vorentwurf zielte weit über die Gegenwart hinaus. Deren Verhältnisse waren nicht mehr die Leitschienen in die Zukunft, sondern wurden souverän ignoriert. Gesellschaftliche und natürliche Sachgesetze zwangen nicht und wurden in voller Schöpferfreiheit fundamental verändert. So arbeitete der Möglichkeitssinn. Zielpunkt seiner Visionen wurde das »ganz Andere«, und das Vorhandene wurde zu dem abgewertet, was ganz und gar überwunden werden mußte, um den Ort zu erreichen, den die Glückssehnsucht suchte und der nirgends ist. Er ist »Unort«, griechisch Utopie, ein Kunstwort, das Thomas Morus 1515 in die Literatur eingeführt hat. Dennoch sieht die Phantasie diesen Unort als Glücksort, weshalb er mit allen Kräften des Gefühls erstrebt wird, das erst in zweiter Linie oder gar nicht Rechtfertigung durch den Verstand zu Hilfe ruft.

Denn nicht der Logik des Denkens, sondern der Bilderwelt aus der Mythenzeit entsprangen die frühesten Utopien. Das wird etwa an Platons Entwurf des idealen Staates deutlich, der sich auf das mythische Bild von Atlantis beruft, das er den Athenern als utopischen Zielpunkt setzt. Seither sind Utopien, wenn sie mehr als Literatur sein wollen, Projektionen einer aus mythischen Ursprüngen stammenden inneren Glückserwartung in eine künftige Außenwelt, sie sind Kompensationen des gegenwärtigen Realitätsdrucks durch ein Glück am »Unort«.

Weil sich der Mensch als soziales Wesen begreift, zielen seine Utopien auf einen Glückszustand nicht allein des einzelnen, sondern der ganzen Gesellschaft. Das Wissen, daß das Wohlsein des Individuums an das Wohlsein der Gemeinschaft geknüpft ist, kennzeichnet seit Platos Utopie vom idealen Staat jede andere. Ja es läßt sich sagen, daß gerade dieses kollektive Glück die Utopie von dem »Unort« des Märchens abgrenzt, dem die Gesellschaft bedeutungslos und nur das persönliche Glück Schneewittchens oder Rotkäppchens wichtig ist.

Doch es gibt keine soziale Utopie, die nicht die Transformation der ganzen Gesellschaft und damit »das größte Glück der größten Zahl« erstrebt. Nicht schon deshalb, weil der Mensch von Natur aus seine Gegenwart in die Zukunft überschreitet, ist er ›das utopische Wesen‹, als das ihn Ortega y Gasset in Anspruch nimmt. Er ist es erst dann, wenn er sein Glücksziel weit in die Zukunft vorauswirft, denn bei weitem nicht jede Glückserwartung ist utopisch. Es ist nicht utopisch, sein Glück von dem neuen Pkw, von der Ferienreise oder der Lohnerhöhung zu erwarten. Utopie ist das Bild eines Glücks in fernsten Zeiten durch völlige Herrschaft über alle gesellschaftlichen und natürlichen Sachgesetze.

Wie stark Utopie stets am Band der Gegenwart selbst dann hängt, wenn sie sich völlig frei glaubt, zeigt die Tatsache, daß sie niemals eine Zukunft imaginieren kann, die ganz ohne Nabelschnur zur Gegenwart wäre. Die utopische Phantasie Platons wurde durch die politischen Verhältnisse Athens angeregt, die des Thomas Morus durch die Seeabenteuer seiner Zeit, die des Auguste Comte durch die Fortschritte der Naturwissenschaften im 19. Jahrhundert. Weil die utopische Überwindung jeder Gegenwart von ihren herrschenden Verhältnissen mitbestimmt ist, sind die Utopien unserer Zeit so entscheidend technisch, ökonomisch und politisch getönt, beherrscht von der Glückserwartung einer völligen Unterwerfung der Natur unter die Ziele der Menschheit. Utopisten von heute sehen eine technische Zukunft, in der ein Mensch während seines ganzen Lebens mit 40 000 Arbeitsstunden das Auslangen finden wird[14]. Wenn, ja wenn nur die technische Unterwerfung der Natur genügend rasch vorangetrieben wird. Denn jede Utopie unserer Zeit wurzelt in der Verklärung der Versorgungsapparatur zur Glücksbringerin.

Es läßt sich sagen, daß immer dann, wenn eine Gegenwart zielunsicher geworden ist, die Utopie ihre große Zeit findet. So war es in den Epochen der Sektenbewegungen, als zuerst Rom und dann die lutherischen Landeskirchen ihre bindende Kraft verloren und die Häretiker religiös-politische Utopien entwarfen. So war es in der Renaissance, als sich der Mensch vom Jenseits dem Diesseits zuwandte und die ersten literarischen Utopien erschienen. So war es in der Aufklärung, als sich die Vernunft gegen ihre alten Bindungen erhob, und im vorigen Jahrhundert, als die Väter des Frühsozialismus ihre Utopie des gesellschaftlichen Glücks in der Freiheit von Ausbeutung propagierten. Und so ist es heute, da die Menschheit, getrieben durch den ewigen Mythos vom Glück, ihren gesellschaftlichen Krisen und politischen Gefahren durch grenzenlose Entwicklung der Technik zu entgehen hofft.

Utopien können sinnvoll sein, sind es aber bei weitem nicht immer. Alles hängt davon ab, ob sie die zwingenden Gesetze, die von der Natur den Menschen auferlegt sind, genügend in Rechnung stellen, oder ob sie ohne Rücksicht auf sie ihre Zukunftsbilder entwerfen.

Sinnvolle Utopie verlangt Glaubwürdigkeit ihrer Glücksvorstellung und das heißt vor allem die überzeugende Darstellung der Entwicklung der Gegenwart zur Zukunft hin, die nicht als gebrauchsfertiges Endprodukt in visionärer Klarsichtpackung, sondern als ein Ergebnis der Entwicklung gezeigt werden muß. Diese rationale Komponente ist es erst, die über Sinn oder Unsinn eines Glücksentwurfs entscheidet, der die Gegenwart weit in die Zukunft hinaus transzendiert. Der amerikanische Soziologe David Riesman verlangt von sinnvoller Utopie mit Recht, daß sie nicht nur den Glücksvorstellungen des Utopisten entspreche, sondern im Einklang mit den natürlichen und gesellschaftlichen Gesetzen stehe und dennoch die technische und soziale Gegenwart in die Zukunft überschreite.

Unsinnig ist Utopie dann, wenn der Entwurf der Zukunft ignoriert, ob der Weg zu ihrem Glück praktisch gangbar ist oder nicht. Herbert Marcuse beschreibt die Funktion der utopischen Phantasie als die »Weigerung, die vom Realitätsprinzip verhängten Beschränkungen des Glücks und der Freiheit als endgültig hinzunehmen«[15]. Da aber das Realitätsprinzip nicht nur durch die Gesellschaft, sondern schon durch die Natur dem Glück Beschränkungen auferlegt, wird hier ein Aufstand des Glücksverlangens gegen die Natur proklamiert, und das ist absurd.

Dennoch ist ein objektives Urteil über Sinn und Unsinn utopischer Vorstellungen problematisch, entpuppt sich doch nur zu oft ein scheinbar rationales Urteil als emotionales Vorurteil. Besonders dann, wenn die politische Utopie auf den Flügeln technischer Phantasie dahinfliegt und die Kritik übersieht, welch ungeahnte Kräfte der Weltveränderung von der Technik entbunden werden können. In unserer so hochdynamischen Zeit ist es schwierig, ja kaum noch möglich, zwischen utopischen und wissenschaftlichen Zukunftsvorstellungen eine Grenze zu ziehen. Allzuvieles, was im Zeitkostüm der Rationalität auftritt, hält kritischer Analyse nicht stand und entpuppt sich als gefährliches Wunschdenken wie der ökologisch gleichgültige technische Fortschritt in alle Ewigkeit. Und allzuvieles, was gestern noch unmöglich schien, ist heute von der Wirklichkeit eingeholt, wenn nicht überholt wie die Gefährdung der Menschheit durch die Biokrise. Die Wirklichkeit schreitet nur allzuoft den Utopien entgegen.

Utopie versteht sich selbst als inneres Bild einer künftigen äußeren Glückswirklichkeit. Deren Gewißheit kann sich freilich auch durch die Schilderung einer extremen Unglückszukunft auswirken, um durch sie vor gefürchteten Entwicklungen abzuschrecken, wie es Orwell und Huxley getan haben. In allen Modellentwürfen durch die bildproduzierende Kraft der Phantasie lebt sich heute die Reaktion urtümlicher mythischer Glücksbedürfnisse gegen die Nüchternheit futurologischer Zukunftsvorwegnahme aus. Denn durch die Verlängerung gegenwärtiger Prozesse in die Zukunft gerät sie bei Utopisten in den Verdacht, das Kommende gefährlich zu determinieren, also in eine Zwangsjacke zu pressen, aus der die Zukunft eben durch utopische Phantasie befreit werden müsse. Gerade der wissenschaftliche Anspruch der Futurologie auf Exaktheit der Zukunftsvoraussage läßt die Utopisten gegen sie die Kraft des Möglichen und die Indeterminiertheit künftiger Entwicklungen, vor allem aber die Notwendigkeit aktiver Zukunftsgestaltung durch kreative Phantasie behaupten. Wie oft es aber unmöglich ist, zwischen utopischen und futurologischen Zukunftsbildern zu unterscheiden, soll an zwei Texten gezeigt werden, einer ist einem repräsentativen futurologischen Werk entnommen, der andere stammt aus einer phantastischen Utopie.

»Wenn sich die Leistungsfähigkeit der Computer alle zwei bis drei Jahre verzehnfacht, so würde dies bis zum Ende des Jahrhunderts eine Steigerung um einen Faktor zwischen 100 Milliarden und 10 Billionen ausmachen. In diesem Fall wären alle gegenwärtigen Überlegungen über Leistungsbegrenzungen bei Computern hinfällig. Auch wenn der Trend nur die nächsten ein bis zwei Jahrzehnte andauerte, betrügen die Verbesserungen schon das Tausend- bis Millionenfache. Bis zum Jahre 2000 werden Computer wahrscheinlich manche der menschlichen intellektuellen Fähigkeiten erreichen, nachahmen oder übertreffen können. Sie werden vielleicht ästhetische oder schöpferische Eigenschaften des Menschen nachahmen und zusätzliche Fähigkeiten besitzen, die der Mensch nicht hat. Zusätzlich zu ihren vom Menschen teilweise unabhängigen Denkleistungen werden Computer immer mehr als vielseitige Werkzeuge für unsere Bedürfnisse verwendet – oft in so enger Zusammenarbeit mit Menschen, daß man von einer Symbiose zwischen Mensch und Maschine sprechen kann. Eines Tages wird es

wahrscheinlich in jeder Wohnung einen kleinen Computer geben, der vielleicht mit öffentlichen Datenverarbeitungsanlagen und mit privaten Speicherplätzen in einem Zentralcomputer verbunden ist. Damit könnte man öffentliche Bibliotheken benützen, private Aufzeichnungen aufbewahren, Einkommensteuererklärungen anhand der gespeicherten Belege machen, sich als Konsument beraten lassen usw. Einzelne Computer werden für Wohnungen, Schulen, Betriebe und ganz allgemein für das Berufsleben Verwendung finden. Die Fähigkeit, einen Computer geschickt zu bedienen und vielseitig anzuwenden, wird verbreiteter und vermutlich leichter sein, als Bridge zu spielen oder ein Auto zu lenken.«
Dies war der eine Text, der andere folgt: »Nicht nur die Industrien werden durch die Computer automatisiert. Auf allen Gebieten des Gemeinwesens lösen sie eine Umwälzung aus. Eine Reihe genialer Erfindungen erleichtert und beschleunigt diesen Prozeß. Ein großer Schritt vorwärts ergibt sich durch das Teletotal, im Prinzip eine Verbindung von Fernsprechautomat, Rundfunk und Fernsehen. Dadurch wird der persönliche Kontakt erleichtert. Man braucht nicht unbedingt zu einer Sitzung zu gehen, sondern kann über Teletotal anwesend sein, während man in Wirklichkeit zu Hause sitzt. Sämtliche Büros werden geschlossen, da die Angestellten ebensogut zu Hause arbeiten können. Geschäftslokale werden unnötig, da die Kunden über das Teletotal zu Hause die Waren auswählen können. Will man eine Ware kaufen, so drückt man auf den Kaufknopf des Teletotal. Nach einer Weile

hört man das Sausen eines computergesteuerten Fahrzeuges, das entlang eines Laserstrahls herankommt, um die Ware in der Wohnung des Käufers abzuliefern. Der zentrale Finanzierungs- und Verteilercomputer belastet das Kundenkonto mit dem entsprechenden Betrag. Die Vorlesungen der Professoren werden auf Band aufgenommen und den Studenten über Teletotal gesendet. Die Prüfungen werden über Teletotal abgewickelt, Computer stellen die Fragen und die Prüflinge beantworten sie, indem sie den richtigen Knopf beziehungsweise die richtige Kombination auf dem Schaltersatz drücken. Die Zeugnisse bestehen aus Lochkarten, die fertiggestanzt aus dem Teletotal fallen.«

Man muß schon sehr aufmerksam lesen, um dahinterzukommen, daß der erste Text der wissenschaftlich-futurologische ist[16] und der zweite der phantastisch-utopische[17]. Doch nicht nur in ihren Voraussagen haben sich Wissenschaft und Phantasie bis zum schwer Unterscheidbaren angenähert. Ihre Zukunftsbefürchtungen sind fast identisch geworden.

Kahn und Wiener schreiben in der Schlußbetrachtung ihres Buches: »Der Mensch entwickelt eine ungeheure Macht, um nicht nur seine Umgebung, die Außenwelt, zu verändern, sondern auch seine eigenen körperlichen und seelischen Gegebenheiten. Die vorherrschende weltlich-humanistische Ansicht bezeichnet dies als Fortschritt — und wir würden damit übereinstimmen, daß es weder wünschenswert noch möglich ist, den Prozeß dauernd aufzuhalten oder gar ihn umzukehren. Jedoch gerade die Macht über die Natur droht selbst eine Naturgewalt zu werden, die der menschlichen Kontrolle entgleitet. In den letzten Jahrzehnten dieses Jahrhunderts werden wir die technologische und wissenschaftliche Macht haben, die Welt radikal zu ändern, doch es ist fraglich, ob wir imstande sein werden, Maß zu halten, ob wir die Folgen der von uns hervorgebrachten Veränderungen ermessen und kontrollieren können. Wenn wir aber nicht lernen, sowohl unsere wachsenden technologischen Erfolge zu nutzen, als auch mit der daraus entstehenden gefährlichen Verantwortung fertig zu werden, dann haben wir nur einige von der Natur angelegte Ketten für andere eingetauscht, die scheinbar vom Menschen gemacht, in einem tieferen Sinn aber uns ebenfalls von der Natur aufgezwungen sind.«

In seinem utopischen Roman »Ape and Essence«, den Aldous Huxley 1949 in der Angst vor einem möglichen Atomkrieg verfaßte, ließ er in dem Schutthaufen, der einmal Los Angeles gewesen war, nach der atomaren Vernichtung der Menschheit den Teufelspriester sagen: »Bedenken Sie, was die Menschen in den anderen Jahrtausenden, bevor die Sache passiert ist, angerichtet haben. Die Flüsse verunreinigt, die wildlebenden Tiere ausgerottet, die Wälder vernichtet, den Humus ins Meer geschwemmt, einen Ozean von Öl verbrannt, die Minerale vergeudet, zu deren Ablagerung die ganze geologische Zeit notwendig gewesen war. Eine Orgie verbrecherischer Dummheit, und sie nannten sie Fortschritt. Fortschritt! Der war eine viel zu erlesene Erfindung, um das Erzeugnis eines menschlichen Gehirns zu sein. Er war eine teuflisch-ironische Erfindung. Sie war nicht ohne Hilfe von außen möglich. Da bedurfte es schon der Gnade Belials, die sich natürlich immer einstellt, das heißt für jeden, der bereit ist, zusammenzuarbeiten.«

So münden Utopie und Futurologie in den gleichen Strom der großen Lebensangst, der seit dem Erwachen des menschlichen Bewußtseins die Geschichte durchzieht. Es ist jene Angst vor dem nichtbeherrschbaren Schicksal, der die Glückshoffnung entsprang und die zunächst die Reaktion der allerfrühesten Vernunft auf die ihr unbegreiflichen Gefahren der Zukunft war, heute aber aus der Erfahrung erfließt, daß auch die wissenschaftliche Beherrschung der Welt als Schutz versagen und das Zukunftsglück fraglich machen kann.

Denn das Unglück der Wissenschaft ist ihr Erfolg. Von der Entdeckung des Tuberkelbazillus bis zur Übervölkerung der Erde, von der Quantentheorie bis zur Atombombe, vom Benzinmotor bis zur Verpestung der Luft, von der nobelpreisbelohnten Entwicklung des DDT bis zur Vergiftung der Äcker – welche Folgen einer Serie von Erfolgen der Wissenschaft! Daß sie, wie Auguste Comte ihr auftrug, sich erkühnte, »die Vorsehung zu organisieren«, und den Priester durch den Physiker und Chemiker ersetzte, hat nicht das Menschheitsglück vermehrt, sondern die Angst vor der Apokalypse durch die Angst vor dem Selbstmord der Menschheit ersetzt. So bleiben die aus Urzeiten ererbte Angst vor dem Dasein und die kaum minder alte Hoffnung auf glückliche Angstbefreiung in der Zukunft einander unlöslich zugeordnet. Ihre Angst wird die Menschheit durch Fortschritt nicht los, so wenig sie durch ihn ihr Glück gewinnt. Denn er ist weit weniger ihrem freien Willen anheimgegeben, als er ihr wie ein Verhängnis auferlegt ist.

Fortschritt als Verhängnis

Angstgequält und glückhoffend trat der Mensch in die Geschichte ein. Je bewußter er sich wurde, daß Vorsorge die natürliche Bedingung seines Überlebens ist, um so weniger gab er sich mit ihm zufrieden. Was er wollte, war besser leben: das Glück. Den Zwang der Natur mildern, sich immer weitere Räume der Freiheit erobern, den Druck der Realität verringern, die Arbeit vereinfachen, Bedürfnisbefriedigung erleichtern – dieser Wunsch nach Entlastung wuchs zugleich mit der Instinktreduktion und Vernunftzunahme, also der Menschwerdung.

Ist dem Tier die Natur etwas Gleichgültiges, aus dem ihm nur einzelne, für seine Erhaltung wichtige und seine Instinktreaktionen auslösende Signale aufleuchten, so ist sie dem Menschen in ihrer Gänze etwas Bedeutungsvolles, mit dem er sich vorsorglich auseinanderzusetzen hat. Die ganze Natur ist ihm ein einziger Appell zur Konfrontation, eine Herausforderung, geladen mit Sachwiderständen. Deshalb vervollkommnete er seine Praktiken der Vorausschau in die Zukunft, die zunächst ganz und gar »im Schoße der Götter« lag, von der magisch-prophetischen über die empirischen Bauernregeln bis zur wissenschaftlich-elektronischen, um das Morgen, ja schließlich die fernsten Zeiten zu beherrschen und die angsteinflößenden Ketten der Natur Schritt für Schritt zu lockern. Dies tat er und tut er in der steten Hoffnung, seine Daseinssorge durch Vorsorge zu vermindern und sich jenem »Glück« zu nähern, das ihm schon seine Mythen für die Zukunft verhießen.

Die zunehmende Fähigkeit, Zukunft zu gestalten, hat der Mensch dadurch erreicht, daß er immer neue Mittel in Dienst nahm, um sich die Natur hörig zu machen. Diese wachsende Herrschaft über sie spiegelte sich in seinem schließlich hellwach gewordenen Bewußtsein als Fortschritt der Freiheit von der Natur. Und doch ist diese Freiheit nicht mehr als der Zwang, die Natur zu bewältigen. Das war so, seitdem sich der Frühmensch entwickelt, Instinkte abgebaut, Naturschutz verloren und dafür an Vernunft und Verhaltensfreiheit gewonnen hatte.

Es war eine sehr triste Freiheit. Denn im Grund hatte die Natur den Menschen aus den Ketten des Instinktverhaltens nur entlassen, um ihm die Ketten des Vorsorgeverhaltens aufzuerlegen. Dieser Zwang wirkt ewig und äfft dennoch den Menschen mit dem Schein einer Freiheit, von der er bedenkenlos gegen die Natur Gebrauch macht. Aber in seinem Kampf gegen sie ist ihm wohl die Freiheit der Mittelwahl gegeben, nicht aber die Freiheit, auf Mittelanwendung zu verzichten. Und weil das einmal gewählte Mittel die Wahl des besseren zur Überwindung der natürlichen Sachzwänge geradezu aus eigener Kraft verlangt, ist auch die Mittelwahl nur sehr beschränkt frei und dem Fortschritt seine Bahn vorgezeichnet: die Freiheit in die Fesseln der Notwendigkeit gelegt.

Der Fortschritt vom unbehauenen Stein des Paläolithikers zum polierten des neusteinzeitlichen Menschen war ebenso sachlich erzwungen wie der Fortschritt vom Haus zum Hochhaus oder vom Elektromobil zum Rennauto. Was hoch ist, »will« noch höher, was schnell ist, »drängt« nach schneller. Das sind mehr als Sprachfiguren oder Rückfälle in einen Animismus. Das sind Ausdrücke jener zwingenden Sachgesetzlichkeit, die durch die normative Kraft des Faktischen gegen die Freiheit der Ziel- und Mittelwahl des Fortschritts wirkt. In »Größe, Glück und Unglück in der Weltgeschichte« notierte Jacob Burckhardt: »Nicht jede große Fähigkeit findet ihre Zeit. Vielleicht sind jetzt sehr große Männer vorhanden für Dinge, die nicht vorhanden sind.« Denn nicht alles ist jederzeit möglich. Im Altertum erblühten religiöse und künstlerische Hochkulturen, war aber eine technische Kultur so unmöglich, daß weder die Maschinen des Archimedes von Syracus um 150 v. Chr. noch die Apparate, die Hieron von Alexandrien um 100 v. Chr. erfand, weiterwirkende Folgen hatten. Heute ist offenbar eine andere als technische Kultur unerreichbar, mögen vielleicht auch große Männer vorhanden sein für sie, die nicht vorhanden ist.

Der Kulturwille unserer Epoche ist technischer Wille. Deshalb läuft gerade hier der Fortschritt in Bahnen, die der Freiheit der Ziel- und Mittelwahl um so weniger Möglichkeiten geben, je eindeutiger die Ziele die Mittelanwendungen bestimmen und je zwingender die verfügbaren Mittel ihre zielorientierte Verwendung verlangen. Um aus einer Kulturlinie auszubrechen, der Vervollkommnung des Lebens neue Ziele zu weisen, eine ganze Fortschrittsepoche zu beenden und eine neue zu beginnen, ist mehr schöpferische Phantasie nötig, als ohne stärksten Anruf zur Umkehr mobilisiert werden kann.

Denn eine einmal eingeschlagene Fortschrittsbahn in technischen Geleisen entwickelt unheimlich zwingend Lenkungskräfte, gibt den Zielvorstellungen Schubkraft nur in abgesteckter Richtung und suggeriert geradezu der Utopie ihre Entwürfe durch kulturkonforme Reizbilder der Zukunft, während sie kulturkonträre zur Wirkungslosigkeit verurteilt. Die Philosophen klagen, daß der Mensch nicht das tut, was er soll, sondern das, was er kann, und sie klagen mit Recht, aber ohne soziologische Einsicht. Denn der Mensch verhält sich in der Richtung seines Könnens, weil sein Fortschritt in jeder Zeit kulturell so prädisponiert ist, daß der je gültige allgemeine Kulturwille die völlige Herrschaft über die individuelle Freiheit der Kulturgestaltung erobern kann, heute ihr also vorherrschend technische Ziele setzt. So mußte aus der Dampfmaschine die Lokomotive, aus der elektronischen ›Schildkröte‹ der Riesencomputer werden. Denn der Mensch tut, was er kann.

Dieser verhängnisvolle Zwang des technischen Fortschritts sollte nicht durch die Tatsache verdunkelt werden, daß auch hier Schöpferkraft am Werke ist. Denn diese hat wohl die Freiheit, den Fortschritt zu bewegen, doch sie wirkt in abgesteckten Bahnen, zu vorgegebenen Zielen, mit zeitgemäßen Mitteln. Deshalb war der technische Fortschritt von den ersten Flugversuchen der Brüder Wright um den Jahrhundertbeginn bis zum Überschallflugzeug so zwanghaft vorgezeichnet wie die Bewegung einer Tram in ihren Geleisen. Es müßte einmal dokumentarisch gezeigt werden, wie sich hier jede Erfindung aus der anderen ergab und deren Koordinierung zu den heutigen Fluggiganten durch ein Ziel vorbestimmt war, das noch Jules Verne aus wirklich freier Phantasie schöpfte, das aber seit dem erstmaligen Funktionieren einer Flugmaschine sachlogisch vorgegeben und unfrei war.

Daß der Mensch früher den Mond erreicht als den Hunger bannt, früher Computer erfindet als Sicherungen gegen die Luftverpestung, kommt daher, daß dort die Fortschrittslinie kulturell vorprogrammiert und damit Zwang ist, hier aber freie Schöpfungskraft ganz neue Fortschritte ersinnen und ihre Mittel aus dem Nichts erfinden müßte. Wie leicht ist es doch, vom Tanker zum Supertanker zu kommen, wie schwer aber schon ein Fortschritt von den städtischen Steinwüsten zu humanisiertem Städtebau! Dort wirkt die Schubkraft des technischen Expansionszwanges zu sehr naheliegenden Zielen hin, hier aber bedürfte es der vollen Freiheit realistischer Utopie und des Willens zu einem ganz neuen Fortschrittsstil.

Durch Jahrtausende dachte der Mensch nicht einmal daran, seine Technik der Lebensverbesserung mit Fortschritt und Freiheit zu identifizieren. Schon für den ersten homo faber, den Werkzeugmacher, war die Technik nicht nur die wirksamste, sondern die nächstliegende Möglichkeit der Weltveränderung im Dienste seiner noch so bescheidenen Zielvorstellungen. Die Zähmung des Feuers zur Beleuchtung, Beheizung und

Nahrungsbereitung, des Windes zum Segeln, der Strömung für das Schöpfrad, des Hebels, der Rolle und der schiefen Ebene zur Materialbewegung gehörten zu den ersten, auf Beobachtung und Erfahrung gegründeten Formen, in denen Naturkraft gegen den Naturzwang eingesetzt wurde.

Ganz geheuer war diesen frühen Technikern bei ihrem Eingriff in die Natur noch lange nicht. Denn sie erfühlten sie als beseelt und als Eigentum der Dämonen. Also lag ihnen alles daran, sich der Zustimmung der Unsichtbaren zu versichern, was am besten dadurch geschah, daß man sie von dieser Urtechnik mitprofitieren ließ, ja ihnen den Hauptprofit an ihr zuschanzte. Noch lange lebte der Mensch in elenden Behausungen, und schon bewegte er Riesensteine über weite Strekken, um den Göttern Heimstätten zu bauen. Noch hatte er nicht immer genug zu brechen und zu beißen, und schon spendete er Brandopfer, um die Götter von den Vorteilen der Jagdgeräte zu überzeugen. Noch schleppte der Mensch Lasten auf dem eigenen Rücken, und schon war der Kultwagen ein Göttergerät, den Unsichtbaren vorbehalten. Noch war von profanem Straßenbau keine Rede, aber schon gab es Prozessionsstraßen zu Ehren der Götter. Der Steinzeitmensch bat den Geist des »technisch« erlegten Bären rituell um Verzeihung, und viele Primitive praktizieren noch heute Sühnezeremonien, ehe sie das Beil an den Baum anlegen. Auch die Tier- und Menschenopfer, die noch in historischer Zeit die Götter gnädig stimmen sollten, ehe ein Bauwerk begonnen wurde, sind Dokumente frommer Scheu vor jeder Veränderung der Natur, die als Göttereigentum galt. Denn wessen ein Gott fähig war, wenn die Technik seiner vergaß, zeigte sich noch beim Turmbau zu Babel.

Man könnte sagen, daß der Mensch den Abbau von instinkthaften Hemmungsregulatoren durch den Erwerb religiöser Hemmungen kompensierte. Eine von ihnen kam aus der Vorstellung, daß die Natur von Wesenheiten belebt ist, mit denen sich der Mensch gleichsam sozial im Rahmen von Verpflichtungen auseinanderzusetzen habe. »Dem Fernerliegenden und Unbekannten wird der Chrakter des Fremden und Befremdlichen genommen, indem man es nach Analogie des Naheliegenden und alltäglich Vertrauten auffaßt. So dienen die Dinge und Vorgänge der täglichen Lebenswirklichkeit als Modellvorstellungen für das Weltverständnis, doch die beherrschende Rolle spielen jene Analogien, die den direkt erfahrenen, praktisch bedeutsamen und gefühlsgesättigten Fakten der gesellschaftlichen Erzeugung und Erhaltung des Lebens entlehnt sind. Mit Hilfe dieser Analogien werden Einzelvorgänge oder die Gesamtheit des Universums als soziale Phänomene gedeutet. Der ›Animismus‹ besteht nämlich nicht in einer unterschiedlosen ›Naturbeseelung‹, sondern eher in der Auffassung der Welt als Ordnung von vorwiegend moralischen und sozialen Regeln und von Rollen oder Aufgaben, welche den Naturdingen als Mitspielern der Menschen zukommen.«[18]

Längst vor Topitsch sprach Hans Kelsen die gleiche Einsicht so aus: Der Mensch »interpretiert die Natur nach sozialen Normen, vor allem nach dem Gesetz der

Vergeltung, ihm ist die Natur ein Teil der Gesellschaft. Der Dualismus Natur – Gesellschaft, so charakteristisch für das Denken des Kultivierten, ist der primitiven Denkart völlig fremd« (›Society and Nature‹). Diesen ursprünglichen Sozialcharakter der ganzen menschlichen Umwelt und das wechselseitige Verpflichtungsverhältnis aller Naturteile formulierte noch ein Fragment des griechischen Philosophen Anaximander im 6. Jahrhundert v. Chr.: »Woraus die Dinge entstehen, in das vergehen sie auch. Denn sie müssen einander Sühne leisten und Buße tun für ihr Unrecht nach dem Schicksal der Zeit.« Erst die Entmythisierung – und das heißt zugleich Entsozialisierung – der Natur, dieses Ende des animistischen Glaubens an ihre Beseeltheit, entpflichtete den Menschen ihr gegenüber und gab ihm volle Freiheit der Aggression gegen sie.

Jahrtausende vergingen, ohne daß der technische Fortschritt mehr gewesen wäre als ein langsames Schreiten vom Heute zum Morgen. Noch lange sollte es währen, bis die mythische Glückserwartung den Fortschritt durch Technik erst in Bewegung und schließlich zum Rasen brachte. Wohl haben schon griechische Philosophen über ihn spekuliert, denn ganz offensichtlich veränderte der Mensch doch seine Situation täglich im Fortschreiten zum Besseren. Doch er tat es zunächst ohne jede technische Fortschrittsfaszination, der Erfahrung folgend und ohne theoretische Reflexion über die treibenden Fortschrittskräfte. Nur den Philosophen konnte beikommen, hier klärungsbedürftige Fragen zu sehen. Mochte Heraklit den Krieg den Vater aller Dinge, mochte Plato die Idee das Leitbild des Fortschritts oder Epikur die Vernunft das Fortschrittsmoment nennen – der praktische Mensch betrieb sein Fortschreiten unreflektiert, in naivem Realismus und handwerksmäßig, wie er beim Bau Ziegel an Ziegel fügte, ohne über die ›Idee‹ des Ziegels oder seine eigene Vernunft zu sinnieren. Noch der Geschichtsschreiber Polybios im ersten Jahrhundert v. Chr. machte den Fortschritt völlig von Tyche, der Schicksalsgöttin, abhängig.

Als die christliche Theologie die Frage nach dem Fortschritt in ihrer Art stellte, war ihre Antwort die, er ziele auf das Heil im Jenseits ab. Die irdische Geschichte war den Kirchenvätern und Scholastikern nicht mehr als das Drama dieser Fortschrittsbewegung, es war der Kampf des Guten gegen das Böse um die Seele. Die weltzeitliche Unsicherheit aller Geschehnisse machte zur Errettung des Menschen die Gnade des Glaubens unerläßlich, nur er garantierte den Fortschritt zum jenseitigen Heil. Den weltlichen Pessimismus dieser Geschichtsauffassung, die alles irdische Geschehen in der Apokalypse enden ließ, zeigten die Dämonenfratzen an den gotischen Domen, die Totentänze, das mittelalterliche Motiv des Glücksrads und die schauerlichen Massenausbrüche der Urangst als Angst vor dem Weltende. Selbst die ersten Uhren mahnten seit dem 13. Jahrhundert mit ihren Glockenschlägen nur zum Gebet und zum Gedenken an die Flüchtigkeit der Zeit und die Gewißheit des irdischen Endes.

Die Technik galt als Teufelswerk. Es war nicht nur

künstlerische Phantasie, die alle die Höllenmaler zeigen ließ, wie die Verdammten ihre Marter durch technisch raffinierte Folterwerkzeuge erdulden mußten. Es war die eingewurzelte Überzeugung der Zeit, daß Maschinen und Apparate dämonische Verlockungen seien und jeder Eingriff in die Schöpfungsordnung Gott beleidige.

Die Vervollkommnung der technischen Mittel faszinierte die Menschen noch lange nicht so, daß sie ihnen ihre Fortschrittserwartungen anvertraut und die Verbreitung der Technik beschleunigt hätten. Die Erfindung des Schießpulvers brauchte lange, ehe sie kriegstechnisch wirksam wurde, und selbst die ersten Rüstungsindustrien waren noch weit davon entfernt, wesentliche Kräfte der Gesellschaft in Anspruch zu nehmen. Die mittelalterlichen Bergwerke und die ersten Textilfabriken, schon weit vorgeschrittene technische Praktiken, brachten wohl ihren Herren sehr hübsche Gewinne, animierten aber nicht zur Beschleunigung des technischen Fortschritts. Es vergingen Jahrzehnte, bis sich die Erfindung des Buchdrucks herumsprach und das geschriebene Buch verdrängte. Weiterhin blieb die Technik eine praktische Fähigkeit, und niemand hätte daran gedacht, von ihr den Fortschritt der Menschheit zu erwarten. Das Mißtrauen gegen sie und die berechtigte Angst vor ihrem Mißbrauch durch den Menschen ließen noch Leonardo manche seiner zahllosen Erfindungen geheimhalten. Er schuf sie in seiner großartigen Genialität, aber er wollte sie nicht angewendet wissen.

Der Fortschrittsrausch der Humanisten in der Renaissance war nicht auf die Verbesserung der Weltbewältigung fixiert, sondern von dem Vertrauen getragen, daß der Mensch durch Geist und Moral fähig sei, sich bis zur Gottähnlichkeit zu vervollkommnen.

Die Technik blieb bei den Handwerkern, den Schmieden, Festungsbauern, Vergoldern, Architekten und Kanonengießern. Noch war die Naturbetrachtung nicht Wissenschaft geworden. Sie war entweder als magia naturalis auf der Jagd nach dem Stein der Weisen, dem Elexier des Lebens und der Metallumwandlung in Gold. Oder sie war eine praktische Kunst zwischen Spiel und Experiment, und ihre Ergebnisse waren überwiegend Zufallstreffer. Die Erzählungen von jener schwingenden Lampe, die zu den Pendelgesetzen geführt habe, und vom fallenden Apfel, aus dessen Beobachtung die Fallgesetze abgeleitet worden seien, sind zwar Anekdoten, aber sehr bezeichnend für ihre Zeit. Doch auch dort, wo schon Theorie und System am Werke waren, blieben die technischen Erfindungen gesellschaftlich bedeutungslos. An der Wende des 15. zum 16. Jahrhundert erfand Leonardo eine Maschine für vier Tuchscheren. Wirtschaftlich genutzt wurde eine ähnliche Maschine erst 1758 in England. Leonardo erfand auch eine Maschine, die 40 000 Nadeln in der Stunde hätte herstellen können, wenn sie jemals gebaut und in Betrieb genommen worden wäre. Doch noch Adam Smith beschrieb eine Manufaktur, in der zehn Arbeiter nur 48 000 Nadeln am Tag erzeugten.

1589 bewarb sich der Engländer Mac Lee um ein Patent für einen Strumpfwirkstuhl, das von der Königin mit der Begründung verweigert wurde, sie habe die armen Leute, die ihr Geld durch Stricken verdienen, viel zu lieb, »um eine Erfindung zuzulassen, die sie an den Bettelstab bringen würde«.

1688 verbot ein kaiserliches Edikt den ›kompendiösen Bandstuhl‹, mit dem ein Hilfsarbeiter 16 Bänder gleichzeitig herstellen konnte, und erst der aufgeklärte Absolutismus erlaubte die mechanische Bandwirkerei.

1707 ließ Papin das erste Räderdampfschiff auf der Fulda fahren. Es wurde von der Schiffergilde in Stücke geschlagen, und das ›erste Dampfschiff‹ wurde von Fulton gebaut und machte genau hundert Jahre nach dem Papins seine Jungfernfahrt auf dem Hudson. Wer könnte sagen, wie viele Erfindungen in einer solchen Zeit überhaupt nicht gemacht wurden, weil sie sinnlos waren, und wie viele andere es nicht einmal bis zum Versuch ihrer ökonomischen Verwertung brachten?

Der uomo universale, dieses Ideal der Humanisten, war alles eher als ein technischer Mensch, und seine Fortschrittsbemühungen waren auf die klassische Bildung konzentriert. Selbst das schon sehr wirtschaftsbewußte Bürgertum des 17. und 18. Jahrhunderts entdeckte die Technik noch nicht als Motor des Fortschritts. So erwerbstüchtig und auf Reichtumschaffung erpicht diese neue Gesellschaft auch war, so völlig untechnisch blieb ihre Fortschrittsbegeisterung. Nie haben diese Jahrhunderte daran gedacht, die Freiheit des Menschen, sich zu gestalten, dem Diktat technischer Sachgesetze aufzuopfern.

Dieser Zeit ging es wohl längst nicht mehr um den Fortschritt zum ewigen Heil, aber bei weitem noch nicht um die Hebung des technisch erreichbaren Profit- und Lebensstandards. Der Fortschrittsglaube reklamierte die ganze Fülle moralischer und vernünftiger Freiheit als Kräfte menschlicher Selbstveredelung, nie wurde optimistischer vom Menschen und seinen Möglichkeiten gedacht. Die Aufklärung glaubte an den »Fortschritt der menschlichen Sitten zur Vollkommenheit« (Turgot), an den »schrittweisen Fortschritt der menschlichen Vernunft« (Condorcet), an den »Fortschritt der Moral« (Voltaire), an die »Erziehung des Menschengeschlechts« (Lessing), an den »Ausgang der Menschen aus selbstverschuldeter Unmündigkeit« (Kant), kurz an die moralische Perfektibilität der Menschheit durch die Kraft der schöpferischen Vernunft. Diese Fortschrittserwartung der präindustriellen Zeit war in solchem Maße mit Glückserwartungen übersättigt, daß ein Hymnus Fontenelles das künftige Paradies auf Erden besang und Pierre Bayle rühmte, das Jahrhundert werde von Tag zu Tag aufgeklärter werden, bis einmal alle vergangenen Zeiten wie reine Finsternis scheinen werden. Es war wie eine Nachzündung der humanistischen Begeisterung an der Freiheit menschlicher Selbstgestaltung. Jetzt verschmolz diese Freiheit mit Fortschritt zu dem Glück der Zukunft, und allen Visionen der Denker zeigte sich diese als Weg zu den Sternen menschlicher Möglichkeiten.

In einer Rede, die Turgot 1750 an der Sorbonne hielt, jubelte er über das philosophische Bild des Fortschritts: »Zeit, breite deine schnellen Schwingen aus, Jahrhundert der großen Männer, Jahrhundert der Vernunft, beeile dich! Schon hat das unentwegte Studium des Altertums den Geist wieder auf jene Höhe gebracht, auf der sein Fortschritt aufgehalten worden war. Endlich sind alle Wolken verjagt, welch ein Licht strahlt überall! Welch eine Vielzahl großer Männer auf allen Gebieten der Forschung! Welch eine Vervollkommnung der menschlichen Vernunft!« Turgot, dieser Festredner des Fortschritts, pries die Künste, die Astronomie, den Handel, die »vernunftgemäße Festigung« der Politik, die Mathematik und den Buchdruck. Kein einziges Wort fiel über die Technik als Instrument des Fortschritts, und doch war sie schon damals auf beachtlicher Höhe. Es gab Rüstungs-, Porzellan- und Textilfabriken. Die Schiffahrt war verbessert, die Taschenuhr, das Fernrohr, die Stereotypie, die Metallhobelmaschine waren, zum Teil längst, erfunden. Seit 1746 wurde Schwefelsäure industriell hergestellt und seit 1713 Erz im Koks-Hochofen geschmolzen. Seit dem 17. Jahrhundert gab es, protegiert vom Minister Colbert unter Ludwig XIV., ein gewaltiges Straßen-, Brücken- und Kanalbauprogramm, seit 1716 in Paris das berühmte ›Corps des Ponts et Chausées‹, eine Art Ingenieurkammer, und drei Jahre vor der Rede Turgots an der Sorbonne war die ›École Nationale des Ponts et Chaussées‹ als erste europäische Ingenieurschule gegründet worden. In England bastelten schon Edmund Cartwright an seinem mechanischen Webstuhl und Richard Arkwright an seiner Spinnmaschine. Kurz – es gab schon allerhand, doch keinem gebildeten Kopf wäre es eingefallen, diese Technik im Zusammenhang mit dem Fortschritt der Menschheit auch nur zu erwähnen. Der Kulturstil war durch und durch untechnisch. Automaten dienten als Kuriositäten nur dem Vergnügen des Publikums, und selbst die Elektrisiermaschine wurde vor allem zu Gesellschaftsspielen verwendet.

Die Aufklärung war in ihrem pädagogischen Optimismus zutiefst davon überzeugt, daß der Fortschritt der Menschheit moralisch und Produkt freier und vernünftiger Absichten sein müsse. Dieses Vertrauen war grenzenlos, und das Böse, das Zufällige, das Schicksal in der Geschichte wurden einfach nicht gesehen. Der Mensch galt als gut und durch seine Vernunft als frei. Addison, einer der Väter der englischen Journalistik, jubelte: »Die Freiheit ist die Göttin Englands«, und diese Freiheit der Vernunft wurde auf einen gesellschaftlichen Fortschritt verwiesen, dem schließlich Jeremy Bentham als Ziel »das größte Glück der größten Zahl« wies, jenes mythen-alte Glück, das in der amerikanischen Unabhängigkeitserklärung zum Grundrecht der Menschen gemacht werden sollte.

Und dieses Glück war im 18. Jahrhundert die Freiheit der Vernunft zur Verbesserung der Moral. Diesem Fortschritt widmeten Turgot, Condorcet, Voltaire, Lessing, Swift, ja alle bedeutenden Denker dieser Zeit ihre Arbeit und ihren Glauben. Klopstock besang diese Freiheit als »lebende Sonne«, Hölderlin sah sie »majestätisch wie die Wandelsterne« strahlen, für Hegel war die ganze Weltgeschichte »Fortschritt im Bewußtsein der Freiheit«, und Schiller jubelte: »Der Mensch ist frei geschaffen, ist frei, und würd' er in Ketten geboren!«

Aber während die deutschen Klassiker und Philosophen die Idealität der Freiheit besangen und bewiesen und die französischen Demagogen die Freiheit schließlich auf die Straßen holten und in der großen Revolution wirksam machten, wurden ihr schon in England neue Ketten geschmiedet. Damals gelangte der Fortschritt an einen jener Wendepunkte, an denen ihm ganz neue Ziele aufleuchten und er sich seine Mittel aus dem Nichts erschafft. Das sind die großen Schicksalsstunden der Menschheit, die von den Zeitgenossen fast stets als Sternstunden erlebt werden, obschon sie nicht mehr sind als der Beginn einer neuen Kultur- und Fortschrittsepoche, von der niemand voraussagen kann, ob sie zur Himmel- oder Höllenfahrt der Menschheit werden wird. Solche Generationen, in denen der Blitz neuer Utopien zündet, setzen ihren Fortschritt absolut und können gar nicht genug Dynamik in ihn bringen.

Daß der Fortschritt immer relativ, also Bewegung auf ein punktuelles Ziel hin ist, wird in solchen Zeiten der Wende allzuleicht vergessen. Vergessen, daß dieses neue Ziel Aufopferung von alten Zielen verlangt, weil es keinen Fortschritt ohne Rückschritt, keinen Kulturgewinn ohne Kulturverlust geben kann. Denn die Errungenschaften der Menschheit sind nicht so sehr durch ständigen und allgemeinen Fortschritt zum Besseren charakterisiert, als vielmehr durch immer wiederholte Neuausrichtung, Umbewertung und Stilwandlung des Kulturganzen. Alfred Weber präzisiert das: »Immer wieder springt eine neue Schicksalshaltung gegenüber dem Daseinsstoff auf, sucht sie eine neue Kulturphysiognomie zu schaffen oder die Abwandlung einer alten.«[19] Und im »Handwörterbuch der Soziologie« setzt Alfred Weber fort: »So kann es keinen Kulturfortschritt geben in dem Sinn, wie etwa der Zivilisationsprozeß fortschreitet von Stufe zu Stufe. Es gibt vielmehr nur verschiedene Geschichtskörper und Geschichtszeiten und in ihnen Aufstiegs-, Abstiegs- und Vollendungsepochen, je nach der Annäherung zu oder Entfernung von der jeweils verschiedenen Gestalt der Epoche.« Daher kommt es, daß jeder Fortschritt mit der Preisgabe früheren Kulturbesitzes erkauft werden muß, um eine neue kulturelle Stileinheit zu schaffen, doch diese Verluste werden im Fortschrittsrausch entweder gar nicht bemerkt oder leicht hingenommen. So war es, als die Aufklärung im Dienste des moralischen Fortschritts der Vernunft alle alten religiösen Bindungen leichthin preisgab. Und so sollte es wieder sein, als der Industrialismus im Dienste immer produktiverer Naturaneignung die Frage nach der Moral philosophischen Sachbearbeitern überließ, die »nützliche Arbeit« auf die Entfaltung der Technik konzentrierte und sich von ihr den Fortschritt der Menschheit erwartete.

Das waren die drei großen Etappen des europäischen Fortschrittsdenkens: zunächst die christliche, die aus den Kräften des Glaubens den Fortschritt aus dem göttlichen Versprechen jenseitigen Glücks ableitete und durch alle Mittel der Glaubensverbreitung propagierte. Die zweite Etappe begann, als Humanismus und Aufklärung diesen Fortschrittsglauben von den Theologen übernahmen, ihn aber von himmlischen auf irdische Ziele umlenkten, Gott durch die Vernunft ersetzten und diese pädagogisch verbreiteten.

Die dritte Etappe nahm ihren Anfang, als das 19. Jahrhundert von der Aufklärung den Glauben an die Vernunft erbte, ihn auf die Naturwissenschaften konzentrierte, diesen den technischen Auftrag der Weltveränderung gab und das ganze gesellschaftliche Bewußtsein auf diese Fortschrittslinie programmierte, ohne deren biologische Kosten in Anschlag zu bringen, ja ohne sie auch nur zu bemerken.

So ganz und gar ist Technik die Daseinsform der modernen Gesellschaft geworden, wie diese Sätze ausdrücken:

»Die Technik ist zu einem Stück unserer Existenz geworden, unser Leben ist bis in die private Sphäre von der Technik geprägt. Nicht nur unsere materielle, sondern auch unsere geistige Existenz wird von der Technik getragen.«[20]

Ungehört verhallten solche Aufrufe zur Selbstbesinnung: »Wir müssen uns von der Vorstellung trennen, daß das Neue an sich etwas Gutes ist, und müssen jeweils prüfen, ob es eine Verbesserung oder Verschlechterung des Bestehenden bringt. Wir können offenbar mehr, als wir dürfen, und daher dürfen wir nicht alles, was wir können.«[21]

Seitdem sich der Mensch so ausschließlich als ein versorgungsbedürftiges Wesen begreift und sein Glück in einem Maximum von Naturaneignung bei einem Minimum von Arbeitslast sucht, hat er vergessen, daß er »stets mehr ist, als er weiß« (Karl Jaspers). Deshalb wird die Frage, welchem Glück der technische Fortschritt dienen soll, vollkommen vordergründig als Frage nach dem materiellen Nutzen gestellt, und die

Vernunft wird weit mehr von dem Problem der Mittelverbesserung als von dem der Zielrechtfertigung bewegt. Technischer Fortschritt ist die zwingende Schicksalslinie der Epoche geworden.
Wie Gottglaube zu mechanischen Litaneien und Vernunftglaube zu primitivster Vernünftelei degenerieren können, ist der Glaube an die Technik zum unreflektierten Vertrauen in ständiges »bigger and better« geworden. Denn es ist immer wieder zu beobachten, wie im Verlauf langfristiger Entwicklungen das Ziel, dem die Mittel dienen, von dem Bemühen um Mittelperfektionierung aus dem Bewußtsein verdrängt wird, bis schließlich die Mittel ihren Selbstzweck bekommen, der wichtiger scheint als die Prüfung des Zieles auf seinen humanen Wert. Dann erfährt der Fortschritt einen Umschlag von einem Prozeß der Freiheit in den verhängnisvollen Zwang, sich den je zeittypischen Fortschrittsmitteln und Fortschrittszielen zu unterwerfen. Denn deren »Auswahl zwingt zur Entscheidung, und jede Entscheidung verlangt wieder eine Einschränkung und Bescheidung gegenüber dem, was zur Wahl steht, und eine Beschränkung auf Bestimmtes. Je mehr Möglichkeiten sich bieten, um so stärker ist der Zwang zum Verzicht.«[22]
Dieser Verzicht wird aufgewogen durch die hochgestimmte Glückserwartung, die an die Zukunft fixiert ist und noch nie so begründet schien wie durch den Fortschritt der Versorgungstechnik, der begann, als James Watt in England die Dampfmaschine erfand. So glaubt man allgemein, und man glaubt es falsch.

II.

Der Weg in die Sackgasse

Hoffnungsgebiet Wirtschaft

Die neue Fortschrittsbegeisterung wurde nicht von der Technik entfacht, mit der der Mensch doch wirtschaftet, seit er als homo faber das erste Werkzeug erfand, und am wenigsten von James Watt, der keineswegs der Erfinder der Dampfmaschine war. Er hat nur die von Thomas Newcomen verbessert, die seit 1713 in Betrieb war, und nicht einmal sie war die erste. Schon 1698 hatte Thomas Savery das Patent für eine Dampfmaschine erhalten, ohne viel von sich oder von ihr reden zu machen. Es war nicht die Entdeckung der Technik (sie war längst entdeckt), sondern die plötzliche Faszination durch sie, welche die neue Zeit einleitete, als einmal das rationale Leistungsprinzip Regent der Wirtschaft wurde und die Technik sich ihm als Instrument anbot. Diese Entwicklung, die die Welt verändern sollte, wurde von vielem und seit langem vorbereitet, aber erst nach 1800 rasant.

Vorbereitet zunächst von der steigenden Nachfrage nach Eisen, an der der Rüstungswettlauf der Mächte maßgeblich beteiligt war. Vorbereitet weiterhin von der raschen Entwaldung Europas und den steigenden Holzpreisen als Folge des enormen Verbrauchs von Holz und Holzkohle in den Schmelzwerken. Vorbereitet schließlich von dem Übergang der Hütten auf den ›Holzersatz‹ Kohle und von dem Problem, wie die Kohlengruben, die jetzt immer tiefer in die Erde getrieben werden mußten, entwässert werden könnten.

Bisher war der Abbau der Kohle völlig bedeutungslos gewesen. Zunächst galt ihr Rauch als so gesundheitsschädlich, daß ihre Verwendung im England des 13. Jahrhunderts von Edward I. verboten wurde. Als ein Londoner dennoch mit Kohle heizte, wurde er wegen Luftverpestung kurzerhand geköpft. So streng waren damals die Bräuche des Umweltschutzes. Im 16. Jahrhundert, als schon mehr Kohle verheizt wurde, weigerte sich Königin Elizabeth wegen der ›verpesteten Luft‹, London zu besuchen. Damals gab es schon Vorschläge, Gewerbebetriebe an die Stadtgrenze zu verlegen, um den »smoke of London« zu bekämpfen.

Und doch wurde Kohle damals noch immer in minimalen Mengen gefördert und nur im engsten Umkreis der Gruben verwendet; transportiert wurde sie zentnerweise auf Pferderücken. Das wurde erst anders, als man sie in den Hüttenwerken massenhaft zu brauchen begann, und jetzt erst kam die Dampfmaschine Newcomens als Dampfpumpe zu bescheidenen Ehren und ersetzte als Entwässerungsmaschine Pferdegöpel und windgetriebene Schöpfwerke. James Watt lernte sie, ihren hohen Brennstoffverbrauch und geringen Nutzeffekt, kennen, als er eine zur Reparatur bekam; er verbesserte sie und erhielt 1769 sein erstes Patent.

Dennoch blieb die Welt die alte. Während heute keine technisch brauchbare Erfindung denkbar ist, die nicht in kürzester Zeit wirtschaftlich verwertet würde, zeigte sich für die verbesserte Dampfpumpe zunächst nur geringes Interesse und dieses ausschließlich im Kohlenbergbau. Erst als der Fabrikant Matthew Boulton aus Birmingham sich mit James Watt assoziierte und die Dampfpumpe zur universalen Dampfmaschine entwickeln ließ, fanden sich Wirtschaft und Technik zu ihrem Bund für alle Zeiten. 30 Jahre nachdem Turgot in Paris als Festredner der Vernunft die Technik nicht einmal erwähnt hatte, schreibt Boulton in einem Brief: »Ganz England ist wie verrückt nach der Dampfmaschine.«

Aber wie bescheiden diese Verrücktheit noch war, läßt sich daraus ersehen, daß 1800 in dem Mutterland der Dampfmaschine erst 496 Exemplare in Gebrauch waren und nur wenige mehr als 15 Pferdestärken entwickelten, also kaum leistungsstärker waren als ihre wasser-, wind- und pferdegetriebene Konkurrenz. Erst zwischen 1800 und 1850 verbreitete sich die Hochdruck-Dampfmaschine in aller Welt. Jetzt erst begriff die Wirtschaft ihre Vorteile.

Der homo faber wird Maschinenfabrikant, und seine Maschinen werden jetzt die Kräfte der industriellen Revolution. Mit ihrem Stampfen bricht die neue Zeit an, in der die ganze Umwelt Dienerin der Wirtschaft wird. In diesem historischen Augenblick wird die Welt zum Markt, und Rohstoff und Energie werden Produktionsmittel. Besser und immer besser werden jetzt die Maschinen, und 1851 präsentiert sich die neue Industrie der von ihr begeisterten Menschheit auf der Weltausstellung im Londoner Kristallpalast. Jetzt erst wird die menschliche Kraft der Naturausbeutung stärker als die Widerstandskraft der Natur gegen ihren Aggressor Mensch.

Energie gibt es in Fülle. Die Natur spendet sie durch Dampf und die Gesellschaft durch die Arbeitskraft ihres Proletariats. Zu Hunderttausenden ziehen Agrarproleten in die neuen Fabrikstädte, verkaufen sich als Energiequelle zu 18stündigem Arbeitstag für etwas Brot und eine Flasche Schnaps. Die Städte setzen in Jahresringen ihre stinkenden, rußigen, übervölkerten und verseuchten Slums an, und unerschöpflich sind die menschlichen Materialreserven des verelendeten Landvolkes, das den Maschinen zuströmt, die es haßt. Seine unartikulierte Lebensangst entlädt sich in immer neuem Aufruhr. 1811 tobt der Maschinensturm der Ludditen; er wird blutig niedergeschlagen. Der 16. August 1819 ist der Tag des Massakers von Peterloo; die Herstellung von ›Gesetz und Ordnung‹ fordert 8 Tote und 400 Verletzte. 1830 rebellieren hungernde Landarbeiter in Südengland, drei werden gehenkt, 420 nach Australien deportiert.

Doch noch größer als die Angst vor der Maschine und die Wut auf sie ist die Angst vor den barbarischen Armengesetzen, dem ländlichen Arbeitshaus und dem Hunger.

Menschenmaterial gibt es also grenzenlos, und Rohmaterial bietet die Natur: Kohle, Eisen, später Erdöl. Was die geologische Entwicklung in Jahrmillionen angehäuft hat, wird als scheinbar unerschöpflicher Schatz vom modernen Wildbeuter der Natur entrissen. Aus dem Frühmenschen, der mit Hornhacken nach Feuersteinknollen grub, ist der industrielle Grubenbesitzer geworden, der findet und nimmt wie sein Urahn im Dämmerlicht der Vorgeschichte. Denn die Maschinen verlangen Eisen, und Eisen braucht Kohle.

Im August 1859 wird in den USA das erste Rohöl erbohrt, zunächst nur Lichtquelle für die Petroleumlampen, bald aber wichtigste Energiequelle und heute Quelle für Milliardengewinne von Weltkonzernen und politische Waffe der arabischen Produzenten, die durch sie die Weltwirtschaft beherrschen. Die Erdölgewinnung wächst zwischen 1859 und 1874 von 300 Tonnen auf 1,5 Millionen, bis 1900 auf 20 Millionen, 1972 sind es 2,6 Milliarden Tonnen. Die Produktion von Roheisen erhöht sich zwischen 1810 und 1900 von 750 000 Tonnen auf 42 Millionen, die Steinkohlenförderung der Welt zwischen 1800 und 1870 von 13 Millionen auf 213 Millionen Jahrestonnen. Denn die Natur hat und gibt, und der Mensch findet und nimmt. So einfach ist das alles, darüber kann man in jeder Wirtschaftsgeschichte nachlesen.

Ginge es hier um die objektiven Bedingungen der industriellen Revolution, so wären die ökonomischen, sozialen, technischen und politischen Daten aufzuzählen, die sie ermöglicht haben. Es geht aber um etwas anderes: um ihre psychologischen Bedingungen, um die Frage, wie es geschehen konnte, daß die aufgeklärte Vernunft, noch ehe sie in Frankreich 1789 die politischen Verhältnisse umwälzte, in England die Vorbereitung der wirtschaftlichen Weltenwende begann. Es geht weiter darum, zu zeigen, mit welcher unglaublichen Schnelligkeit diese technisch-ökonomische Vernunft sich nach 1800 verbreitete und durch die politi-

schen, philosophischen und literarischen Meinungsbildner dazu gebracht wurde, Fortschrittsglaube und mythische Glückserwartung an die Entwicklung der technisierten Wirtschaft zu fixieren und schließlich den ›homo economicus‹ zu erfinden: das vom Eigennutz zu richtigem Kalkül und dadurch zu seinem Glück gelenkte Rechenwesen. Wie konnte das alles geschehen?
Erklärungen geschichtlicher Prozesse gibt es immer. Der Historiker mag von der Tendenz des Zeitalters, der Philosoph vom Zeitgeist, der Soziologe von Klassenverhältnissen, der Ökonom vom Bedarf ausgehen – Erklärungen über Erklärungen und doch keine Erklärung. Am verkehrtesten ist wohl die verbreitetste, der Industrialismus sei die Antwort der Wirtschaft auf die Herausforderung der kreativen Phantasie durch jene Bevölkerungsexplosion gewesen, die Malthus vorhergesagt hat. Welche ideale Besorgnis jener ersten Fabrikherren um die Zukunft der Menschheit, welche prophetische Gabe, mit der sie die Entwicklung und Folgen ihrer völlig neuen Wirtschaftsweise voraussahen, welche Helden des Fortschritts sind sie gewesen! Jede Gesellschaft neigt dazu, ihre Leittypen zu idealisieren, und so konnte es nicht ausbleiben, daß sich auch die bürgerliche Industriegesellschaft ihr leuchtendes unternehmerisches Idealbild schuf. Doch so wenig ein sowjetisches Stachanow-Denkmal für den Arbeiterdurchschnitt repräsentativ ist, so wenig repräsentiert der um die Menschheitszukunft besorgte Unternehmer dessen Typus.
Die Behauptung, der Industrialismus sei eine geplante Leistung des neuen bürgerlichen Wirtschaftstreibenden

gewesen, um der von Malthus vorhergesagten Welt-Hungerkatastrophe zu begegnen, ist lachhaft. Malthus veröffentlichte seinen ›Essay on the Principle of Population‹ 1798, aber schon 18 Jahre vorher hatte Boulton England ›maschinenverrückt‹ genannt. Die von Malthus errechneten Extrapolationen der Bevölkerungsbewegung stimmten höchstens für einige Distrikte Englands, schon nicht mehr für das ganze Land, geschweige denn für ganz Europa oder gar für die ganze Welt, für die noch längst keine genügenden Statistiken vorlagen. Und wie hätten die Fabrikherren, die selbst heute von dem tatsächlich wütenden Hungerelend in vielen Teilen der Welt und den düsteren Ernährungsprognosen nicht übermäßig beunruhigt sind, damals eine erst in weiter Ferne drohende Hungergefahr mit der Industrialisierung gezielt bekämpfen können? Deren Entwicklung und Folgen waren doch völlig unvorhersehbar, und die weltverändernden Wirkungen dieser neuen Produktionsform vermochte niemand zu ahnen. So einfach liegen die Dinge nicht. Keineswegs war Industrialismus die Antwort auf starke Bevölkerungszunahme. Im Gegenteil: diese konnte erst die Folge der industriellen Nutzbarmachung von Physik und Chemie werden.

Vor allem sollte man sich klar machen, daß die großen, geschichtsumwälzenden Erfindungen seit jeher Wirkungsketten hervorgebracht haben, die nicht vorhersehbar, geschweige denn geplant waren. Solche Erfindungen sind wohl die Startpunkte neuer Fortschrittsbewegungen, doch sowie diese einmal begonnen haben, geraten sie in Wechselwirkung mit anderen gesellschaftlichen Kräften, die alle Effekte technischer Innovationen überraschend verändern und Situationen hervorbringen können, die sich der Vorstellungskraft der Erfinder bei weitem entzogen haben. Sie können in ihren kühnsten Phantasien nicht erahnen, in welche Zusammenhänge sich ihre Erfindungen verweben, wie sie verwendet und wie ihre Verwendungen gesellschaftlich wirken werden. Denn immer ist die Gesellschaft am Werk, technische Neuerungen in ihr ganzes Seinsmuster einzuarbeiten, so daß es keine technologischen Veränderungen ohne psychologische und soziologische gibt. Deshalb konnte auch die Industriegesellschaft nicht die alte Gesellschaft mit industrieller Versorgungsform bleiben, sondern wurde ein durch die Industrie in allen seelischen, organisatorischen, politischen und sozialen Strukturen und schließlich in seiner biologischen Situation bis in die Wurzeln revolutionierter Geschichtskörper.

So gesehen ist jeder neue technische Impuls des Fortschritts ein Spiel mit unbekannten Mächten. Auch wenn James Watt die Dampfmaschine wirklich erfunden hätte, wäre er, der nicht einmal ihre Verwendbarkeit für die Textilwirtschaft, geschweige denn für den Eisenbahnverkehr voraussah, so wenig der Vater des Industriezeitalters, wie Berthold Schwarz der Vater der Wasserstoffbombe oder Gutenberg der Vater der Bildungsgesellschaft ist.

Was die frühen Erfinder, die Watt vorausgingen oder nachfolgten und ihre Maschinen zunächst aus Holz bastelten, vorherwissen konnten, war unendlich wenig. Nicht mehr als die unmittelbare Leistungserhöhung der Produktion durch das dampfgetriebene Schwungrad. Das, was man die ›industrielle Revolution‹ nennt, ist das Ergebnis des Ineinanderwirkens unzähliger gesellschaftlicher Kräfte, die diese Erfindungen in die Kur nahmen, zu ganz neuen Zwecken ausrichteten und mit vielen anderen geistigen, politischen und organisatorischen Fortschrittslinien zu dem bald alles beherrschenden technischen Fortschritt verwoben. Das erst bewirkte Veränderungen, die wieder auf die technischen Fortschritte und die allgemeine Fortschrittsdynamik zurückstrahlten und deren Richtungen und Folgen phantastisch veränderten, so daß um 1800 kein Utopist erahnt hätte, daß fünfzig Jahre später Industrialismus, Freihandel und Liberalismus die ganze Welt erobern und England zur ›nation of shopkeepers‹ machen würden.

Niemand weiß, was eine neue Erfindung der Menschheit geben oder nehmen wird. Denn es bleibt immer unbekannt, was sie aus jener und jene aus ihr macht. Jede Erfindung kann auf die Gesellschaft wirken wie die Mutation eines Gens auf ein Individuum, das heißt einen ›Sprung‹ der Entwicklung erzwingen. Denn jede Erfindung eröffnet ein neues Feld des Könnens, und der Mensch tut, was er kann.

Das war zunächst zu sagen. Als zweites hat man sich klarzumachen, daß es um die Wissenschaftlichkeit der frühen Maschinenbauer noch lange recht kümmerlich bestellt war. Daß heute ein Techniker exakt errechnen kann, welche wirtschaftlichen Folgen seine Erfindung bei genau vorausgeplanter Verwendung bewirken wird, darf doch nicht zu der Meinung verführen, die

Zeitgenossen Watts hätten schon ebenso mathematisch kalkuliert. Damals wurde die Verwendung der Dampfmaschine noch nicht durch wirtschaftlichen Bedarf erzwungen, die neue Kraftquelle war erst von der Wirtschaft zu entdecken und schuf deren Bedarf. Selbst der technisch gebildete Ingenieur, wie wir ihn kennen, mußte zunächst ›erfunden‹ werden. Erst 1794 wurde in Paris die École Polytechnique gegründet, die dann in aller Welt nachgeahmt wurde. Was es vorher gab, waren ›Projektanten‹, technische Amateure und mehr oder weniger phantasiebegabte Spintisierer und Experimentatoren, die von Narren, Hochstaplern und Scharlatanen zu unterscheiden nicht immer ganz einfach gewesen sein muß. Arkwright, der eine Spinnmaschine erfand, war Barbier, Hargreaves, der Erfinder der ›Spinning Jenny‹, Weber, Cartwright, der Vater des mechanischen Webstuhls, Pfarrer und Crompton, der seine ›Mule-Jenny‹ konstruierte, landwirtschaftlicher Hilfsarbeiter. Der deutsche Nationalökonom Gottl-Ottilienfeld schrieb vor etwa vierzig Jahren richtig: »Der Ingenieur im heutigen Sinn, der Technik beruflich ausübt, ist zu der typischen Figur erst geworden nach dem Auftreten des Unternehmers in der Produktion. Erweckt hat ihn erst der Geist der neuen Wirtschaft, nicht etwa die neue Technik selbst oder jener Strom großer und folgenschwerer Erfindungen, der so zwischen 1750 und 1850 dahergebraust kam. Da wäre Grund und Folge vertauscht.« Noch ein dritter Irrtum ist richtigzustellen: die verbreitete Meinung, die Industrie habe mit der Nutzbarmachung der Dampfkraft begonnen, früher habe es keine fabriksmäßige Produktion gegeben. In Wirklichkeit kannte das 18. Jahrhundert bereits zahllose arbeitserleichternde Maschinen, und auch ihre fabrikmäßige Konzentration war schon spätestens seit dem 16. Jahrhundert (in der italienischen Textilindustrie viel früher) bekannt und verbreitete sich im 17. und 18. Jahrhundert immer mehr. Fast alle neu aufkommenden Massengüter: Glas, Porzellan, Geschütze, Gobelins, Gewehre, Spielkarten wurden fabrikmäßig hergestellt, das heißt durch Vereinigung der Arbeit in gemeinsamen, von einem Unternehmer betriebenen Werkräumen, welche die Heimarbeit und das kaufmännische Verlagswesen stets rascher ablösten. Adam Smith veröffentlichte seine epochemachende Untersuchung »Über die Quellen des Volkswohlstands« 1776 und erklärte in diesem Werk die Vorteile der Arbeitsteilung am Modell einer Nadelfabrik, die also schon damals eine durchaus bekannte Produktionsform war. Die wichtigen Erfindungen der Textilwirtschaft, von denen die sozialökonomischen Umwälzungen in England ausgehen sollten, wurden gleichzeitig und unabhängig von der Erfindung James Watts gemacht. Richard Arkwright erhielt sein Patent 1769, im gleichen Jahr wie Watt, James Hargreaves ein Jahr später, Samuel Cromptom 1779 und Edmund Cartwright 1786. Damit war die Konzentration der Textilproduktion in Fabriken noch notwendiger geworden als zu der Zeit, da ihnen die Wasserkraft die Energie für den Betrieb der ursprünglich fuß- oder handgetriebenen Räder geliefert hatte. Vor der Nutzbarmachung der Dampfkraft hingen auch die Maschinen anderer

Produktionszweige von Pferde- oder Windkraft ab, jedenfalls bewegten sie sich schon lange, und mit ihnen bewegte sich die Zeit. Die maschinelle Produktion reicht weit zurück. Revolutionär wurde sie wohl erst, als der Dampf nutzbar gemacht wurde. James Watt war nicht der Vater, aber der Beschleuniger des Industriezeitalters.

Was war es also, das dem Maschinenwesen nach der Entdeckung verwertbaren Dampfes solch eine Anziehungskraft auf die kreative Phantasie der Unternehmer gab? Die Fabriken des 18. Jahrhunderts sind Inseln im Meere des Zunftwesens gewesen, ihre Maschinen ohne jedes öffentliche Interesse und ihre sozialen Wirkungen gingen über den Rand der Gesellschaft nicht hinaus. Die Beschäftigung erfinderischer Köpfe mit Mechaniken läßt sich weit eher von den technischen Spielereien des 18. Jahrhunderts ableiten als von rationalen ökonomischen Motiven. Selbst die erste Verwertung der neuen Energieform Dampf durch die Unternehmerschaft in England war noch kein Ergebnis wirtschaftlicher Ertragskalkulationen, die doch erst nach der Erprobung der Dampfmaschinen möglich wurden.

Jener Spieltrieb des Menschen, den er mit so vielen höheren Tieren teilt und von dem schon die Rede war, leistete hier die gleichen Hebammendienste wie bei der Erfindung des ersten Werkzeugs. Zwar gab es Maschinen, wie gesagt, schon lange, doch jetzt erst Maschinen, die nicht von Menschen-, Pferde-, Wasser- und Windkraft bewegt wurden, sondern ›von selbst‹ liefen. Es war eine Kuriosität ohne jedes Beispiel und von ungeheurem Appell auf den Spiel- und Neugiertrieb des Menschen, der hier eine ganze Welt unerforschter Möglichkeiten und neuer Reizquellen sah.

Verhaltensforscher haben bewiesen, daß die Suche nach Antriebsreizen schon bei manchen höheren Tieren ein Neugierverhalten, beim Affen sogar Experimentierlust auslöst, bei Menschen aber noch verstärkt wirksam ist und ihn auch zu zwecklosem Spiel animiert, wenn ihm Motive für zweckvolles Handeln fehlen. Der vollsinnige Mensch ist von ständiger Reizzufuhr abhängig, weil er ganz und gar auf Interaktion mit der Umwelt angelegt ist; ›tödliche Langeweile‹ ist eine der klügsten Sprachfiguren. Nur ein Vollidiot könnte ohne alle Antriebe in der Dämmerverfassung völliger Reizlosigkeit und Entspannung sein Glück finden, was ein durchaus pathologischer Zustand wäre. Der normale Mensch will und braucht den Umweltreiz. Er selektiert aus der Fülle der Reize die lust- und unlustbetonten, und jene lösen in ihm Strebungen aus, sie zu stabilisieren. Er sucht die Lust des Umweltreizes, die er als Zustand des Glücks empfindet, und diese Lust findet er auch im Spiel.

Seine Reizsuche ist wohl der eigentliche Grund des ständigen Neugierverhaltens des Menschen; Konrad Lorenz nennt ihn geradezu das ›Neugierwesen‹, und Arnold Gehlen sieht in dieser exploratorischen Reizsuche eine wesentliche menschliche Grundanlage. Dazu sagt der österreichische Verhaltensforscher Hans Hass: »Der forschende Mensch war immer ein neugieriger, ja ein spielerischer Mensch. Nicht sachlich vernünftiges Erwerbsstreben hat zu den meisten Entdek-

kungen und Erfindungen geführt, sondern der in manchen Individuen besonders stark ausgeprägte Neugiertrieb.«[23]
Dieser Trieb kann seine Entlastung auch in zunächst zweckfreiem Spiel suchen. Der holländische Historiker J. Huizinga legt in breitestem Beweisgang dar, daß dieser Spieltrieb eine sinnvolle und kulturbildende Funktion hat. Ist Huizinga im Recht, wenn er aus jeder Kulturäußerung ihren Spielcharakter herausschält, dann läßt sich auch der Industrialismus aus der Spielfreude des jungen englischen Bürgertums miterklären, dem der Puritanismus so lange fast jedes Ventil für sein Spielbedürfnis geschlossen hatte. Dieses Bedürfnis, das sich vorher nur im Sport, in der Mode oder in den ›Spielregeln‹ der Politik ausleben konnte, hätte dann um 1800 die Wirtschaft als Schaubühne neuer Spielmöglichkeiten entdeckt. Die objektiven Bedingungen waren gegeben: Der Dampf als neue Energie, die Maschine als ›selbstbewegtes‹ Spielgerät und der Profit als eine Spielprämie, die den Habenichts Arkwright zum Millionär machte. So wäre es dann, will man Huizinga folgen, der homo ludens gewesen, der spielerisch das Industriezeitalter begründete und damit eine ganz neue Lebensordnung schuf. Denn Spiel, so sagt Huizinga, »schafft Ordnung, ja ist Ordnung«[24].
Der schon so oft wiederholte Erfahrungssatz, daß der Mensch tut, was er kann, bewahrheitete sich auch hier, wo er sich auf einmal mechanisch betätigen konnte. Wollte man Huizingas kultureller Spieltheorie noch Beweishilfe geben und den Appell zeigen, den bewegte

Metallteile auf den männlichen Spieltrieb ausüben, dann käme man auch für unsere Zeit nicht in Verlegenheit. Jeder Vater, der mit der Eisenbahn seines Kindes spielt, jede ›Leerlaufmaschine‹, wie sie der Schweizer Jean Tinguely oder der Däne Borge Jorgensen als modernes Kunstwerk mit bewegten Metallteilen entwirft, wären in Erinnerung zu bringen.

Sehr bald schoß in dieses neue Spiel mit Maschinen das moderne Leistungsdenken ein und rechtfertigte es rational: mit Nachfragedruck, Leistungssteigerung, Weltversorgung und Kapitalvermehrung, kurz mit seiner objektiven gesellschaftlichen Nützlichkeit. Der bürgerliche Unternehmer, der um 1800 groß in die Wirtschaft eintrat, war vom Calvinismus zur Heiligung des Wirtschaftserfolges und von der Aufklärung zu rationalem Denken erzogen. Die Rationalität seines Industriespiels lag nach kurzer Zeit der Beobachtung der neuen Dampfenergie auf der Hand. Das 19. Jahrhundert mußte diese ursprünglich spielerische Industriebegeisterung nur noch von der Vernunft philosophisch und ökonomisch legitimieren lassen. Das tat denn auch der Liberalismus, der den Segen des Eigennutzes für das öffentliche Wohl entdeckte und in der bedenkenlosen Kapitalakkumulation einen Motor des Fortschritts und eine heilige Quelle des ›Reichtums der Nationen‹ fand. Doch das alles ist eine Geschichte, die hier nicht zu erzählen ist.

Genug damit: Ausbeutung des Menschen und Ausbeutung der Natur wurden jetzt vom rationalen Leistungsprinzip zu Triebkräften des Wirtschaftsfortschritts gemacht, der tiefer als Jahrtausende vorher die

Beziehungen von Mensch und Umwelt verändert hat. Denn jetzt konzentrierte sich die Vernunft, die von der Großen Revolution zur Göttin erhoben war, auf die produktivste, profitabelste und rücksichtsloseste Aneignung der Natur und der mitmenschlichen Arbeitskraft. Deren Ausbeutung hat seit den deutschen Romantikern und französischen Frühsozialisten immer wieder ihre empörten Kritiker gefunden. Eine gleiche Empörung über die Ausbeutung der Natur gab es nicht.

Die Übersetzung der Freiheit aus der Philosophie in die Ökonomie ist die eigentliche Leistung des Liberalismus gewesen. Er stützte sich philosophisch auf den Rationalismus, naturwissenschaftlich auf den Darwinismus und wurde die Sozialreligion des Bürgertums im vorigen Jahrhundert. Wenn die mechanische Evolution und der Kampf ums Dasein Naturgesetze sind, müßte eine auf mechanische Produktion und den Wettbewerbskampf gestellte Wirtschaft die naturgemäße sein. Wenn die Vernunft die Förderung des Fortschritts der Freiheit verlangte, war alles, was ihm im Wege stand, auch die Natur, zu bekämpfen. Die Menschheit blieb ahnungslos, daß sie durch solche Gesinnung den wirtschaftlichen Kampf ums Dasein bis zur biologischen Gefährdung des Daseins vorantrieb. Im vorigen Jahrhundert geschah dieser verhängnisvolle dialektische Umschlag.

Der Historiker und Politiker Karl von Rotteck dozierte: »Das Prinzip der Bewegung, das heißt des Fortschreitens, ist es, das die Menschheit von der gemeinen Tierwelt unterscheidet. Es ist das große Naturgesetz für unser Geschlecht, das Thema der Weltgeschichte.« Im Staatslexikon von 1834 konnte man lesen: »Der Liberalismus ist es, der den erwachenden Geist der Freiheit einem höheren Ziel entgegenführt.« Wirtschaftlicher Fortschritt und Fortschritt der Freiheit galten als identisch und naturgesetzlich, das war das Grunddogma des liberalen Glaubens, das die bürgerliche Glückserwartung beherrschte, die in die heutige biologische Krise führen sollte.

Jetzt erst konnte sich die mythenalte Glückshoffnung dem ökonomischen Fortschritt anvertrauen. Die Wirtschaft wurde beauftragt, dieses Glück zu produzieren, denn die Vernunft, noch vor kurzem im Bündnis mit der Moral, war Profit-, Produktions- und Konsumvernunft geworden. Doch Glück ist wirtschaftlich nicht produzierbar. Es ist kein Zustand des Habens, sondern des Seins, und das Streben zu ihm wurde falsch kanalisiert, seitdem sich alle Glückserwartungen auf die Wirtschaft konzentrieren. Aber das ist seit zwei Jahrhunderten das Zeitsignum geworden: die Gesellschaft sucht ihr Glück dort, wo es nie zu gewinnen ist, in einer mit Übererwartung befrachteten Wirtschaftsentwicklung, statt in einem dem Menschen angemessenen, biologisch ungefährdeten Leben. Das von den industriellen Wirtschaftspropheten angekündigte allgemeine Wirtschaftsglück durch ständige Verbesserung der Versorgung wurde zuerst vom Liberalismus und in seinen Fußstapfen vom Marxismus kanonisiert. Glück ist Wirtschaftsglück geworden, Weltpolitik Wirtschaftspolitik, Außenpolitik Marktpolitik, Innenpolitik Preis- und Lohnpolitik. Jeder Gruppenkonflikt entzündet sich an der Verteilung des Wirtschaftsglücks, jede Partei bietet es um den Preis der Wählerstimmen, jeder Leitartikler und Sonntagsredner malt es in den glühendsten Farben. Die finstere Bereitschaft, selbst die Natur der Jagd nach Standard, Status, Gewinn und Lohn aufzuopfern und die Seinserfüllung am Pegel des Wohlstands zu messen, das ist das Ergebnis dieses modernen Fortschrittsglaubens, der die heutige Biokrise verschuldet hat und dennoch jeden, der ihm widerspricht, der Fortschrittsfeindschaft beschuldigt.

Aber wer widerspricht ihm noch mit einer Stimme, die gehört und beachtet würde? Die Utopie einer wirtschaftlichen Glückszukunft ist Allgemeinbesitz geworden, und der Fortschritt des Versorgungsapparats zur maximalen Produktion gilt als säkularer Erfolg freier menschlicher Schöpfungskraft. Die Leistungsgesellschaft fühlt sich als Herrin der Natur, die sie immer produktiver in ihre Wirtschaftskultur verwandelt, und dieses Herrschaftsgefühl wird ihr durch jede technische Neuerung bestätigt, die den menschlichen Aktionsraum erweitert. Allzulange gab es kein Sensorium mehr für die notwendige Schonung des Lebensraums, man fühlte nicht den sachgesetzlichen Zwang, der diesen nur scheinfreien Fortschritt zum Schaden der Natur antreibt und ihm seine Richtung und Dynamik aufnötigt.

Dieses Zwangsgesetz des Fortschritts ist längst mächtiger geworden als der freie Fortschrittswille. Es war schon modellhaft wirksam, als das Industriesystem noch seine Kinderschuhe trug und die englische Baumwollindustrie Motor des allgemeinen Fortschritts war. Damals, mit dem Wachstum des überseeischen Textilbedarfs, geschah die Kopulierung des mechanischen Webstuhls und der Spinnmaschine mit der neuen Dampfkraft. Die Maschinen verlangten Eisen, Eisen trieb die Kohlenproduktion an, der Kohlenbedarf verlangte verbessertes Transportwesen, also die Dampfeisenbahn, der Baumwollexport schrie nach mehr Schiffsraum, die Werften brauchten mehr Eisen, die Hüttenwerke immer mehr Kohle – schon damals war ein ganzes System industrieller Interdependenzen in Wirksamkeit gesetzt und der Fortschritt in das zwingende Ineinanderspiel wirtschaftlicher Sachgesetze geraten, die ihm seinen Weg wiesen. So wie das dampfgetriebene Schwungrad Maschinenräder zu treiben begann, verwandelte sich die ganze Welt in eine einzige dampfgetriebene Mechanik, in der jedes Rad unzählige andere bewegte, die alle ineinanderwirkten und stets stärkere Schwungkraft der treibenden Zentralräder zwingend verlangten. Während vor der Nutzbarmachung der unerschöpflichen Energiequelle Dampf die Wirtschaftsbereiche noch so lose miteinander verbunden waren, daß Fabriken neben Zünften, feudale Agrarwirtschaft neben bürgerlichem Unternehmertum fast reibungslos bestehen und vor den napoleonischen Kriegen selbst die Machtkämpfe der Staaten das europäische Wirtschaftsgefüge nicht wesentlich erschüttern konnten, brach jetzt die Zeit der großen Integration an, und auch sie begann mit Schwung.

Integration der Kredit- mit der Verkehrswirtschaft, der Verkehrs- mit der Produktionswirtschaft, der Einzelproduktionen mit der Nationalwirtschaft, der Nationalwirtschaften mit der Weltwirtschaft, der Produktionsfaktoren mit der Produktionskraft. Jetzt kam die Zeit, in der sich auch die Erfindungen von Spiel und Zufall lösten und immer wissenschaftlicher auf scheinbar frei vorausgeplante, tatsächlich aber von dem Wirtschaftssystem diktierte Ziele orientiet wurden. Das »Prinzip Sorge« dynamisierte die Erfindungs- und Unternehmenslust, der Zielpunkt »Glück« beherrschte die Auseinandersetzungen der Gruppen, Techniker und Fabrikherren wurden als Garanten des Wirtschaftsglücks Hegelsche »Geschäftsführer des Weltgeistes«.

Gegen diese Geschäftsführung, deren geradezu natürlich-mechanischer Ablauf die mechanistische Weltanschauung des vorigen Jahrhunderts so sehr faszinierte, war jeder Protest so unwirksam wie Voltaires Protest gegen die Natur nach dem Erdbeben von Lissabon. An warnenden Stimmen fehlte es freilich nicht. In seiner »Jenenser Realphilosophie« sagte Hegel über Mensch und Maschine: »Jeder Betrug, den er gegen die Natur ausübt, rächt sich gegen ihn selbst: was er ihr abgewinnt, je mehr er sie unterjocht, desto niedriger wird er selbst. Indem er die Natur durch mancherlei Maschinen bearbeiten läßt, so hebt er doch die Notwendigkeit seines Arbeitens nicht auf, sondern schiebt es nur hinaus und richtet sich nicht lebendig auf sie als eine lebendige. Das Arbeiten, das ihm übrigbleibt, wird selbst maschinenmäßig.«

In »Wilhelm Meister« schrieb Goethe: »Das Überhandnehmen des Maschinenwesens quält und ängstigt mich. Es wälzt sich heran wie ein Gewitter, langsam, langsam, aber es hat seine Richtung genommen, es wird kommen und treffen. Man denkt daran, man spricht davon, und weder Denken noch Reden kann Hilfe bringen.«

Friedrich Schlegel statuierte: »Wo Technik und Ökonomie ist, ist keine Moral.« In Frankreich opponierte Gautier, in Italien Leopardi, in der Schweiz Nietzsche gegen die wachsende Fortschrittshysterie. In Deutschland wetterte Schopenhauer gegen den ›verruchten Optimismus‹, in Frankreich sah Tocqeville die Welt allmählich auseinanderfallen, und in der Schweiz beklagte Burckhardt, daß Gegenwart dem Fortschritt geradezu gleichgesetzt werde, »und es knüpft sich daran der lächerlichste Dünkel, als ginge es einer Vollendung des Geistes oder gar der Sittlichkeit entgegen«[25]. So sah er die Situation: »In den intellektuellen Schichten ist die Lehre von der Naturgüte umgeschlagen in die des Fortschritts, das heißt des unbedingten Geldverdienens und Komforts mit Gewissensbeschwichtigung durch Philanthropie. Die einzig denkbare Heilung wäre, daß dieser verruchte Optimismus bei Groß und Klein wieder aus den Gehirnen verschwindet. Kommen wird und muß diese Veränderung, aber Gott weiß, nach wieviel Leiden.«[26]

Doch diese Besorgten waren nicht mehr die maßgebenden Meinungsbildner. Das Wirtschaftsbürgertum und später das organisierte Proletariat hatten nur noch Ohr für die Stimmen aus Technik und Ökonomie und für den Fortschrittsrausch der neuen Soziologie. Proudhon bekannte: »Was immer ich geschrieben und erkämpft habe, hatte den Fortschritt zum Ziel.« J. St. Mill erhoffte: »Der Fortschritt, der von den Naturwissenschaften zu erwarten ist, kombiniert mit der größeren Sicherheit des Eigentums und größerer Freiheit, über es zu verfügen, läßt einen unbegrenzten Fortschritt der Vermehrung von Kapital und Produktion erwarten.« Ein Soziologe an der Sorbonne verkündete: »Fortschritt ist unser Dogma. Niemand wird uns aufhalten. Fortschritt ist der erste Glaubenssatz unserer Religion.«

Die Tyrannei der ökonomischen Fortschrittsutopie prägte den ganzen Denk- und Lebensstil bis zum Ersten Weltkrieg. Das Ziel, an dem jeder Frotschrittserfolg gemessen wurde, war die stets produktivere Versorgung der Gesellschaft mit Gütern und Dienstleistungen. Jene früher erwähnte Ausbildung eines neuen Geschichtskörpers durch radikal veränderte Epochenhaltung zum Dasein vollzog sich mit unfaßbarer Geschwindigkeit, vorangetrieben durch den Glauben des Wirtschaftsbürgertums, eine unbestreitbare Fortschrittsbewegung der Freiheit zu fördern, so daß die Verdrängung der Natur- durch die Industrielandschaft und jeder neue Fabrikschlot und neue Benzinmotor als schierer Gewinn der Menschheit in ihrem Kampf gegen die Natur propagiert wurden.

Wie sehr sich der Mensch mit dieser Aggression gegen seine Umwelt in die Ketten eines neuen Verhängnisses verstrickte, begriff man nicht mehr, und kaum jemand verstand noch diesen Satz Rathenaus in seiner ganzen Tiefe: »Die Wirtschaft ist das Schicksal.«

Das neue Schicksal

Weder dieses Kapitel noch ein anderes will gegen Technik und Ökonomie Anklage erheben. Das wäre so absurd wie Anklage gegen das Leben selbst, das zu seiner Sicherung seit Urzeiten auf technisch-wirtschaftliche Bewältigung der Natur angewiesen ist.

Nicht aus bloßer Neigung zur Vorgeschichte wurde mit den »Erinnerungen an den Ursprung« begonnen. Es sollte zur Rechtfertigung von Technik und Wirtschaft erinnert werden, daß der Mensch von beiden abhängig war, seitdem er der Vorsorge fähig geworden ist. Es sollte weiter gezeigt werden, daß Angst vor dem Dasein und Bedürfnis nach Glück den Menschen vom Ursprung seines Bewußtseins an zur immer produktiveren Aggression gegen die Natur antrieben, um den Druck der Realität zu vermindern, was ohne Erfindung des Werkzeugs, dieser Urtechnik, chancenlos gewesen wäre.

Nur weil der homo im Paläolithikum faber geworden war, konnte er im Neolithikum sapiens werden. Anders gesagt: zunächst mußten Daseinsangst, Zukunftssorge und Glücksbedürfnis dem Menschen techno-ökonomische Mittel der Lebenserhaltung zugespielt haben, dann erst konnte er auf dieser materiellen Basis seine Freiheit der Lebensgestaltung durch schöpferische Zielfindungen entfalten. Soviel zur Rechtfertigung von

Technik und Ökonomie. Hier geht es nicht um Anklage, sondern um Klärung.
Es soll herausgefunden werden, wie es kommt, daß der Mensch erst zwei Jahrhunderte nach den spielerisch bescheidenen Anfängen des Industrialismus, der sich zu einem Wirbelsturm der Weltveränderung und Umweltgefährdung entfaltet hat, aus seinem technisch orientierten Freiheitsrausch aufschreckt und sich, ernüchtert und entsetzt, statt als Subjekt als Objekt dieses Fortschritts entdeckt, von dem er seine biologische Lebenssicherung zurückfordern muß. Denn jetzt hat die technische Wirtschaft jenen Punkt erreicht, an dem sie sich so deutlich gegen die Natur des Menschen und seine Umwelt kehrt, daß sich dessen Fortschrittsbegeisterung als Fortschrittseuphorie und der Wirtschaftsprozeß, den der Mensch frei zu beherrschen glaubte, als sein gefährlichstes Schicksal erweisen. Denn »der Mensch löst sich vom Naturzwang ab, um sich dem eigenen Produktionszwang wiederum zu unterwerfen. Wir produzieren die wissenschaftliche Zivilisation nicht nur als Technik, sondern notwendigerweise in viel umfassenderem Maße dauernd auch als Gesellschaft und Seele.«[27]
Die moderne Form des industriewirtschaftlichen Ablaufs ist das Wachstum der Güter- und Dienstleistungsproduktion. Meßwert des Wachstums ist das Volumen des Nationalprodukts, dessen quantitative Vermehrung mit allen Mitteln erstrebt wird, und das, ohne etwas über die Qualität der Produktion auszusagen. An der Größe des Nationalprodukts läßt sich nicht ablesen, ob sein Wachstum durch Zunahme der

Butter- oder Kanonenerzeugung erreicht worden ist. Nicht einmal der Verschleiß nichtquantifizierbarer menschlicher und nicht reproduzierbarer natürlicher Werte kommt in dieser Wachstumsrechnung zum Ausdruck. Bezeichnend, daß das Netto-Nationalprodukt wohl die verbrauchten Kapitalgüter vom Brutto-Nationalprodukt abschreibt, nicht aber die human costs, als da sind durch Berufsschäden verminderte und nicht reproduzierbare Arbeitskraft, Zivilisationskrankheiten und ähnliche Ausfälle, um nur einigen menschlichen Verschleiß zu erwähnen, der sich freilich nicht in Zahlen ausdrücken läßt.

Auch die vielen social costs des Wachstums werden in keiner Bilanz berücksichtigt. Hierher zählen die Verluste durch Abbau mineralischer Lager, Überstrapazierung der Ackerkrume, Sauerstoffverluste durch Abgase, Verschlechterung des Wasserhaushalts und Überschlägerung der Forste. Sie alle treten in der Wachstumsrechnung nur als Mehrproduktion von Eisenerz, Kohle, Holz, Benzinmotoren, Ackerfrucht auf. Hinzu kommt, daß nicht einmal die mathematisch nicht ausdrückbare technische Qualität der Produkte, die zugunsten der Quantität so oft verschlechtert wird, in der Wachstumsrechnung berücksichtigt werden kann. Doch das alles gilt dem modernen Wachstumsfanatismus gleich. Er addiert getrost Mengeneinheiten unterschiedlichster Qualität, Nützlichkeit, humaner Wertigkeit und sozialer Wünschbarkeit und straft damit die Behauptung der Herren Lehrer Lüge, man könne Äpfel und Einwegflaschen nicht addieren. Man kann: in der Wachstumsrechnung.

Einwegflaschen. Hier meldet sich das Problem der schöpferischen Verschwendung, die für das Wachstum solch eine Rolle spielt und mit der Umweltverseuchung in engster Beziehung steht. Daß das Wegwerfen einer Flasche nach einmaligem Gebrauch, eines Strumpfes nach fünfmaligem, eines Damenkleides nach halbjährigem eine Verschwendung von Rohmaterial ist, wird von der Nationalökonomie bestritten. Denn Verschwendung sei nur vom Ziele her als nicht gerechtfertigter Mittelaufwand zu verstehen, und davon könne nicht die Rede sein, wenn Materialaufwand wirtschaftlicher ist als Aufwand von Arbeitskraft für Sortierung, Reinigung, Reparatur oder Änderung der gebrauchten Güter. Wenn das Repassieren eines Strumpfes oder das Ausklopfen eines beschädigten Kotflügels teurer ist als deren Ersatz, dann werde Arbeitskraft falsch eingesetzt, es wäre also echte Arbeitsverschwendung, wollte man die scheinbare Materialverschwendung vermeiden.

Besonders wirtschaftlich, ja geradezu schöpferisch sei solcher Materialaufwand dann, wenn er dem Wirtschaftswachstum dient wie Wegwerf-Wäsche, Wegwerf-Flaschen, Wegwerf-Kugelschreiber, das Wegwerf-Feuerzeug oder die in den USA schon auf den Markt gekommene Zahnbürste für einmaligen Gebrauch, die besonders hygienisch sei. Dabei gilt die Regel: je höher der Lebensstandard einer Gesellschaft, je perfekter also ihre Bedürfnisse gedeckt sind, um so mehr hängt das Waschtumstempo der Wirtschaft davon ab, daß stets neue Bedürfnisse nach jenen Produkten geweckt werden, die der technische Fortschritt oder

der Modewandel auf den Markt und dieser möglichst bald auf den Abfallhaufen wirft. Es sind Bedürfnisse, die von der Werbung ihren »Heiligenschein« bekommen. Wer seinen weißen Eiskasten gegen einen pastellfarbenen, sein intaktes Auto gegen eines mit vollautomatisiertem Getriebe tauscht, seine Ski verheizt, um die modernsten zu kaufen, und seinen Fernseher in die Rumpelkammer stellt, um sich einen Farbfernseher zuzulegen, vergeudet scheinbar Material, fördert aber die Arbeitsbeschaffung. Damit vermehrt er das Lohn- und Gewinnvolumen und das heißt die Konsum- und Investitionsmöglichkeiten, kurz er handelt schöpferisch, weil nachfragefördernd und wachstumsgerecht. Solch ein Nachfrageförderer ermöglicht die Produktion in großen Serien, die das Einzelstück verbilligen und damit den privaten Wohlstand heben. So sagt die Nationalökonomie.

Und wenn der Verbraucher nicht freiwillig das Wachstum schöpferisch fördert? Man wird mit ihm fertig, die moderne Verkaufsstrategie schafft das leicht. Sie ist beim Militär in die Schule gegangen, organisiert Werbefeldzüge, hat ihre Stabsstellen und Linienpositionen, läßt Verkaufskanonen los, arbeitet direkt an der Verkaufsfront und sieht das Weiße im Aug' des Verbrauchers. Sie bringt dem unwilligen Konsumenten seinen eigenen Willen bei, kennt alle seine Wünsche, die er selbst nicht kennt, und bietet günstigste Ratenzahlungen. Nur wer sein eigener Feind ist, schont nicht seine Hände durch das neue Waschmittel, riecht nach dem Rasieren nicht sexy dank der unübertroffenen Creme, hat nicht die weißere Wäsche als die Nachbarin, nicht »das Licht, das den Frauen schmeichelt«, gönnt sich nicht das Bessere, das Neueste auf diesem Gebiet, den Hauch der großen Welt, die Marke der Erfolgreichen. Und wenn der Werbung sonst gar nichts mehr einfällt, fällt ihr – wahr und wahrhaftig! – dieser unwiderstehliche Locksatz ein: »Erobern Sie die Welt mit Kräuterkäse.« Das alles trägt den »Heiligenschein« der Wohlstandsvermehrung.

Was bei dieser Konzentrierung aller Glückserwartungen und Wirtschaftsziele auf das ständige und rascheste Wachstum des privaten Wohlstandes allzusehr verschleiert wird, ist die Tatsache, daß der öffentliche Wohlstand mit ihm bei weitem nicht Schritt hält. Das ist eine Disproportion, die unter der Formel »Privater Reichtum, öffentliche Armut« viel zu spät bewußt geworden ist und sich bereits als wachstumshemmendes Ungenügen der ganzen wirtschaftlichen Infrastruktur bemerkbar macht, die jetzt unter gewaltigem Investitionsaufwand saniert werden muß.

Dieser Aufwand wird ins Gigantische wachsen, wenn einmal die Sanierung der Umwelt als vordringliche infrastrukturelle Aufgabe voll und ganz in Angriff genommen werden wird. Denn gleichgültig, ob die Aufbringung der Mittel über das Budget, also zu Lasten des Steuerzahlers, oder über private Investitionen, also zu Lasten des Produzenten und Konsumenten, erfolgt, auf jeden Fall wird die Finanzierung des Umweltschutzes auf Kosten des Verbrauchsniveaus und des materiellen Wohlstandswachstums gehen. Seine Dynamisierung durch schöpferische Verschwendung wird gemäßigt werden müssen, wenn die quality of life und die Bereitstellung genügender Mittel für die biologische Sicherung des Lebens die unerläßliche Priorität gewinnen sollen.

Welche enormen Probleme gesamtwirtschaftlicher Umstrukturierung solche ökologischen Konzepte mit sich bringen werden, läßt sich kaum erahnen. Das Wachstum darf nicht bis zur Arbeitslosigkeit gedämpft werden, und die Verteilung der Wohlstandsbelastung durch ökonomische Aufwendungen für Umweltsicherung wird unter dem Motto »Gerechtigkeit« jene Gruppenkontroversen auslösen, die üblich sind, wenn gesellschaftliche Aufgaben finanziert werden sollen. Nicht zuletzt wird die Verteilung der Umweltschutz-Aufgaben zwischen öffentlicher Hand und Privatwirtschaft ein Zusammenstoß ihrer Interessen werden, der sich längst angekündigt hat. Einerseits gibt es die Meinung, Umweltsanierung sei primär eine Finanzierungsaufgabe der öffentlichen Hand und eine legistische der Gesetzgebung, die in Zusammenarbeit mit wissenschaftlicher Ökologie bindende Vorschriften für die Wirtschaft zu erlassen habe. Andererseits steht die Privatwirtschaft auf dem Standpunkt, daß es dem Wettbewerb gelungen sei, in rapidem Tempo Wachstum und Wohlstand zu steigern, also sei er auch in der Lage, deren negative Begleiterscheinungen aus eigenen Kräften zu beseitigen oder doch zu mildern. Schon hier zeigt sich die Kollision bedeutender Interessen und ihrer mächtigen Vertretungen.

Zweifellos wird Wachstum am Umweltschutz orientiert werden müssen, ohne daß es von ihm verhindert werden dürfte. Ebenso wird ohne Zweifel ein Ausgleich zwischen öffentlichen und privaten Interessen zu suchen und zur Vermeidung zwischenstaatlicher Wettbewerbsverzerrungen ein internationales Generalkonzept zu erarbeiten sein. Vor allem aber wird es darum gehen, den durch Wohlstand privilegierten Menschheitsteil aus seiner Fixierung an ewiges und raschestes Wohlstandswachstum zu lösen. Das verlangt geradezu eine Revolutionierung des ganzen Epochenstils, ist doch Wachstum heute emotional so stark aufgeladen, daß selbst eine vorübergehende Verminderung seiner Rate, eine Rezession, als Katastrophe gilt, von einem Wachstumsstopp, einer Stagnation ganz zu schweigen. Wie zu der Zeit, als es noch um die nackteste Existenzsicherung ging und Wirtschaftsausweitung ein Kampf gegen das Elend war, ist für die industrielle Gesellschaft in ihrem Wohlstand das Wachstum von Produktion und Verbrauch der einzige Wert, dem sie nachstrebt. Damit produziert sie aber unvermeidlich ein Wachstum der Umweltgefährdung, nicht zuletzt durch ihren immer größeren Energiebedarf. Welche ökologischen Probleme er bei wachsenden Vesorgungsansprüchen, Zunahme der Bevölkerungszahlen und gleichzeitig abnehmenden Reserven traditioneller Energieträger schafft, sei nur an dem einen Beispiel der Kernkraftproduktion gezeigt.

»1975 werden mehr als 300 Kernkraftwerke in 21 Ländern der Erde Strom erzeugen. Die Betriebserfahrungen mit den bestehenden 500 Forschungs- und Kraftwerksreaktoren sind befriedigend. In der Nuklearindustrie sind heute eine halbe Million Menschen beschäftigt. Strengen Schutzmaßnahmen, wie sie kein anderer Industriezweig je entwickelte, ist es zu danken, daß sich bisher kein ernsthafter Bestrahlungsunfall in Kernkraftwerken ereignete. Kernkraftwerke verschmutzen keine Flüsse, stören nicht die Landschaft, verqualmen nicht die Umgebung, produzieren nicht tonnenweise Schwefeldioxyd und erzeugen weder Lärm noch Gestank. Sie produzieren Strom billiger, als dies mit Hilfe von Kohle und Öl möglich ist. Die neueste Ausgabe der von der Internationalen Atomenergie-Organisation herausgegebenen Weltkarte mit den Standorten der Kraftwerks- und Forschungsreaktoren in den 101 Mitgliedsstaaten zeigt eine Konzentration der Kernkraftwerke in den wirtschaftlich hoch entwickelten Gebieten der Erde: USA, Kanada, Industriestaaten Europas, UdSSR, Japan.«

Das ist der freundliche Verharmlosungstext einer Werbeschrift für den Bau eines österreichischen Kernkraftwerks, und er liest sich nicht anders als die Werbung für eine Schokoladefabrik. Nur verschleiert die Behauptung, es habe bisher in Kernkraftwerken keine ernsthaften Betriebsunfälle gegeben, die Tatsache, daß Pannen vorgekommen sind, die fast alle zum Glück harmlos waren. Doch weniger harmlos war schon der Unfall, der sich im Januar 1969 im Atomreaktor von Lucens in der Schweiz ereignete, und das Großfeuer in Rocky Flats, USA, das die Umgebung radioaktiv verseuchte. Alle diese Pannen zeigen, daß eine 100-prozentige Sicherung der Atomkraftwerke entgegen den Beteuerungen der interessierten Industrie bisher nicht gelungen ist, wie es ja eine solche totale Sicherheit auf technischem Gebiet nirgends gibt. Aber während die Folgen technischer Gebrechen im allgemeinen sehr beschränkt sind, ist es ganz unvorstellbar, was geschehen würde, wenn ein ernsthafter Unfall in einem Kernkraftwerk auftreten sollte. Die US-Atomkommission schätzt, daß je nach Stärke des Reaktors 10 000 bis 100 000 Quadratmeilen Boden verseucht würden.

Der Bau von Kernkraftwerken setzt zudem ein Vertrauen in ewigen Frieden voraus, das durch die Zeitumstände leider keineswegs gerechtfertigt ist. Doch ein Krieg, selbst mit nur konventionellen Mitteln, könnte schon durch die Zerstörung eines einzigen Kraftwerkes die Verseuchungswirkung einer Atombombe hervorrufen. Solch ein Unglück muß aber gar nicht durch Kriegseinwirkung, Zufall oder menschliches Versagen ausgelöst werden. Auch ein Erdbebenstoß hätte unabsehbare Folgen. Geologen behaupten, die Bebenanfälligkeit der Erdkruste hätte mit der raschen Entnahme von Erdöl und Erdgas und mit den dadurch bewirkten Hohlraumbildungen in der Erdrinde, mit Druckveränderungen und Gleichgewichtsverschiebungen zu tun. Das würde heißen, daß Kernkraftwerke in der Nähe von Öl- und Erdgasquellen besonders erdbebengefährdet sind. Ungelöst ist auch die Frage, was mit den heutigen Kraftwerken geschehen soll, die in wenigen Jahrzehnten, wenn die Kernfusion die Kernspaltung technisch überholt hat, museumsreif, aber noch jahrhundertelang radioaktiv sein werden.

Doch sieht man von alledem ab, so bleiben noch immer die längst nicht genug erforschten Wirkungen der erhöhten Radioaktivität von Luft, Wasser und Boden auf den Menschen. Man weiß es schon längst, daß eine unerwartete Anhäufung radioaktiver Stoffe in Organismen auftreten kann, mögen auch Boden, Wasser und Luft nur geringe Strahlenverseuchung zeigen.

Unbekannt bleiben insbesondere die möglichen genetischen Auswirkungen der Radiostrahlung. Ein Report der Atombehörde läßt sich zwar tröstlich vernehmen: »Die Radioaktivität, der die Menschheit durch die Entwicklung der Kernindustrie ausgesetzt ist, ist nur ein minimaler Bruchteil jener, die von der Natur produziert wird.« Doch die Frage bleibt offen, ob nicht eben dieser Bruchteil die genetische Toleranzgrenze verhängnisvoll überschreitet. Peter Weish vom Strahlenforschungsinstitut des Reaktorenzentrums Seibersdorf bei Wien stellt fest: »Es gibt für genetische Wirkungen keine Toleranzgrenze, da schon eine einzige Ionisation eine Punktmutation auslösen kann. Mutationen, insbesondere höherer Organismen, haben in der Regel nachteilige Folgen.«[28] Auch Professor Alfred Barthelmess, München, schreibt in der »Österreichischen Ärztezeitung« vom Oktober 1970: »Es gibt weder eine ausreichende theoretische Begründung noch einen einwandfreien experimentellen Beweis für die Existenz einer genetisch unwirksamen Dosis.«

Nicht einmal eine sichere Lagerung des Atommülls scheint heute garantiert. Hier legen die Techniker einen Optimismus an den Tag, der schwer verständlich ist. Denn die Unmöglichkeit, Atomabfälle einwandfrei unschädlich zu beseitigen, ergibt sich doch schon daraus, daß noch kein Material entwickelt wurde, das die Gefäße, in die Atommüll eingeschlossen wird, für die

Jahrhunderte, durch die er strahlungsaktiv bleiben kann, absolut korrosionsfrei macht. Einmal erzeugte Radioaktivität läßt sich nicht mehr vernichten. Sie dauert an, bis die gesamte Strahlungsenergie abgegeben ist, und das dauert je nach der Halbwertzeit der radioaktiven Stoffe Jahrhunderte und auch Jahrtausende. Wer wollte sich anmaßen zu behaupten, daß irgendein Gefäßmaterial, in das Atommüll verpackt wird, auch nur ein paar Jahrhunderte dicht bleibt?

In dieser Frage stehen einander Ärzte und Biologen einerseits und Techniker und Physiker andererseits unversöhnlich gegenüber. Die Techniker vergleichen die »Atomhysterie« der Ärzte mit ihrer panischen Angst vor der »lebensbedrohenden Geschwindigkeit« der ersten Dampfeisenbahnen. Doch Peter Weish, ein der »Hysterie« unverdächtigter Fachmann schreibt: »Alle Versuche einer sicheren Abfallbeseitigung haben bisher keine befriedigenden Lösungen des Problems gebracht. Untergrundtanks gefährden das Grundwasser ebenso wie die Lagerung in tiefliegenden Bergwerken. Aus den gleichen Gründen, die zu einem Transport der Salze aus der Erdkruste in die Ozeane geführt haben, werden auch die atomaren Abfallprodukte sich dort anreichern. Damit erscheint in Hinblick auf die derzeit propagierte Nutzung der Kernindustrie eine intensive Nutzung der Weltmeere als Nahrungsquelle ernsthaft in Frage gestellt.«[29]

Prof. Max Thürkauf, Basel, behauptet: »Wenn die Physiker und Ingenieure sagen, die physikalischen und technischen Probleme der Atomkraftwerke seien gelöst, so mag das stimmen. Wenn sie aber sagen, die biologischen Probleme seien gelöst, so stimmt das sicher nicht.« Anders als bei der Atomkernspaltung gibt es bei der Atomfusion keine radioaktiven Abfallprodukte, und es wird nicht sehr lange dauern, bis Fusionskraftwerke ihre technische Reife erlangt haben. Prof. Thürkauf fragt, warum man nicht zuwarte, bis Fusionskraftwerke möglich sind. Er antwortet: »Weil die Atomgeschäftsleute ihr Geschäft jetzt machen wollen. Warum jetzt? Weil die Wahrscheinlichkeit groß ist, daß sie zu der Zeit, wo Fusionskraftwerke gebaut werden können, an einem Ort sind, wo Geschäfte gegenstandslos sind. Das große Atomgeschäft muß gemacht werden, solange die Atomgeschäftsleute noch leben. Das ist jetzt. Was ist morgen?«

Der ungeheuer anwachsende Energiebedarf der Weltwirtschaft ließ die USA, die mit 6 Prozent der Erdbevölkerung fast ein Drittel der Weltenergie verbrauchen, schon vor dem Lieferboykott durch die arabischen Erdölproduzenten eine »energy crisis« befürchten. Maßnahmen zur Drosselung des Energieverbrauchs und gleichzeitige Planung erhöhter Energieproduktion, selbst durch Sonnenstrahlung, Gezeiten oder Wind, sind seit Jahren in Diskussion. Insbesondere aber soll der Atomstrom, der heute erst ein Prozent des amerikanischen Energieaufkommens bestreitet, bis 1985 auf 13 Prozent hochgetrieben werden. Hier wirkt nicht nur die Profitgier der Atomindustrie. Hier kollidieren biologische Sorgen und wirtschaftliche Notwendigkeiten. Bürgerinitiativen haben bisher den Bau von 52 Kernkraftwerken verhindert. Aber die Industrie verweist darauf, daß sich der Welt-Energiebedarf alle sechzehn Jahre verdoppelt. Sie besteht auf der unverzichtbaren Notwendigkeit friedlicher Atomverwertung, soll der durch Ölboykott entstandene Energieengpaß überwunden werden, der jedes industrielle Wachstum stoppen würde.

Der Einsatz des Erdöls als politische Waffe durch die ölproduzierenden arabischen Staaten hat den wirtschaftlichen Argumenten für eine Forcierung der Kernindustrie neuen Auftrieb gegeben. Besonders Frankreich will sich von dem Erdölimport möglichst rasch unabhängig machen und beschleunigt sein Bauprogramm für Atomkraftwerke. Nicht eines, wie ursprünglich geplant, sondern gleich drei sind in Aussicht genommen, 1975 sollen es schon acht sein, die mehr als ein Fünftel des gesamten französischen Energiebedarfes decken werden. Als Standorte der ersten Kernkraftwerke sind Fessenheim im Elsaß und Bugey bei Lyon vorgesehen. Der Generaldirektor der Internationalen Atomenergie-Organisation, Dr. Sigvard Eklund, unterstrich in einem Vortrag vor der österreichischen Gesellschaft für Chemiewirtschaft, daß Atomenergie umweltneutral und unerschöpflich sei. Auch die Beseitigung des Atommülls sei garantiert unschädlich. Er werde konzentriert, dichtverpackt und gelagert. Die Lagerung von Atommüll sei ein Verfahren, das gewährleistet, daß keinerlei Radioaktivität in die Umgebung gelangt. Es sei jedoch eine Überwachung nötig. Deshalb arbeite man an der Entwicklung von Methoden, die keine Überwachung erfordern. Es handle sich um die sogenannte »immerwährende Lagerung«. Es sei auch vorgeschlagen, den Atommüll in den Weltraum zu schießen oder die radioaktiven Substanzen durch Bestrahlung in stabile, nicht mehr aktive Isotope umzuwandeln.

Dennoch nannte ein Memorandum der österreichischen Ärzteschaft die Errichtung eines Kernkraftwerks in der Nähe von Wien »ein ungeheures Risiko«. Mögen auch manche biologischen Bedenken einer übertriebenen Sorge um die Biosphäre entspringen, so bereitet doch der uferlose Optimismus der Technik und Industrie der Öffentlichkeit Unbehagen. Denn in dieser Kontroverse zwischen Physikern und Biologen ist der Laie orientierungslos. Er reagiert mit Mißtrauen gegen die Atomwirtschaft und hat in der Schweiz wie auch in Österreich gegen Kernkraftwerke protestiert. In der Bundesrepublik mußte ein Projekt der Badischen Anilin- und Sodafabrik, das ein Kernkraftwerk in Ludwigshafen vorsah, zunächst zurückgestellt werden, weil die Unruhe der Bevölkerung in diesem Ballungsraum zu groß und eine Gefährdung der Umwelt nicht auszuschließen war. Dennoch hat sich schon jetzt gezeigt, daß die Sorge um Energie die um die Umwelt stark in den Hintergrund drängt.

Umwelt ist die den Menschen umgreifende Biosphäre, in die er von der Natur hineingestellt, an die er von ihr anatomisch und physiologisch angepaßt und mit der er durch zahllose Wirkungen und Rückwirkungen verbunden ist. Seine biologische Sicherung verlangt entsprechende Rücksichtnahmen auf seine Abhängigkeit von ihr.

Diese Biosphäre ist eine Struktur von innerer Ausgewogenheit, ein System von vollendeter Harmonie, das jedem Lebewesen ein ihm angemessenes Milieu gewährleistet. Ökologie ist die Lehre von dieser Milieubeschaffenheit und von den Wechselwirkungen zwischen den einzelnen Organismen und ihrer belebten und unbelebten Umwelt. Diese Wissenschaft ist nicht neu. Die Wortprägung »Ökologie« geht auf Haeckel zurück, und seit einem Jahrhundert befassen sich Gelehrte in aller Welt mit dieser Disziplin. Aber bis in unsere Zeit war Ökologie ein naturwissenschaftliches Sonderfach, das nicht mehr Aufmerksamkeit fand als die Entomologie, die Insektenlehre, oder die Speläologie, die Höhlenkunde. Schon daß die Ökologen zunächst nur die Umweltabhängigkeit der Fauna und Flora studierten, schien ihre Arbeiten von den unmittelbaren Interessen der Gesellschaft weit abzurücken. Alle die Untersuchungen der Lebensbedingungen in Tümpeln oder Waldböden galten als höchst spezialisierte Forschungen über die Öko-Systeme der Wasserflöhe oder der Erdbakterien. Die Gesellschaft sah keinen Grund, ihre eigenen Umweltbedingungen und ihr Umweltverhalten zu bedenken.

Aber Humanökologie ist ohne Ökologie der maritimen und terrestrischen Flora und Fauna nicht denkbar. Konkreter: die Daseinssicherung der Gattung Mensch hängt letztlich auch von der Daseinssicherung des Planktons im Meer und der Mikrobe im Humus ab. Es ist ein ungeheuer verzahntes, in unzähligen Wechselwirkungen stehendes »Leben«, dessen kleiner Teil der Mensch ist. Auch als die Ökologie schließlich dahingelangte, die einzelnen Öko-Systeme als vielfach miteinander verbundene Teile des weltumfassenden

Biosystems zu verstehen, das durch die Sonnenenergie mit dem Kosmos in Beziehung steht, war das zunächst nicht mehr als eine sehr theoretische Erkenntnis. Sie schien noch immer weit von praktischer Bedeutung für die Gesellschaft entfernt zu sein.

Und doch hatte hier die exakte Wissenschaft nur etwas wiederentdeckt, was schon der natursichtige Mensch der magischen Zeit gewußt und in seiner Art berücksichtigt hat: daß die Umwelt über Leben und Tod entscheidet und »freundlich« erhalten werden muß. Aber seine Opfer und Sühnezeremonien vor oder nach Eingriffen in die Natur galten späteren Zeiten nur noch als lachhafte Primitivismen. Auch der astrologisch-alchimistische ›Große Adam‹, der kosmische Mensch, wurde für die wissenschaftliche Kultur zum Aberglauben aus der Zeit der Schamanen, der mythischen Zaubersänger wie Orpheus, Amphion, Arion, Merlin oder der Dichter der Merseburger Zaubersprüche und der finnischen ›Kalewala‹. Und doch war diese Figur nichts anderes als Symbol jenes großen Lebensganzen, das heute Biosphäre heißt. Aber der technisch orientierte Mensch verlor solches ursprüngliche Empfinden für die Ewigkeitswerte dieses weltumfassenden Systems, mit dem so wenig willkürlich verfahren werden darf wie mit dem Lebenssystem des Individuums. Was sich die Industriekultur bestenfalls bewahrte, war eine romantische Sehnsucht nach ›Natur‹, der die Naturschutzparks ihre Entstehung verdanken. Als winzige Fleckchen ursprünglicher Ökosysteme ist ihr biologischer Nutzen für die Menschheit gleich null, sie haben nicht mehr als musealen Wert. Denn schon an ihren

Grenzen tobt sich die Gesellschaft gegen die Natur beliebig aus.

Die Zivilisationsgefahren als Folgen solcher Mißachtung natürlicher Seinsbedingungen mußten hochaktuell und die Zukunftsaussichten der Gattung Mensch alarmierend werden, bis Humanökologie als Bedingung der menschlichen Lebensbewahrung in das Bewußtsein der Öffentlichkeit drang und die Notwendigkeit begriffen wurde, die Wechselbeziehung zwischen Organismen und Umwelt auch im Gesellschaftsbereich ernsthaft in Betracht zu ziehen.

Die Erweckung dieses öffentlichen Bewußtseins geschah so erstaunlich rasch, wie es nur deshalb möglich war, weil die Erfahrung von ungezählten Millionen von Menschen mit verschmutztem Wasser, verunstalteten Waldwegen und stinkender Atemluft auf einmal ihre Artikulierung fand, als die Jugend der USA 1970 zur Rettung der Erde aufrief. Mit der Brisanz einer Explosion drang dieser Jugendaufstand gegen Umweltverpestung von Amerika nach Europa und Japan, als dort am 22. April 1970 die unruhige Generation auf die ihr eigentümliche provokative, aber werbewirksame Weise den ›Earth-Day‹ mit einem nationalen Teach-in begangen hatte.

Tausende von Schülern waren schon vorher mobilisiert. Sie begannen mit ihren spärlichen Mitteln die Umwelt zu reinigen, zogen mit Transparenten, die »Hilfe für die Erde« verlangten, auf die Straßen, verunsicherten Aktionärsversammlungen jener Gesellschaften, die besonderer Umweltverschmutzung beschuldigt wurden, und organisierten einen »Kreuzzug für die Erde«; Hippies, die Blumen verteilten, gaben ihm seine moderne Note.

Doch trotz solcher Narreteien (oder vielleicht gerade deswegen) war der Erfolg durchschlagend. Auf einmal wurde in den USA die Umweltbedrohung ein Thema der Massenmedien und schließlich auch der Politiker, die nicht hinter einem so demonstrativ bekundeten öffentlichen Interesse herlaufen, sondern es für eigenen Popularitätsgewinn ausnützen wollten. Nixons Umweltbotschaft an den Kongreß vom 10. Februar 1970 hätte nicht annähernd so viel öffentliches Interesse gefunden, wäre diese Öffentlichkeit nicht seit Herbst 1969 von der Jugend in einem Trommelfeuer der »Werbung für die Erde« umweltbewußt gemacht worden. Schon im Januar 1970 war »The Environmental Handbook« für das Teach-in vom 22. April erschienen[30]. Es erlebte eine Massenauflage, und in ihm konnte man lesen: »Die Welt ist durchaus mit uns. Das wissen wir intuitiv. Aber unsere sozialen und wirtschaftlichen Institutionen scheinen unfähig, mit diesem Umweltbewußtsein Schritt zu halten. Das äußerste, das sie tun, ist Komitees bestellen und Symposien organisieren, die das, was jedermann weiß, endlos in einer Sprache wiederkäuen, die niemand liest und die zu nichts führt.«

Die ›Friends of the Earth‹, die damals schon Zentren in New York, San Francisco, Washington, Honolulu und Anchorage hatten, setzten vor allem auf die Studenten, die informiert, aktiv und an keine wirtschaftlichen Interessen gebunden, die Sturmtruppen der Bewegung sein sollten. Mit Recht schrieb das »Hand-

book«: »Vor einem Jahr wußte in den USA kaum jemand, was Ökologie ist. Heute hat jeder wenigstens eine Ahnung von ihr, und diese Veränderung vollzog sich mit unerhörter Geschwindigkeit.«
Mit solcher Geschwindigkeit, daß die Umweltbeunruhigung heute mondial geworden ist. Sie revoltierte die Jugend in Tokio gegen die Verschmutzungsindustrien und ließ 1971 die so gar nicht revolutionär gesinnten Bürger Berns gegen Luftverpestung durch Dieselautobusse protestieren. Sie hat Biologen bewogen, aus ihren Studierzimmern vor die Öffentlichkeit zu treten, und hat Architekten inspiriert, im März 1971 in Krefeld eine Ausstellung »Überleben in verschmutzter Umwelt« zu veranstalten. Es war eine Schau, in der die gräßliche Utopie eines völlig verseuchten Planeten gezeigt wurde. In einem Flugblatt hieß es: »Die Straßen haben sich in Gaskammern, die Flüsse in zähe Giftbrühen verwandelt. Die Sonne ist zur 40 Watt-Birne geworden, schon bald wird sich dieser Planet nicht mehr von fremden Planeten unterscheiden: mit großem technischem Aufwand werden Klimazonen errichtet werden müssen, um die Voraussetzung für menschliches Leben zu sichern. Die stetige Anpassung an die sich mehr und mehr verschlechternden Bedingungen verhindert ein instinktives Erfassen des Gefahrenausmaßes. An Umwelt wird nicht so rasch gestorben wie an H-Bomben, aber ebenso gründlich.«
Haben also jene Zivilisationsgegner recht, die von der goldenen Zeit des präindustriellen Lebens schwärmen? Sie haben unrecht, und schon in der ›Bienenfabel‹ von Mandeville konnte man 1714 lesen: »Wer

wünscht, daß die goldene Zeit zurückkehrt, sollte nicht vergessen, daß man damals Eicheln essen mußte.«

Nicht um die Verteufelung der Industriezivilisation, sondern nur um ihre biologische Entschärfung kann es gehen, anders gesagt, um die Bereitschaft der Gesellschaft, die Kosten für den Umweltschutz den Basiskosten der Wirtschaft hinzuzurechnen und sie zu Lasten des materiellen Wohlstandswachstums und zugunsten der »quality of life« zu tragen.

Unbestreitbar ist, daß im geschlossenen Industriesystem auch das Wachstum schicksalhaft objektiven Zwängen unterliegt. Die Bevölkerungsexplosion, Notwendigkeit der Optimalisierung der Betriebsgrößen und das soziale Ziel, die durch Produktivitätserhöhung freigesetzten Arbeitskräfte in den Wirtschaftsprozeß zurückzuholen, das sind einige der sachgesetzlichen Zwänge, die das Wachstum als Industrieschicksal vorwärtstreiben. Andere sind die notwendige Entwicklungshilfe und die Aufwendungen für die Umweltgesundung, denn diese Umwelt, die von der Wachstumspolitik ruiniert worden ist, kann nur durch wachsende Aufwendungen für ihren Schutz, also durch neues Industriewachstum, saniert werden.

Wachstum ist dem Industriesystem durch seine technische Qualität geradezu eingeboren. Aber während es im vorigen Jahrhundert nicht einmal Wachstumstheorien, geschweige denn eine allgemeine Wachstumsbegeisterung gegeben hat, ist es heute sehr anders. Seitdem der wirtschaftliche Lebensstandard als Maß aller Dinge und sein Wachstum als Glücksgarantie den Gesellschaftsstil prägen, ist das entstanden, was als

Wachstumshysterie ewiges »bigger and more« ohne Rücksicht auf die verfügbaren produktiven Kräfte und auf Umwelteinwirkungen verlangt. Dieser Prozeß wird durch Nachfrageaufputschung, Geldentwertung und hemmungslose Umweltverwüstung unentwegt angeheizt. Investitions-, Struktur-, Steuer-, Forschungs-, Lohn- und Bildungspolitik sind alle als Instrumente für das Wachstum des Lebensstandards mobilisiert. Die ganze Wirtschaft, ja die Haltung jedes einzelnen Menschen zu seinem Leben wird von diesem Ziel beherrscht, als gelte es einen existenzbedrohenden Entwicklungsrückstand lieber heute als morgen aufzuholen: als lebe die Industriegesellschaft noch immer im »Kampf ums Dasein«.

Hier ist durch das zur Wachstumsungeduld manipulierte Glücksbedürfnis eine neue Kraft entstanden, die ihre Bremsung im Interesse des Umweltschutzes unendlich schwer machen wird. Denn diese Kraft ist so mächtig geworden, daß Arnold Gehlen richtig feststellt, selbst individueller Wille, sich Wohlstandsbeschränkungen aufzuerlegen, könne in diesem System kaum noch realisiert werden. Auch Bertrand de Jouvenel findet in diesem Prozeß eine Automatik, die keiner Reflexion auf die Qualität des Lebens Raum gibt. Es ist ein neues Schicksal in die Welt getreten, seit Wohlstandswachstum zum Fetisch der ganzen Gesellschaft geworden ist und das uralte, aber ewig lebendige Glücksverlangen einen Menschentyp hervorgebracht hat, den es bisher nicht gegeben hat: den Wohlstandsmenschen.

Der Wohlstandsmensch

Von Wilhelm Röpke stammt dieser kluge Satz: »Die fragwürdigen Dinge der Welt gehen an ihrer eigenen Natur zugrunde, die guten an ihrer Übertreibung.« Zu diesen guten Dingen gehört der Wohlstand, und es wäre ein Unglück, wenn er, der so mühsam erreicht wurde, an einer Übertreibung seines Wachstums zugrunde ginge.

Und diese Gefahr droht. Sie droht von außen durch die Wohlstandsverwüstung der Biosphäre, und sie droht von innen durch Wohlstandsüberdruß, der sich in der Gesellschaft zu regen beginnt. Es ist Reaktion auf die aufgeputschte Wohlstandshysterie, daß Herbert Marcuse seine »große Weigerung« predigt und daß in der Protestjugend eine romantische Verklärung der präindustriellen Armut entstand, die der Wohlstandsgesellschaft von Gammlern und Hippies ebenso aufdringlich wie absurd vorgelebt wird. Hier meldet sich die seit Rousseau immer wieder auflebende Zivilisationsfeindschaft und die Ablehnung des technischen Fortschritts als eines Rückschritts der menschlichen Natürlichkeit. Galt einmal der Wilde als der bessere Mensch, so ist heute für die Protestbewegung der Unterentwickelte der Bessere. Seine größere Nähe zur Natur wird dem Wohlstandsmenschen als Lebensideal gepredigt, während gleichzeitig Entwicklungshilfe, also Befreiung der Unterentwickelten aus ihrer Naturnähe, die sie mit dem Hungertod bedroht, von der verachteten Technik der Wohlstandsländer verlangt wird.

Das ist eine unsinnige, weil in sich widerspruchsvolle Anklage gegen die industrielle Versorgungsweise, und das Unverständnis der Wechselbeziehungen zwischen Industrie, Fortschritt, Kultur und Wohlstand schafft ein Syndrom unausgegorener Ressentiments, als hätte nicht die Technik allein den Menschen aus seiner »Natürlichkeit« in der Wohnhöhle zur Herrschaft über die Umwelt geführt.

Doch auch in der »schweigenden Mehrheit« der Industriegesellschaft greift Wohlstandsverdrossenheit um sich, und sie ist als ein Signal, das vor Wohlstandsübertreibung ernstlich warnt, weit ernster zu nehmen. Denn unter den Besorgten wird Wohlstandswachstum nicht mehr als letztes Daseinsziel akzeptiert, sondern nur als ein Mittel, das sich vor dem Ziel auszuweisen hat: dem mythenalten Traum vom Glück.

Das Gefühl des Wohlstandsmenschen, daß seine Umwelt, die er sich in einem beispiellosen technisch-ökonomischen Sturmangriff erobert hat, ihm unangepaßt ist wie ein schlecht geschneidertes Kleid; daß sie ihn pfercht und drückt und ihm für die Freiheit der Lebens- und Umweltgestaltung keinen Raum mehr bietet; daß in diesem Wohlstandstreiben seine unvermeidliche Selbstentäußerung durch Arbeit zur wachsenden Selbstentfremdung in seinem Milieu geworden ist – dieses Gefühl artikuliert sich heute schon auf die verschiedenste Weise. Es spricht sich in der marxistischen Gesellschaftskritik ebenso aus wie in der Existenzialphilosophie von der »Unbehaustheit des Menschen«, in der Selbstkritik der Kirchen genauso wie in den vielen Revisionismen in der kommunistischen Welt. Die Gewißheit der Väter der Moderne, die Technik werde das Leben entlasten und die Freiheit vermehren, ist historisch und unglaubwürdig geworden. Geblieben ist die Enttäuschung, daß nicht die Dampfkraft, nicht die Elektrizität und nicht die Atomkraft jenes Wunder gewirkt haben, das die Glückshoffnung von ihr erwartet hat.

Denn diese Wunder sind rein technisch geblieben. Was sie dem Menschen wirklich gebracht haben, wird von der Wohlstandsgesellschaft längst als Selbstverständlichkeit hingenommen, was sie ihm vorenthalten haben, wird immer stärker als Frustration gefühlt. Die Gesellschaft muß sich doch den Sachzwängen der technischen Sensationen anpassen und deshalb den Menschen in einen Anpassungsdruck nehmen, der sich ohne viel Rücksicht auf dessen Natur an der Natur der technischen Forderungen orientiert. Dennoch wird noch immer behauptet, die Realisierung von Humanwerten werde gerade durch die Technik erfolgen. Daher im Osten die Dogmatisierung des Grundsatzes, daß steigende Produktionsziffern zum Glück des Kollektivs führen; wer anderer Meinung ist, gilt als verrückt und landet folgerichtig im Irrenhaus. Daher auch im Westen die Dogmatisierung des Grundsatzes, Wohlstandsvermehrung sei Vermehrung des persönlichen Glücks; wer anderer Meinung ist, gilt als Wohlstandsneider und landet folgerichtig in der gesellschaftlichen Isolierung.

Gemeinsam ist beiden Systemen ihr naives Vertrauen in den Automatismus des Glücksfortschritts durch technisch-ökonomischen Fortschritt. Die Konkurrenz dieser beiden großen Gegner im Kampf um die Weltherrschaft rekurriert völlig auf den Wettbewerb um ökonomisches Potential, seitdem das »Gleichgewicht des Schreckens« eine militärische Entscheidung apokalyptisch gemacht hat. Von diesem materiellen Fortschritt wird alles Glück erwartet, so entschieden und ausschließlich, daß Bemühungen um Fortschritt auf immateriellem Gebiet nur noch als Störungen der Wirtschaft verstanden und durch alle systemkonformen Mittel zurückgestaut werden. Woraus sich erklärt, daß die zwei ökonomisch höchstentwickelten Mächte, die USA und die UdSSR, die geistig-moralisch statischsten sind. Ihr Gesellschaftsideal ist die »schweigende Mehrheit«, mag sie durch Terror oder durch Erziehung zum Schweigen gebracht werden. Wo alle Fortschrittskräfte von den Versorgungsapparaturen in Anspruch genommen, und das heißt, in den Dienst der schicksalhaften Expansion der hochindustriellen Produktionsweise gestellt werden, gilt jede andere Fortschrittstendenz als gesellschaftskonträr, im Westen als revolutionär und im Osten als reaktionär.

Was von den Herren des Systems nicht verstanden wird, ist die Ausstrahlung der modernen Hochleistungstechnik auf das unter Leistungsdruck gesetzte Lebensgefühl, das heute schon fast mehr Glücksverlust erleidet als in der Zeit materieller Unterversorgung. Eugen Böhler schreibt richtig: »Jede Vermehrung der Güter erhöht die Last des Menschen, wie die Überbelastungserscheinungen im Zeitalter des technischen Fortschritts zeigen. Nur unsere Wertblindheit läßt uns die Lebensopfer übersehen.«[31]

Tatsächlich hat die monomanische Jagd nach Wohlstandswachstum die Massen völlig unempfindlich für das gemacht, was sie täglich als technische Repression erleben: stets beengendere Selbstverpflichtung an zum Teil überflüssige Maschinen, Schädigung durch den Widerspruch zwischen biologischem und ökonomischem Lebensrhythmus, wachsende Unterwerfung des Individuums unter Organisationen und Institutionen, physische und psychische Zivilisationserkrankungen aller Art und Verlust der autonomen Lebensgestaltung an die hemmungslose Wohlstandsjagd der Gesellschaft. »Der Preis kann in Einzelfällen auch zu hoch sein. Man kann sich durchaus fragen, ob der Erfolg immer der Mühe wert ist, ob die Anspannung des modernen Lebens durch die technische Zivilisation nicht auch zu einer Verarmung des Daseins führt.«[32]

Nur sehr langsam wächst das Gefühl dafür, daß den Entlastungseffekten der Technik gewaltige Belastungseffekte gegenüberstehen. Nicht zuletzt die Belastung durch wachsende Abhängigkeit des Wohlstandsmenschen von Spezialisten, es mag der Chefingenieur des E-Werks oder das Fräulein an der Registrierkasse des Selbstbedienungsladens, der Programmierer des Computers in der Versicherungsgesellschaft oder der Automechaniker sein. Der Wohlstandsmensch lebt in der Industriegesellschaft wie ›Alice in Wonderland‹, nur daß die technischen Wunder, die ihn umgeben und deren Wirkungsweise er kaum versteht, weit weniger freundlich sind als die Wunder, denen Alice begegnet ist.

Das Glück hat der Wohlstandsmensch nicht gefunden. Die Güterfülle, die ihn überschwemmt, hat nicht nur die Last des Menschen erhöht, sondern auch die Last der Natur, die mit wachsendem Wohlstandsabfall beladen wird. Je weiter es diese Gesellschaft bringt, um so drängender wird die Frage nach dem humanen Sinn und den biologischen Grenzen ihres Systems und um so bedrückender die Erfahrung, wie wenig das Glücksverlangen auf technischem Weg zu befriedigen ist. Vielleicht erklärt sich aus der umsichgreifenden Wohlstandsenttäuschung, die sich selbst noch nicht ganz wahrhaben will und nach Kräften verdrängt wird, die so weitverbreitete Abneigung gegen jeden Versuch, dem Wohlstandswachstum unverblümt die Sinnfrage zu stellen, also in die Wirtschaft metökonomische Überlegungen einzubringen, die als Moralpredigten und ›Seelenmassage‹ in denkbar schlechtestem Rufe stehen. Gerade weil sie die durch Wohlstand verschleierte Glücksfrustration bloßlegen und über die Bewußtseinsschwelle heben sollen.

»Man muß seine Stimme erheben, um eine neue Moral zu predigen, eine Umweltmoral«, so verlangte Robert Poujade, der spätere französische Minister für Umwelt, in einer Rede, die er am 1. März 1970 in Chicago hielt. Das sagte er einer Gesellschaft, in der selbst die Prediger der alten Moral, alle die Heiligen, Propheten und Philosophen, so erfolglos geblieben sind. Ewiges und fades Dacapo von Kanzeln und Kathedern,

immer neu enttäuschter Optimismus und widerlegte Illusion: »der Mensch ist gut!«
Weit pragmatischer und unbelastet von dem Moralismus französischer Aufklärer, deren Erbe Poujade ist, wandte sich Nixon an die egoistische Natur des Menschen, als er am 10. August 1970 in seiner Kongreßbotschaft über »The State of the Nation's Environment« erinnerte: »Unsere physische Natur, geistige Gesundheit, Kultur und Institutionen, unsere Chancen des Erfolgs, ja des Überlebens selbst, alles das hängt unmittelbar von der Umwelt ab, in der wir leben.«
Es wird sich erweisen, daß nicht eine neue Moral, sondern nur ein neuer Egoismus aus vertieftem Verständnis der biologischen Drohung den Impuls zu einer Besinnung auf den heutigen »State of Mankind« geben kann. Denn gegen den Wohlstand zu moralisieren ist das Letzte, was dem Kulturkritiker erlaubt ist, will er nicht in den Verdacht geraten, ein sozialer Sektierer und Wohlstandsneider zu sein.
Dieser Verdacht liegt nicht nur schlichten Gemütern nahe, die unbeschwert in der Trance ihres Wohlstands leben. Ihm gibt auch der Soziologe Helmut Schoeck in einer umfangreichen Untersuchung offen Ausdruck[33], und er ignoriert souverän alle anderen denkbaren Motive einer Wohlstandskritik, etwa die Sorge um den Wohlstand selbst und seine Gefährdung durch Übertreibung. Hier soll für und nicht gegen den Wohlstand plädiert werden, es wird keiner Romantik einer Armutsgesellschaft oder puritanischen Angst vor Wohlstandsgenuß das Wort geredet, sondern gezeigt, wohin ein Wohlstandswachstum gerät, das sich nur an der Vermehrung

materieller Güter orientiert, die psychologischen und biologischen Wohlstandswerte aus dem Auge verliert und damit »the pursuit of happiness« gefährlich abirren läßt. Zum Zeugen der Anklage soll der Wohlstandsmensch selbst gemacht und die Frage gestellt werden, woher sein umsichgreifendes, obschon noch dumpfes und unartikuliertes Gefühl kommt, daß es nicht richtig ist, so, wie es ist.

Da ist einmal die wachsende Kluft zwischen Wohlstands- und Entwicklungsländern, die den unbeschwerten Wohlstandsgenuß stört. Nicht, daß der jährliche Hungertod von fünfzig Millione Menschen und die Unterernährung eines Drittels der Erdbevölkerung das Gewissen des Wohlstandsmenschen besonders inkommodierte. Fünfzig Millionen sind eine statistische Zahl; solchem Elendsausmaß fehlt jede Anschaulichkeit, und wie schwer es ist, abstrakte Not nachfühlbar und zum Aufruf der Menschlichkeit zu machen, weiß man. Ganz davon abgesehen, daß Caritas hier hilflos ist, und Hilfe nur von einer radikalen Umstrukturierung des Weltwirtschaftssystems und der Entwicklungshilfe zu erhoffen wäre. Das zu erreichen, genügen Gewissensbisse des Wohlstandsmenschen nicht. Weit mehr beunruhigt wird seine Vernunft durch die zunehmende Revolutionsstimmung in den Elendsländern, deren Entwicklung immer weiter hinter dem Wohlstandswachstum der Industrievölker zurückbleibt. Ein Fünftel der Weltbevölkerung kontrolliert heute vier Fünftel des Weltreichtums. Die Formel »die Reichen werden reicher und die Armen ärmer« ist ein Menetekel der Zukunft.

Da ist weiter die Zentrierung der Bevölkerungsexplosion auf die unterentwickelten Teile der Erde, wo unkontrollierte Fruchtbarkeit die Revolutionsstimmung nährt, die einer Klimax zutreibt, deren Peripetie nicht abzusehen ist. Das alles läßt eine drohende Konfrontation des zurückgebliebenen Südens mit dem vorgeschrittenen Norden als Damoklesschwert über dem Wohlstand hängen. Daß nur die Preisgabe eines Wohlstandsteils für Entwicklungshilfe die Katastrophe hinauszögern kann, ist den Regierungen der Wohlstandsländer längst klar geworden. Doch alle die ungeheuren Aufwendungen für Entwicklungshilfe sind so problematisch geblieben, wie der »Pearson-Bericht[34]« und Gunnar Myrdals dreibändige Untersuchung der Situation in Asien[35] deutlich gemacht haben.
Ein anderes Motiv des Wohlstandsunbehagens inmitten aller Wohlstandshysterie ist das ins Unterbewußte abgesunkene moralische Erbgut aus Jahrtausenden der Unterversorgung und der ihr zugeordneten religiösen Seligsprechung der Armut. Man konnte die abendländische Menschheit nicht durch zwei Jahrtausende von irdischen Besitztümern ab- und dem jenseitigen Heil zuwenden, ohne daß das seelische Verformungen des natürlichen Besitzstrebens bewirkte. Längst glaubt niemand mehr daran, daß eher ein Kamel durch ein Nadelöhr als ein Reicher in den Himmel geht, und selbst die Kirche rechtfertigt die Armut nicht mehr als den Weg zur Seligkeit. Aber ein unterschwelliges Unbehagen am ständigen Wohlstandswachstum des privilegierten Menschheitsteils ist geblieben, ein irrationales Gefühl der persönlichen »Schuld ohne

Objekt«, das den unbeschwerten Wohlstandsgenuß trübt.

Nicht zuletzt wirkt gegen ihn eine Erfahrung, die man das Gesetz abnehmenden Glücksertrags bei steigendem Wohlstand nennen könnte, eine Variante des Gossenschen Gesetzes vom Grenznutzen. Daß der sechste Anzug weniger glücklich macht als der erste, das teuerste Mercedesmodell weniger als der schwer abgezahlte Roller, daß japanische Wachteleier gegenüber europäischen Hühnereiern nicht soviel mehr Glück bringen wie mehr Mühe des Gelderwerbs für solchen Statuskonsum, – das fühlen soviel ältere Wohlstandsmenschen, während die Mehrzahl der jungen noch ihrer Illusion einer Glückvermehrung durch ewigen Wohlstandszuwachs nachjagt.

Durch die Wohlstandsgesellschaft läuft ein Bruch, und er läuft quer durch die sozialen Schichtungen und Altersklassen. Er erklärt sich aus der Wohlstandsexplosion in den letzten Jahrzehnten und aus der sehr unterschiedlichen Reaktion der Menschen auf sie. Jene Generation, die noch die Wirtschaftskrise und Massenarbeitslosigkeit der Zwischenkriegszeit erlebt hat, ist zum Teil traumatisiert. Sie hat sich wohl leicht dem Lebensstil unserer Zeit äußerlich angepaßt, aber sehr oft mit inneren Vorbehalten, mit Zweifel an der Dauerhaftigkeit dieses Wohlstands, den sie im tiefsten verdächtigt, nur transitorisch zu sein. Besonders viele ältere Menschen bürgerlicher Herkunft können nicht ohne weiteres jene Umwertung alter bürgerlicher Werte vollziehen, die der Wohlstand der Wachstumswirtschaft von ihnen verlangt. In der alten Bürgertugend der Sparsamkeit erzogen, fühlen sie, daß die Bürgerlichkeit, die Schumpeter richtig asketisch genannt hat, durch nichts mehr korrumpiert, ja historisch gemacht wird als durch die Abwertung der Sparmoral und die Jagd nach immer mehr Wohlstandsgenuß. Mag die Wirtschaft zur Rechtfertigung des Aufwands welche Gründe immer beibringen, ganz geheuer fühlen sich diese Menschen in solch einer Welt nicht, und ihr Gewissen spricht sie gegen den Wirtschaftsverstand schuldig. Im Wohlstand, dem auch sie nicht widerstehen können, ist ihnen nicht ganz wohl. Wie sehr er von ihnen als eine Gewalt verstanden wird, die über sie hereingebrochen ist, beweist das Wort vom »unbewältigten Wohlstand«[36].

Nur jene Jahrgänge, die nach 1945 in die Automatik des Wohlstandswachstums hineingeboren wurden, sind (wenn sie sich nicht der Protestbewegung anschließen wie die Minderheit der Jugend) an ihn innerlich adaptiert. Mit der Unbeschwertheit des perfekten Wohlstandsmenschen genießen sie, was ihre Väter zu bewältigen versuchen, aber hier stehen einander nicht zwei Generationen, sondern zwei Menschentypen gegenüber.

Es ist doch nicht so, daß die binnen wenigen Jahren erreichte Veränderung so vieler Lebensdaten: von der Unter- zur Überversorgung, vom individuellen Reichtum zum Massenwohlstand, vom Konsumprivileg zur Konsumgesellschaft — alle Menschen unverändert gelassen und nur ihren Lebensstandard gehoben hätte. Der rapide Wohlstandszuwachs hat nicht nur eine totale Veränderung der Umwelt bewirkt, sondern durch den

Rückstoß ihrer hektischen Innovation auch die Natur des Menschen weitgehend betroffen. Er ist nicht mehr der gleiche, der er vor fünfzig Jahren war, mit seinem Versorgungssystem ist er ein anderer geworden.

Jede Gesellschaft ist das Ergebnis der Wechselwirkung unzähliger sozialer, politischer, organisatorischer, seelischer Beziehungsnetze, die alle miteinander und mit der natürlichen Umwelt verwoben sind, so daß alles mit allem zusammenhängt. Hier gibt es, solange der Gesellschaftskörper gesund ist, Regelkreise, die durch Information und Rückkopplung Gleichgewichtszustände schaffen und erhalten. Es ist, um eine biologische Analogie zu gebrauchen, eine Homöostase aller inner- und umweltlichen Teilbereiche, die man den Stil einer Epoche nennen kann. Ungestörtes, einmal für immer einreguliertes Gleichgewicht wäre freilich nur in einer völlig statischen Gesellschaft denkbar, die es in Hochkulturen niemals für lange Zeit gibt. Aber auch in bewegten Systemen kann die gesellschaftliche Selbstregulierung immer wieder homöostatische Zustände herstellen, wenn die Veränderungen nur Teilbereiche betreffen und ihre Dynamik nicht allzu groß ist.

Doch gerade eine solche Dynamisierung ist der Wohlstandsgesellschaft widerfahren, die alle Lebensbereiche verändert und ihre sinnvollen Beziehungen zerstört. Der Gesellschaftskörper hat nicht mehr die Kraft der Selbstregulierung. Informationssysteme sind zerrissen, Rückkopplungen blockiert, die sozialen Regelkreise funktionieren nicht mehr zur Genüge, fast alle Teilbereiche haben sich dem materiellen Wert »Wohlstand« untergeordnet und sind zueinander in Widerspruch geraten. Das zeigt sich als jene Gesamtkrise der Wohlstandsgesellschaft, die das Thema einer schon uferlosen Krisenliteratur ist. Was unsere Zeit erlebt, ist ein Entwicklungssprung, den Arnold Gehlen mit dem Sprung von der Sammler- zur Produktionswirtschaft im Neolithikum, also mit der bisher tiefsten Zäsur in der Menschheitsgeschichte vergleicht. »Es handelt sich da um eine der seltenen, ganz großen Veränderungen des Zustandes, Mensch zu sein, um eine der säkularen Veränderungen nicht etwa nur der Lebensführung und Wirtschaftsweise, sondern weit tiefer der Bewußtseinsstrukturen selbst, ja selbst der menschlichen Antriebsdynamik«[37].

Hier geht es um die Psychologie des Wohlstandsmenschen nur insoweit, als sie zur Erklärung seines ruinösen Umweltverhaltens beitragen kann. Es soll gezeigt werden, was dieser »unbewältigte Wohlstand« aus dem Menschen gemacht hat: den homo consumens, dessen Beziehungen zur Dingwelt durch das Ziel zunehmenden Verbrauchs bestimmt und zu solcher Lebenshaltung von intensivster Verbrauchspropaganda getrimmt werden[38].

Weil der Verbrauchsrhythmus durch die Produktionsinteressen immer mehr beschleunigt wird, reduziert sich der Wert weitaus der meisten Wohlstandsgüter auf stets kürzere Zeiträume. Der Arbeitsertrag des Wohlstandsmenschen und die in den Wohlstandskonsum investierte Arbeitsmühe werden durch beschleunigte Vergänglichkeit der Wohlstandsgüter entwertet. Die Appetenz des letzten Schreis der Mode und der jüngsten Entwicklung der Technik wird durch die Werbung wachgehalten, ein Dauerzustand »psychologischer Armut« wird erreicht, denn nur solche ewige Unbefriedigung mit dem je Möglichen hält den Motor der Wohlstandswirtschaft in seinem übertourigen Gang.

Der Wohlstandsmensch ist auf die nie endende Jagd nach zusätzlichem Wohlstand gesellschaftlich konditioniert und darauf, den Wert seiner Güter primär in deren sofortigem Genuß zu sehen. Der Sinn für Genußverschiebung geht verloren, Leistungen für langfristige Ziele müssen dem Wohlstandsmenschen durch immer mehr Zwang abgefordert werden. Wie weit sich in dieser Hektik, mit der er den Wohlstandszuwachs betreibt, die archaische Lebensangst Luft macht, die, wie gesagt, im modernen Menschen in modernen Formen fortlebt, ist eine Frage der Tiefenpsychologie. Bedenkt man, wie leichthin er die natürlichen Basiswerte seines Lebens der unnatürlichen Vermehrung seines materiellen Wohlstands zum Opfer bringt, dann liegt es nahe, hier eine Reaktion auf Jahrtausende der Unterversorgung und Angst vor einem Rückfall in sie zu vermuten. So lebenserhaltend der ursprüngliche Kampf ums Dasein war, so lebensfeindlich wird die Pervertierung dieses Kampfinstinktes zum Wettbewerbskampf um immer mehr Wohlstand ohne jede Rücksicht auf die Ansprüche der Natur. Für die Soziologie notiert Helmut Schelsky: »Der Mensch ist den Zwängen unterworfen, die er selbst als seine Welt und sein Wesen produziert (›Der Mensch in der wissenschaftlichen Zivilisation‹).« Für die Anthropologie findet

Hannah Arendt, »gerade der Fortschritt« bedrohe »das Leben auf der Erde katastrophal (›Macht und Gewalt‹)«, und für die Medizin schreibt Arthur Jores, »daß wir Menschen Glück, nach dem alle zu streben vermeinen, nur dann erfahren, wenn wir uns in Übereinstimmung mit den Grundgesetzen des Lebensgeschehens befinden«[39]. Und wie sehr wir diese Übereinstimmung verloren haben, lehrt das fehlende Glücksgefühl im Wohlstand.

Woher käme es sonst, daß diese Wohlstandsgesellschaft so penetrant unfröhlich ist? Woher, daß sie ihr Wohlstandswachstum mit solchem tierischen Ernst betreibt, der keine Lebensheiterkeit aufkommen läßt, die frühere, weit ärmere Zeiten hatten oder doch als ihr Glück erstrebten? Diese innere Gelöstheit als das Glücksgefühl der Freiheit vom Realitätsdruck hat der Wohlstandsmensch völlig verloren. So sehr verloren, daß die oft ungezügelten Ausbrüche jugendlicher Fröhlichkeit von ihm geradezu als Provokationen der Leistungsgesellschaft empfunden werden, die sich jedem Streß unterwirft, um ihren Wohlstand zu steigern. Er ist keine fröhliche, sondern eine bitter ernste Sache, die selbst die Aufopferung der privaten Existenz, der Muße, der Gesundheit und der natürlichen Umwelt in Kauf nimmt. Denn man muß »keep up with the Jones'«, mit dem Wohlstand der Nachbarn Schritt halten. Also bedeutet auch die Aufopferung der Natur an den Wohlstand nichts. Wie sein ältester Urahn im Kampf um das nackte Dasein glaubt der Wohlstandsmensch in seinem Kampf um immer mehr Wohlstand die Natur in »Kultur« umwandeln, sie seinen grenzenlosen Verbrauchsbedürfnissen ohne Bedenken dienstbar machen zu dürfen. Denn wieder einmal tut der Mensch, was er kann, und er kann die Natur verändern, wie er will.

Gefördert wird seine Aggression gegen sie durch den Verlust seines Gefühls für den Wert des Dauerhaften. Von der Konsumgesellschaft, die durch raschesten Werteverschleiß zur Wegwerfgesellschaft geworden ist, in der technischer Fortschritt, Modewechsel und Verbrauchsreklame auf immer blindwütigere Entwertung von Wirtschaftsgütern aus sind, ist dem Wohlstandsmenschen die natürliche Bindung an das Beständige erfolgreich ausgetrieben worden. So erfolgreich, daß selbst die Dauerhaftigkeit seines Arbeits- und seines Wohnplatzes, seiner Familienbindung und seines Wissensbesitzes davon betroffen ist, die alle zu Provisorien reduziert wurden. So konnte es nicht ausbleiben, daß auch die Beständigkeit seiner natürlichen Umwelt für ihn jeden Wert verloren hat. Das Konsumkarussell mit seiner immer rascheren Entwertung der Dinge hat das Lebensgefühl des Menschen völlig revolutioniert.

Von der Wegwerfwirtschaft dazu erzogen, in jedem Ding etwas Kurzlebiges zu sehen, entwertet sich der Mensch auch die Natur zu einem Gebrauchs- und Verbrauchsobjekt, das nach Belieben verschlissen werden kann. Sie ist ihm nichts mehr, es sei denn Rohstoff für seine Wohlstandswirtschaft. Eine gefühlsmäßige Bindung an sie wie in der Postkutschenzeit, eine Respektierung ihrer Ansprüche, die Bauernwirtschaften noch selbstverständlich ist, gibt es kaum noch, es sei denn in den rührend erfolglosen Bemühungen des Naturschutzes.

Als Großmütterchen noch Bindfäden und Kindchen Stanniolpapier für die Mission gesammelt haben, als das Hochzeitskleid der Mutter noch nicht aus Papier war, sondern sorglich durch Jahrzehnte in der Truhe behütet wurde, und ein Werkzeug oder Ziergegenstand sich durch Generationen vererbte, gab es Sinn für das Bleibende. Solange gab es auch Sinn für die Natur, die sie selbst bleiben sollte und nicht zerstört werden durfte. Ohne wissenschaftliche Ökologie, aus reiner Selbstverständlichkeit schonte der Mensch seine Umwelt, in der er sich beheimatet und mit seinen Ahnen verbunden fühlte. Heute bedeutet sie ihm nichts. Er hat neu zu lernen, daß es etwas gibt, was seinen Wert in der Dauer hat, und daß diese Dauer ihre Schonung verlangt. Er hat zu lernen, daß Umwelt mehr ist als Lieferantin von Rohstoff und Energie und Abladeplatz für den Abfall des Wohlstandsmenschen.

III.

Auf der Suche nach dem Ausweg

Der Mensch und die Biosphäre

Der lebentragende Teil unseres Planeten, den man die Biosphäre nennt, ist nur seine Oberflächenschicht, die lediglich im Meer eine maximale Mächtigkeit von 11 000 Metern erreicht. Die feste Erdoberfläche jedoch ist im allgemeinen nicht tiefer von Organismen bewohnt, als ihre Vegetation reicht. Zieht man von dieser dünnen Oberflächenschale der Erdkugel noch jene Teile ab, die gänzlich oder doch fast zur Gänze ohne Lebewesen sind, also die beiden Polkappen, die Gletscher- und Wüstengebiete, dann ermißt man leicht, wie klein im Verhältnis zur Erdgröße die Biosphäre selbst dann ist, wenn man ihr noch die unteren Schichten der Atmosphäre hinzurechnet. Das also ist die Umwelt des Menschen, die seinem Leben zur Verfügung steht und in unzählige Ökosysteme der Flora und Fauna aufgegliedert ist.

Man beginnt die Bedeutung der Biosphäre zu begreifen. Sie wird von der Art und Menge des verfügbaren Bodens, des Wassers und der Luft, von der Verfassung der Pflanzen- und Tierwelt, wie von der ungestörten Zufuhr kosmischer Energie mitbestimmt. Schon die vielfachen Nahrungsketten, also die Abfolgen von Fressen und Gefressenwerden, die das Menschen-, Tier- und Pflanzenreich miteinander verbinden, bewirken, daß jeder Eingriff in ein einzelnes Ökosystem für das menschliche Biosystem Folgen hervorbringen kann, an die bei ihrer Auslösung nicht im entferntesten gedacht wurde.

Ein Muster solch einer Nahrungskette ist dieses: Plankton und Algen dienen Kleinfischen als Nahrung, die von größeren gefressen werden, die wiederum die Beute noch größerer Raubfische sind. So kommt es, daß die Vergiftung des Planktons und der Algen, obschon beide heute noch keine unmittelbare Bedeutung für die Ernährung des Menschen haben, mittelbar zu seiner Schädigung werden kann, weil er als ›Räuber‹ am Ende dieser Nahrungskette steht, wenn er Fische für seine Zwecke fängt.

Ein anderes Beispiel für die Glieder einer Nahrungskette bot der »UNESCO-Kurier« 1968: Die Dezimierung von Raubvögeln in einem afrikanischen Gebiet bewirkte eine übermäßige Vermehrung von Schlangen, deren Feinde sie sind. Diese Schlangen entvölkerten den Landstrich von Fröschen, ihrer bevorzugten Nahrung. Die Ausrottung der Frösche gab den Heuschrecken, die deren Beutetiere sind, die Möglichkeit grenzenloser Vermehrung, so daß deren immense Population die Ernte eines großen Landstrichs vernichtete.

Ein anderer Fall: Bis in die jüngste Zeit wurden für Wölfe, die am Nördlichen Eismeer erlegt wurden, Abschußprämien zur Sicherung des Rentierbestandes gezahlt. Die Ausrottung der Raubtiere gelang fast vollkommen, und die Rentierherden vermehrten sich ungehindert. Dadurch überbeanspruchten sie ihre Weidegebiete so sehr, daß sich diese nicht mehr regenerieren konnten. Während die Wölfe eine ›Bevölkerungsexplosion‹ der Rentiere auf den Weidegründen verhindert hatten, fand sich schließlich auf den überweideten Gebieten keine Nahrung mehr, und nach einer kurzen Zeit enormer Vermehrung rottete der Hungertod Herde um Herde aus.

Daß solcher totaler Wildschutz durch Nachwuchsexplosion unerwünschteste Folgen für den Menschen haben kann, zeigt auch diese Kettenreaktion in einem afrikanischen Ökosystem: als die Flußpferde in Uganda unter absolutes Abschußverbot gestellt wurden, vermehrten sie sich bald enorm. Ihr Dung, den sie massenhaft im Wasser ablagerten, war nahrhaftester Dünger für Plankton und Algen, deren Wachstum die Futterbasis der Fische so sehr vermehrte, daß deren unerwarteter Zuwachs bald industriell genützt wurde. Man baute Konservenfabriken und war den Flußpferden dankbar. Weit weniger erfreut war man, als der Abfall dieser Fabriken massenhaft Marabus anlockte, die in den seltenen Wolfsmilchbäumen (Euphorbia) nisteten, deren Milchsaft viele chemische und pharmazeutische Ausgangsprodukte liefert. Die Vögel verwüsteten diese Bäume, bis sie schließlich abstarben. Seltsame Wirkungskette vom Flußpferdeschutz bis zum Bäumemord!

Sollte also der Mensch niemals in ein Ökosystem eingreifen? Er tut es, und er muß es tun, seitdem er sich bewußt zu erhalten hat, und erst recht, seitdem er planvoll zu wirtschaften versteht. Es kann nur darum gehen, seine Wirtschaftspläne mit den Lebensplänen der Natur übereinzustimmen und die große Harmonie der Biosphäre zu erhalten, wie das etwa durch sachgemäße Wildhege in richtig bewirtschafteten Forsten geschieht. Alles andere rächt sich. Es sei der wilde Abschuß der Wale, der sie fast ausgerottet hat, es sei das totale Abschußverbot für Elefanten im Nationalpark von Uganda, wo sie die Baumsavanne vernichteten, zur Landplage wurden und schließlich wieder dezimiert werden mußten.

Das sind eindrucksvolle Beispiele für die nicht vorbedachten Folgen von menschlichen Eingriffen in Ökosysteme. Doch solche Eingriffe geschehen dauernd, und fast niemals werden ihre Wirkungsketten genügend in Rechnung gestellt. Völlig ahnungslos, welche Folgen er auslösen sollte, war jener Thomas Austin, der 1859 im australischen Victoria vierundzwanzig europäische Kaninchen aussetzte. Schon sechs Jahre später wurden 20 000 abgeschossen, aber trotzdem breiteten sie sich mit ihrer sprichwörtlichen Fruchtbarkeit über den ganzen Kontinent bis an die Wüstengrenzen aus. Man versuchte ihre Ausrottung mit Gift, tötete aber damit auch soviel Nutzvieh, daß man diesen Versuch bald einstellen mußte. Dann infizierte man sie mit Myxomatose, und neun Zehntel der Population ging zugrunde. Aber das letzte Zehntel wurde gegen diesen Virus immun und vermehrte sich wieder explosiv wie zuvor. Die Kaninchen entrindeten Bäume riesiger Gebiete und fraßen das Grasland kahl, das verunkrautete, so daß die Schafherden ihre Nahrungsbasis verloren. Als zur biologischen Bekämpfung dieser Schädlinge aus Europa der Fuchs, der Iltis und das Wiesel als ihre natürlichen Feinde eingeführt wurden, konnten auch sie dieser Kaninchenheere nicht Herr werden.

Sie sind eine Landplage geblieben und eine Warnung davor, leichtfertig Tiere aus einem Ökosystem in ein anderes zu versetzen. Denn das gelingt bei weitem nicht immer so gut wie bei der Verpflanzung des Pferdes, das die Spanier nach Amerika brachten, oder des Rindes, das in der Neuen Welt ohne jede schädliche Nebenwirkung die ausgerotteten Bisons ersetzt hat.

Schwerer als ökologische Eingriffe des Kulturmenschen, die aus Unwissenheit geschehen und ihm je nach seinem Glück zum Heil oder Unheil werden können, wiegen jene, die er gegen sein besseres Wissen wagt. Es sind Aggressionen gegen die Natur, bei denen der unmittelbare wirtschaftliche Vorteil höher bewertet wird als der längerfristige biologische Schaden. Seitdem das Umweltbewußtsein kräftig gewachsen ist und Wissenschaftler in allen Ländern und Sprachen vor den Folgen warnen, welche die amoklaufende Ökonomie bewirken kann, wenn sie mit den Ansprüchen der Natur nicht harmonisiert wird, darf niemand mehr von sich behaupten, er sei über die Notwendigkeit des Umweltschutzes nicht informiert.

Tatsächlich ist unter dem Druck der öffentlichen Meinung auch die Industrie umweltbewußt geworden. Das Organ der Vereinigung österreichischer Industrieller schrieb im August 1972: »Unter den wichtigsten ökonomischen Zukunftsaufgaben nimmt der Umweltschutz einen hervorragenden Platz ein. Tatsache ist, daß die ökonomisch-technische Entwicklung der Welt heute einen Punkt erreicht hat, wo irreparable Schäden an der natürlichen Umwelt drohen oder sogar schon eingetreten sind. Das weitere Fortschreiten dieses Prozesses muß um der Zukunft der Menschen willen verhindert werden. Es ist keine Übertreibung, wenn wache Beobachter dies als eine Frage des Überlebens bezeichnet haben.«

Umweltschutz ist aber primär eine Finanzfrage, die von der Industrie ohne staatliche Hilfe nicht bewältigt werden kann. Dazu meinte der Geschäftsführer des Österreichischen Wasserwirtschaftsverbandes: »Wenn Wirtschaftswachstum und Vollbeschäftigung als Staatsmaximen zu gelten haben, dann können die Abwässerprobleme nicht gegen die Verschmutzer, sondern nur in Zusammenarbeit mit ihnen gelöst werden. Der Staat kann sich nicht auf das bloße Erlassen von Geboten und Verboten beschränken, sondern er muß auch bereit sein, den Betroffenen die Einhaltung der gesetzlichen Bestimmungen zu ermöglichen. In dieser Richtung wurde in Österreich sowohl auf steuerlichem wie auf finanziellem Gebiet bereits ein Anfang gemacht.« Dann aber stellte er fest: »Abwässer wieder sauber zu bekommen, kostet viel Geld; der Bau von Kläranlagen ist, zumindest heute noch, nicht populär. Den Produzenten interessieren produktive Maßnahmen, und die Abwässerreinigung ist nun einmal unproduktiv. Auch für die Gemeinden gibt es interessantere Investitionen als den Bau von Kanälen; Millionen Schilling verschwinden unter der Erde, und Kläranlagen eignen sich nicht für die Anbringung von Marmortafeln und nur bedingt für feierliche Eröffnungen.«

Aber nicht nur die industrielle Produktion, sondern

auch die agrarische wird für die Umweltharmonie unter Umständen problematisch, und dies nicht nur durch ihre vielberedete chemische Umweltverseuchung. Längst ist der Bauer nicht mehr der naturgebundene Mensch des vorigen Jahrhunderts, der »frühmorgens, wenn die Hähne krähn und wenn der Lerche Lied erschallt«, mit wiegendem Schritt über die taufrischen Äcker geht und die Saat in Gottes Erde senkt. Er ist ein mit Traktoren und Maschinen vollmechanisierter Marktproduzent geworden, und die Gesellschaft, die seine Subventionen und anderen Privilegien immer wieder kritisiert, verlangt noch weit strengere Marktausrichtung von ihm und Vorsorge für die mit der Bevölkerungszahl wachsende Marktnachfrage.

So ist denn auch das Vieh, das unter blauem Himmel auf grünen Fluren grast, beim Namen gerufen wird und die Kinderchen freut, im Begriff, ein Stück Vergangenheit zu werden. Unter dem beschönigenden Namen ›Intensivkultur‹ betreibt die marktorientierte Landwirtschaft immer mehr die industrielle Aufzucht von Nutzvieh. Aus seiner natürlichen Umwelt herausgerissen, zeitlebens in licht- und luftarmen Ställen gehalten und an jeder Bewegung gehindert, um rascher schlachtreif zu werden, hat dieses Vieh der Landwirtschaft Produktionsfortschritte gebracht, die fast unglaublich sind. Kühe geben heute schon doppelt soviel Milch wie vor zwanzig Jahren, Brathühner, 1945 in 16 Wochen schlachtreif, werden es heute oft schon in 8 Wochen, Legehennen produzieren bis 220 Eier jährlich gegen 120 vor vierzig Jahren, Rindvieh und Schweine geben bei weniger Futterbedarf mehr Fleisch und weniger unerwünschtes Fett. Durch Zuchtwahl soll erreicht werden, daß Kühe Zwillingskälber und Säue mehr Ferkel werfen.

Hier geht es nicht um die unvorstellbare Grausamkeit dieser industriellen Viehhaltung, die den Tierschutz mobilisieren müßte. Es geht an dieser Stelle nur um die Frage, wie die Intensivbehandlung dieser Tiere mit Antibiotika, Hormonen und Insektiziden die Genießbarkeit und Bekömmlichkeit ihres Fleisches verändert. Das wird noch untersucht. Doch Ruth Harrison fragt in ihrer erschütternden Untersuchung der ›Tiermaschinen‹: »Wie können Tiere, die unter solchen Bedingungen heranwachsen, ungefährliche oder auch nur angenehme Nahrung bilden?«

Allein in Großbritannien werden schätzungsweise 12 Millionen Rinder, 7 Millionen Schweine und 127 Millionen Stück Geflügel in dieser Art gehalten. Das hat, wie der Report der »Royal Commission on Environmental Pollution« von 1971 festgestellt hat, auch seine Folgen für die Düngerwirtschaft und indirekt für die Umweltverseuchung mit Kunstdünger. Denn der Mist dieser Tiere in ›Intensivkultur‹ wird nicht mehr auf die Felder gebracht, sondern mit Wasserstrahlen aus den Ställen geschwemmt und als flüssiger Müll in Sickergruben abgeleitet, weil es arbeitsparender und kostengünstiger ist, Kunstdünger zu verwenden. Der Report kommt zu diesem Schluß: »Ein Schwein produziert so viel organisches Material wie drei Menschen, eine Kuh so viel wie 16. Wenn dieses Material nicht auf den Feldern verwendet wird, wird wervoller Dünger verwüstet, und es müssen zudem die technischen

Einrichtungen auf den Farmen und die Kläranlagen verbessert werden, um den verflüssigten Dung richtig zu manipulieren.« Wird aber statt Naturdünger Kunstdünger in immer größeren Mengen verwendet, dann gelangt jener Teil seiner Nitrate und Phosphate, der von den Pflanzen nicht aufgenommen wird, in den Boden und durch das Grundwasser in Flüsse und Seen und bewirkt dort durch diese Nährstoffe die Überdüngung (Eutrophierung) der Algen, welche die Sauerstoffversorgung der Fische gefährden können. Ein Sonderproblem entsteht durch die Verwendung von DDT. Hier zeigt sich beispielhaft der Konflikt zwischen den Geboten des Umweltschutzes und der Notwendigkeit vermehrter Agrarproduktion. Weil gerade an diesem Beispiel besonders deutlich wird, daß weltweiter Umweltschutz weltweite Kooperation von Politik und Wirtschaft verlangt, sei dem Umweltgift DDT einige Aufmerksamkeit gewidmet.

Wenn Pflanzen mit DDT besprüht werden, gelangt das Gift durch Regenwasser zunächst in den Boden, dann in das Grundwasser, schließlich ins Fließwasser und in die Meere, von wo es mit dem Meersalz, etwa einer Milliarde Jahrestonnen, in die Atmosphäre versprüht wird und sich mit dem Regen wieder im Boden niederschlägt, um seinen verhängnisvollen Kreislauf neu zu beginnen. Auf einer Salzburger Tagung der Internationalen Atomenergiebehörde im Oktober 1970 wurden die Techniken beschrieben, mit denen man heute durch Radioaktivierung des verschmutzten Meerwassers an Hand der radioaktiven Indikatoren den Weg des DDT im biologischen Kreislauf sehr genau verfolgen kann. Diese radiochemische Methode erlaubt es, DDT selbst in geringster Konzentration nachzuweisen. Solche Messungen zeigen, daß dieses Gift, langlebig wie es ist, aus dem Boden-Wasser-Luft-Boden-Kreislauf nicht mehr verschwindet und schon bis in die Arktis und Antarktis gelangt ist.

DDT ist fettlöslich und reichert sich in fetthaltigen Substanzen an. Es wird nur sehr langsam abgebaut und kann jahrelang im Boden wirksam bleiben. Es wird durch seine Anreicherung in der Nahrungskette zur biologischen Gefahr. Setzt man den Wassergehalt an DDT mit 1, dann ist seine Konzentration im Plankton bereits 200, im Fisch 20 000, in Seevögeln 100 000. Bei Menschen wurde schon eine DDT-Akkumulation von 2 Milligramm pro Kilo Körpergewicht festgestellt. Wilhelm Kühnelt schreibt: »Es finden sich Insektizidreste in starker Verdünnung nahezu überall und werden erst bemerkt, wenn sie irgendwo angereichert und gespeichert werden. Frißt eine Kuh Grünfutter, das mit DDT behandelt oder ungewollt verunreinigt wurde, so reichert sich dieser Stoff in ihrem Fett an und erscheint wieder in der Milch. Durch die Herstellung von Kondensmilch erfolgt eine weitere Anreicherung. Auch der Mensch speichert DDT im Fett. Magert er ab, so wird es frei und wirkt jetzt so, als ob es auf einmal aufgenommen worden wäre. Untersuchungen nach Massenauftreten von Verdauungsstörungen bei New Yorker Säuglingen ergaben, daß 80 Prozent der stillenden Mütter DDT mit der Milch ausschieden.«[40] Er kommt zu dem Schluß, daß das Problem der Insektizide entgegen den wiederholten

Versicherungen der Erzeuger und Verteiler noch in keiner Weise gelöst ist.
Also Schluß mit DDT? Im Februar 1971 berichtete UPI aus Genf: »Der Verzicht auf DDT im Kampf gegen die Malaria wäre eine Katastrophe und nicht gerechtfertigt, erklärte die Weltgesundheitsorganisation. Mit Hilfe des DDT sei in den letzten 25 Jahren eine Milliarde Menschen von Malaria befreit worden. Es sei offenkundig, daß selbst ein vorübergehender Verzicht auf DDT bei der Malariabekämpfung die Erfolge ernstlich bedrohen kann, die mit so großen Kosten erreicht wurden.«
Doch dieses DDT ist ja nicht nur im Kampf gegen die Malaria unentbehrlich, es soll auch, ja vor allem, Ernteschädigungen durch Insektenbefall verhindern, also die Ergiebigkeit der Landwirtschaft steigern, was angesichts des Hungerelends in weiten Teilen der unterentwickelten Welt und der raschen Bevölkerungsvermehrung unverzichtbar ist. Die FAO hat über den Ernährungszustand der Welt 1969 berichtet und die ungenügende Wachstumsrate der Nahrungsproduktion gegenüber dem Bevölkerungswachstum sehr eindringlich geschildert. Sie hat errechnet, daß die Pro-Kopf-Erzeugung der Landwirtschaft auf das Niveau von 1959 zurückgefallen ist, und 1973 vor Hungerkatastrophen in Entwicklungsländern gewarnt.
Hier zeigt sich mit aller Schroffheit jenes fürchterliche Dilemma, mit dem sich der Umweltschutz immer wieder auseinandersetzen muß: die Kollision begründeter gesellschaftlicher Ansprüche auf materielle Versorgung mit den gleichgeordneten Ansprüchen auf Sicherung

der Biosphäre. Es ist ein Konflikt, der durch die rasche Bevölkerungszunahme mit den entsprechend schnell wachsenden widersprüchlichen Bedürfnissen nach sauberer Umwelt und wirtschaftlicher Lebenssicherung seine Verschärfung findet. Der amerikanische Landwirtschaftsexperte und Nobelpreisträger Norman Borlaug warnte, ein generelles Verbot von DDT werde vielleicht die Welt vor chemischer Vergiftung retten, aber die Menschheit gewiß zum Hungertod verurteilen.

Tatsächlich haben bisher erst wenige Länder DDT-Verbote erlassen oder gesetzliche Beschränkungen seiner Verwendung verfügt, während allmählich Ersatzstoffe auf den Markt kommen. So fördert die UNIDO im afrikanischen Ruanda eine Industrie, die aus einer dort massenhaft wachsenden wilden Chrysanthemenart das Rohmaterial für ein umweltfreundliches Schädlingsbekämpfungsmittel, Pyrethrum, gewinnt. Im Weltmaßstab gesehen, wird es aber wohl auf einen Kompromiß hinauslaufen müssen. DDT wird weder völlig verboten, noch unmäßig erlaubt werden können. In England und Wales haben Verwendungsbeschränkungen immerhin erreicht, daß die verbrauchte DDT-Menge erheblich gesunken ist, in den USA ging ihre Verwendung ebenfalls zurück. Doch schon melden sich zwei neue Probleme. Zunächst verweisen Ökologen mit Nachdruck auf die Haltbarkeit dieses Chemikals, das in sandigen Böden selbst noch nach zehn Jahren nachweisbar ist. Sein mäßiger Gebrauch sei deshalb kein genügender Schutz, weil es sich in den Böden durch Jahre ansammelt. Schon das mehrmalige Besprühen einer Kultur mit diesem Mittel in einer Ernteperiode addiert die jeweils »mäßigen Mengen« bis zur gefährlichen Dosis. Welch enorme Mengen sich infolge dieser langen Haltbarkeit des DDT im Boden ansammeln können, ist kaum vorstellbar. Schätzungen sprechen von 5 Millionen Tonnen in der ganzen Welt, eine Unmenge, die sich Jahr für Jahr durch »mäßigen Gebrauch« vermehrt.

Das zweite Problem entsteht dadurch, daß Bodenverseuchung eine globale Gefahr ist, der mit nationalen Gesetzen allein nicht beizukommen ist. Wenn etwa England und die Bundesrepublik die DDT-Verwendung beschränken, Italien und die Überseegebiete aber nicht, dann wird der deutsche Konsument DDT-besprühtes italienisches Gemüse und der englische Raucher Tabake bekommen, die aus Entwicklungsländern stammen, in denen hemmungslose DDT-Verwendung oft als ein Zeichen des Fortschritts gilt. Mit DDT-Gesetzen in einzelnen Ländern müßte eine DDT-Kontrolle aller eingeführten Agrarprodukte verbunden werden, wenn nicht gar eine Einfuhrsperre für sie, falls sie aus Ländern stammen, die keine DDT-Gesetzgebung kennen.

Die Zeitschrift »Außenpolitik« schrieb im Februar 1971: »Der Außenpolitik müßte ein neues Instrumentarium zur Verfügung gestellt werden, das sich dann tatsächlich einer Welt-Innenpolitik näherte.« Richtig kommentierte die »Frankfurter Allgemeine Zeitung«: »Es bilden jetzt Fragen des Umweltschutzes einen neuen großen Komplex, der sich nicht in feindlichen Auseinandersetzungen, sondern nur in Kooperation lösen läßt. Umweltschutz über die staatlichen Grenzen hinaus zeichnet sich jetzt als eine legitime und vordringliche Aufgabe ab, die in der Außenpolitik hineinwirkt.« Darüber später mehr.

Die ganze Schwere des Konflikts zwischen moderner, marktorientierter Landwirtschaft und modernem biologisch orientiertem Umweltschutz zeigte sich auch 1971 in der lebhaften Polemik in der Schweiz über den Beschluß der Berner Zentralverwaltung, zur Sanierung des Obstbaues binnen 5 Jahren auf Bundeskosten 2 Millionen alte Birnen- und Äpfelbäume zu fällen, deren Erträge weder quantitativ die Produzenten noch qualitativ die Konsumenten befriedigten.

Das in der Schweiz sehr lebendig gewordene Umweltgewissen der Öffentlichkeit wandte sich sehr entschieden gegen diese Aktion mit dem Argument, sie beraube die Vögel ihrer Nistplätze, und jener ›Stumme Frühling‹, der durch das Erfolgsbuch von Rachel Carson vor Jahren so viel von sich reden gemacht hat, drohe auch der Schweizer Landschaft. Zugleich verliere sie mit den Vögeln biologisch wichtigste natürliche Schädlingsvernichter, während chemische Vernichtungsmittel in stets größerem Umfang und mit vielkritisierten Nebenwirkungen eingesetzt werden. Unbekannt bleibe auch die Wirkung dieses »Bäumemordes« auf den Sauerstoffhaushalt des Landes. Daß Bäume als wichtigste Sauerstoffproduzenten in unserer Zeit rasch wachsenden Sauerstoffverbrauchs durch Industrie, Haushalt und Verkehr die biologische Fundamentalaufgabe haben, den Atemraum zu erhalten, ist bekannt. Ein Minus von 2 Millionen Bäumen sei selbst bei entsprechenden Neupflanzungen, die jahrelang nicht die gleichen Sauerstoffmengen produzieren werden, für die Sauerstoffbilanz höchst bedenklich.

So ließe sich aus ökologischer Sicht sehr leicht der Stab über die Berner Aktion brechen. Doch hier zeigt sich beispielhaft im Kleinen, was sich beim DDT im Weltmaßstab gezeigt hat: der schwer lösbare Konflikt zwischen den Ansprüchen der Gesellschaft auf optimalen Umweltschutz und gleichzeitig rationellste Marktversorgung. Denn die Landwirtschaft ist Wirtschaft und nicht Landschaftsgärtnerei. Jeder Bauernbetrieb ist legitimerweise auf den Betriebsnutzen orientiert, und der Schweizer Konsument will fleckenloses, gutes und billiges Edelobst, das die oft siebzig Jahre alten Bäume einfach nicht liefern. Die Umstellung der Obstwirtschaft auf marktkonforme Produktion verlangt Intensivkulturen mit Niederstämmen gängiger Äpfel- und Birnensorten. Die Abschiebung der Schuld an dem »Bäumemord« auf die Landwirte oder die Berner Verwaltung ist reines Pharisäertum, solange die Konsumenten nicht bereit sind, die minderen Sorten der überalterten Bäume zu akzeptieren oder die Landwirte in anderen Formen (Subventionen, Steuererleichterungen) dafür schadlos zu halten, daß sie die wirtschaftsfremden Aufgaben übernehmen, Erholungsräume zu schaffen, die Sauerstoffbilanz zu konservieren und dem Hirtenknaben Vogelgezwitscher zu erhalten. Richtig kommentierte die Zürcher »Weltwoche« im März 1971: »In der Polemik um den Bäumemord steckt in Wirklichkeit die grundsätzliche

Auseinandersetzung um die gesellschaftliche Zielsetzung überhaupt.«

Nichts liegt den Anhängern der kommunistischen Planwirtschaft näher, als diese Auseinandersetzung um die gesellschaftlichen Ziele zu Anklagen gegen das westliche Gesellschaftssystem auszunützen. »Umweltprobleme treten als Folge unkontrollierter und rücksichtsloser Produktion auf, jedoch ist die Kontrolle der aufgetretenen Umweltschädigungen im Sozialismus als Teil der Harmonisierung des Lebens geboten und möglich, entsprechend dem Grundsatz sozialistischen Lebens, der optimalen Bedürfnisbefriedigung. Anders im Kapitalismus, dessen Prinzip die maximale Kapitalverwertung, die Profitmaximierung ist. Im Dienste dieses Prinzips werden die subjektiven wie die objektiven Produktionsvoraussetzungen aufs äußerste ausgebeutet und vernutzt, wird die Menschenwelt — Mensch wie Natur — entmenschlicht. Die Folgen bekommen alle zu spüren. Der nötige Kampf dagegen ist Teil des Klassenkampfes der Werktätigen gegen die Ausbeuter, der die Beseitigung des Profitsystems zum Ziel hat. Etappenziel muß sein, daß die, die an der Verschmutzung profitieren, für deren Beseitigung auch bezahlen sollen.« So einfach ist das alles. Zumindest nach der Darstellung des Wiener KP-Organs »Volksstimme«.

Aber schon im Februar 1956 schrieb die »Prawda«, daß der Baikalsee durch Industrieabwässer derart verschmutzt wurde, daß sein Wasser nicht einmal gefiltert für menschlichen Genuß tauglich ist. Allein eine einzige Zellulosefabrik lasse so viele Sulfatabfälle in den

See ab, daß sie »eine Todeszone« schafft, »in der kein lebender Organismus überdauern kann«. Die Wasserverpestung ist, sehr anders als die »Volksstimme« ihre Leser glauben machen will, keine Sünde der kapitalistischen Ausbeuterwirtschaft, sie ist die Folge jeder ökologisch unkontrollierten industriellen Produktionsweise, unabhängig davon, ob sie privat- oder staatskapitalistisch gesteuert wird. So erklärt es sich, daß die »Prawda« im gleichen Jahr 1965 meldete, ein Chemiewerk am Birussafluß, der in den Baikalsee mündet, habe dessen einst kristallklares Wasser völlig verdorben. Im April 1970 meldete die »Komsomolskaja Prawda«, daß in der Stadt Orenburg täglich 575 000 Kubikmeter Abwässer in den Uralfluß entleert werden, obschon die Kläranlagen nur für 10 000 Kubikmeter genügen. In Orsk an der Mündung des Or in den Ural wurde eine Schmelzhütte in Betrieb genommen, obschon die Gesundheitsbehörde gewarnt hatte, daß die Abwässer 300mal mehr Phenol enthalten, als tragbar ist. Das Blatt schrieb: »Leider übt die Justiz zuviel Nachsicht mit Leuten, die gegen die Naturschutzgesetze verstoßen. Die Gesetzesbrecher werden nicht bestraft, sondern erhalten sogar dicke Prämien, wenn sie neue Fabriken, die keine Kläranlagen haben, vorfristig in Betrieb nehmen.«

1972 haben das Zentralkomitee der KPdSU und der sowjetische Ministerrat einen umfangreichen Katalog von Maßnahmen beschlossen, durch die der Uralfluß und die Wolga vor völliger Verschmutzung gerettet werden sollen. Den Verwaltungsbehörden wird vorgeworfen, alle bisher verfügten Konservierungs- und

Sanierungsmaßnahmen gar nicht oder viel zu lax gehandhabt zu haben. 1972 bis 1975 sollen 700 Millionen Rubel in industrielle Kläranlagen investiert werden, zusätzlich sind 300 Millionen Rubel für kommunale Kläranlagen in 15 Städten vorgesehen. 1980 darf kein ungeklärtes Haushaltsabwasser mehr in einen Fluß geleitet werden.

In den letzten Jahren sind in der Sowjetunion die Klagen über Umweltverschmutzung immer lauter und die Verordnungen gegen sie immer zahlreicher geworden. Die Ergebnisse blieben bescheiden. Es hat sich gezeigt, daß vor allem die Abstimmung der Schutzmaßnahmen zwischen den Teilrepubliken auf Schwierigkeiten stößt. Lokaler Egoismus und Ehrgeiz von Funktionären und Managern wirken hier genauso hemmend wie im Westen.

In der DDR sind die 2900 Kilometer langen Hauptwasserläufe so verschmutzt, daß nur 17 Prozent für Trinkwasserversorgung benützt werden können und in den meisten Flüssen die Fische so gut wie ausgestorben sind. In der ostdeutschen Zeitschrift »Wissenschaft und Fortschritt« berichtete der stellvertretende Direktor des Ostberliner Instituts für Wasserwirtschaft von den Strafen, die gegen Wassersünder geplant sind.

In dem tschechoslowakischen Regierungsbericht an die nicht zustandegekommene Prager ECE-Konferenz hieß es, daß die Sicherstellung von genügend Wasser ein ernster Engpaß für die langfristige Entwicklung des Landes ist. Rund 70 Prozent der fließenden Gewässer sind mit einer Million Tonnen Schadstoffen verschmutzt und nur 40 Prozent der Abwässer gereinigt. Nicht mehr als die Hälfte der Bevölkerung wird aus öffentlichen Systemen mit Trinkwasser versorgt, das überwiegend aus Oberflächenwasser gewonnen wird. Die andere Hälfte versorgt sich aus Brunnen, von denen drei Viertel hygienisch bedenklich sind. Die wirtschaftlichen Verluste durch die Wasserverderbnis bezifferte der Bericht mit 700 Millionen Kronen im Jahr.

Im Dezember 1972 gab »Magyar Hirlap« bekannt, daß der für Umweltschutz zuständige Minister die Verluste der ungarischen Volkswirtschaft durch Umweltverschmutzung mit 7 Milliarden Forint jährlich beziffert habe, allein die Wasserverschmutzung koste etwa 3 Milliarden Forint im Jahr und das, obschon Ungarns Industrie längst nicht voll entwickelt ist. Da Wasserverschmutzung leichter als Luftverschmutzung meßbar ist, sind die ersten Schutzmaßnahmen auf dem Wassersektor getroffen worden. So hat die Wasserbehörde der Theiß jene Fabriken zu 8 Millionen Forint Strafe verurteilt, die besonders starke Wasserverschutzer sind. Auf diese Weise soll der Bau von genügend Kläranlagen erzwungen werden.

Was die Luftverseuchung betrifft, so seien an ihr die schlechte Qualität von Kohle und Erdöl sowie die Abgase der Kraftwagen hauptschuldig. Der Minister verlangte ein Luftschutzgesetz, das im Januar 1973 auch wirklich erlassen wurde. Dieses Gesetz setzt die Verpflichtungen der zuständigen Organisationen fest, für die Luftreinhaltung zu sorgen. Jetzt gibt es drei Kategorien der Luftsicherung, die in den einzelnen Regionen Gültigkeit haben sollen. Zwingend zu schützen sind Erholungsräume und solche Gebiete, deren gesunde Umwelt für die Nation von besonderer Wichtigkeit ist. In zweiter Linie zu schützen sind Wohngebiete, in dritter Industrielandschaften.

In Bulgarien fand im Januar 1973 eine Konferenz über die Verwendung von Chemikalien in der Landwirtschaft und ihre Wirkung auf die Umwelt statt. Es wurden Mittel und Wege erörtert, um Schädigungen des Bodens zu vermeiden oder doch zu vermindern. Insbesondere soll versucht werden, die heute verwendeten Chemikalien durch harmlosere Mittel zu ersetzen. Festgestellt wurde, daß in den letzten Jahren dieses Problem zum Schaden der Volkswirtschaft sträflich bagatellisiert worden ist und daß die Arbeiten der Wissenschaften von der landwirtschaftlichen Praxis nicht genügend beachtet worden sind.

Rumänische Statistiken haben schon 1970 gezeigt, daß die Umweltverschmutzung durch die forcierte Industrialisierung zwischen 1960–1969 um mehr als das Vierfache gestiegen ist. Nur noch 19 Prozent der Flußläufe waren für Trinkwassergewinnung geeignet, und die Luftverpestung wurde schon 1970 gefährlich genannt. Ein Dokument der Parteikonferenz vom Juli 1972 unterstrich die dringende Notwendigkeit, der Umweltverschmutzung erhöhte Aufmerksamkeit zu widmen. 1973 formuliert ein Gesetzesentwurf die Maßnahmen, die zum Schutze der Umwelt ergriffen werden sollten. Unter anderem wurde die Errichtung einer Körperschaft verlangt, die als Nationalkomitee für den Umweltschutz mit weitgehenden Vollmachten für die Koordinierung aller lokaler Maßnahmen ausgestattet werden und nur dem Ministerrat verantwortlich sein sollte. Kläranlagen und Luftfilter sollten endlich für alle neuen Industrien obligatorisch werden. Das Umweltbewußtsein der Öffentlichkeit soll durch den Gewerkschaftsbund, die Jugendorganisation und die Massenmedien gestärkt werden.

In Polen liegt die Weichsel im Sterben. Wie Blutegel kleben an ihren Ufern Papier-, Glas-, Eisen- und Aluminiumwerke, Auto- und Zementfabriken, petrochemische Unternehmungen und Kraftwerke. Der in der Weichsel gefangene Fisch stinkt nach Petroleum und kann nur als Schweinefutter verwendet werden. Auch der Rawa-Fluß ist eine Kloake. 400 Fabriken leiten ihre Abwässer in ihn. An den Ufern der Bystrica reiht sich eine Fabrik der Leichtindustrie an die andere. Gerbereien, Färbereien und Textilfabriken haben diesen einst kristallklaren Gebirgsfluß in einen übelriechenden Abwässerkanal verwandelt.

Doch Polen darf für sich in Anspruch nehmen, nach jahrzehntelangen Wassersünden jetzt, wo ihm für 1985 eine ernste Wasserkrise droht, so energische Gegenmaßnahmen begonnen zu haben, daß sie beispielhaft genannt werden müssen. Dauernd und automatisiert werden der Weichsel Wasserproben entnommen und analysiert. Die Ergebnisse werden in einem Computer gespeichert, der Spezialisten laufend mit Informationen über Temperatur, Sauerstoffgehalt und Verschmutzungsgrad des Wassers versorgt. Der Computer sagt den Technikern, wann die Verschmutzung die Toleranzgrenze überschreitet und wieviel sauberes Wasser aus Reservoiren in den Fluß geleitet werden muß, um das Gift zu verdünnen. Der Bau von Kläranlagen wird in Polen forciert und die Rückgewinnung von Industrieabfällen aus den Abwässern in großem Maßstab eingeleitet. Dadurch wird nicht nur die Wasserhygiene gefördert, sondern auch Volksvermögen gespart. Eine Warschauer Autofabrik hat schon Anlagen für die Rückgewinnung von Nicht-Eisenmetallen aus den Abwässern; Nickel, Kupfer und Chrom sollen in großen Mengen zurückgeholt werden. Chemische Fabriken haben Rückgewinnungsanlagen für Steinkohlenteer; aus Salzlösungen, die aus den Kohlengruben abgesaugt und als Abwässer in die Flüsse geleitet werden, soll durch Spezialapparaturen das Salz ausgeschieden und das Wasser geklärt werden. Frei von Umweltproblemen sind kommunistische Wirtschaften jedenfalls wahrhaftig nicht, Wirkungen des Marxismus auf die Biosphäre sind nicht feststellbar.

Wieder anders liegen die Probleme in den Entwicklungsländern. Laut »Medical Tribune« leiden 200 Millionen Menschen unter dem Mangel an genießbarem Wasser und ist jeder vierte Spitalpatient in der Welt an verseuchtem Wasser erkrankt.

Denn für die Verfassung von Flüssen in unterentwickelten Ländern ist die des Ganges bezeichnend. Bei Benares gleicht er einer offenen Kloake, in der jeder denkbare Abfall von Fäkalien bis Tierkadavern schwimmt. In diese stinkende Brühe steigen die Gläubigen, um sich im ›heiligen Strom‹ rituell zu reinigen: die Seuchengefahr ist enorm, und immer wieder brechen Epidemien aus.

Das Seminar der Weltgesundheitsorganisation, das 1967 in Neu-Delhi unter dem Generalthema »Kontrolle der Wasserverschmutzung« stattfand, zeigte, welche Gefahr für die Volkshygiene unkontrollierte Wasserverseuchung in vielen Entwicklungsländern ist und wie sie dadurch sogar ihre wirtschaftliche Zukunft gefährden, nämlich Fortschritte im Aufbau der Landwirtschaft, der Industrie und der Fischerei.
Aber zugleich zeigten die Referenten aus den Entwicklungsländern, daß es ihnen vielfach an der technischen Ausrüstung, an geschultem Personal und Investitionsmitteln fehlt, um jene Wasserkontrollen durchzuführen, deren Notwendigkeit sie sehr wohl begreifen. Das Prioritätsproblem stellt sich eben für hoch- und unterentwickelte Gesellschaften völlig anders. Industrieländer mit weitgehend erfüllten Wohlstands- und Wohlfahrtsprogrammen haben es leichter, den Umweltschutz aus ihren Wirtschaftserträgen zu finanzieren, als Entwicklungsländer. Deren sehr begrenzte finanzielle Erfolge und Deviseneingänge müssen zunächst für den wirtschaftlichen Aufbau und können erst dann für die biologische Sicherung eingesetzt werden, hat doch oft das reine Ernährungsproblem unbestreitbare Priorität.
Und wieder zeigt sich das gleiche Dilemma: einerseits braucht die Menschheit, und erst recht die in den Entwicklungsgebieten, den ständigen Fortschritt ihrer Versorgungsapparaturen, solange sie sich ständig vermehrt, und in den Industrieländern, solange sie auf Wohlstandsvermehrung geradezu programmiert wird. Andererseits darf dieses nie dagewesene Tempo wirt-

schaftlicher Expansion nicht auf Kosten der natürlichen Umwelt gehen, soll dem Menschen in seinem Streben nach Verbesserung der materiellen Lebensbasis seine biologische nicht gefährlich verschlechtert werden. Doch genau das ist bis jetzt geschehen.

Man müßte sich einmal diese Tatsache in ihrer ganzen Bedeutung vor Augen stellen: eine Million Jahre brauchte die Menschheit, um es auf eine Erdbevölkerung von 3,5 Milliarden zu bringen; nach den nächsten dreißig Jahren wird sie es auf 6 bis 7 Milliarden gebracht haben. Das Bild dieser Bevölkerungsexplosion vor Augen, getrieben von der Manie des Wohlstandswachstums und unter dem Zwang der inneren Expansionsgesetze der industriellen Wirtschaft, hat der Mensch seine Umwelt vergessen. Er hat an ihr so bedenkenlos gesündigt, daß die Harmonisierung ökonomischer und biologischer Überlebensbedingungen die säkulare Aufgabe dieser Generation geworden ist. Denn die Gattung Mensch kann nur überleben, wenn ihre Ansprüche an die Biosphäre, die ihr durch Anlage und Evolution mitgegeben wurden, mit ihren Ansprüchen an die Wirtschaftsleistung zur Übereinstimmung gebracht werden. Die unvergleichliche Anpassungsfähigkeit des Menschen in seiner Entwicklung vom Gattungsursprung bis heute darf nicht darüber hinwegtäuschen, daß es auch für ihn Anpassungsgrenzen gibt. Biologen warnen, daß er sie schon bald erreicht hat.

Der französische Nationalökonom Bertrand de Jouvenel schreibt: »Möglicherweise wird in Zukunft ein beträchtlicher Teil unserer wirtschaftlichen Aktivität davon absorbiert, die Zerstörungen an der Natur wieder rückgängig zu machen. Die Steigerung des Lebensstandards besteht für uns heute nicht mehr in der Vermehrung der Güter, die den Menschen zur Verfügung stehen, sondern in der Abwendung von sozialen Mißständen. Es scheint durchaus möglich, daß sich ein Großteil der Hebung des Wohlstands in den entwikkelten Gesellschaften in dieser Weise vollzieht. Vielleicht erleben wir eine neue Kategorie gesellschaftlicher Aktivität, die sich ausschließlich auf die Beseitigung der im Gefolge des modernen Lebens aufkommenden Mißstände konzentriert.«[41]

Vögel- und Fischesterben, Krebs in menschlichen Atemwegen, DDT-vergiftete Muttermilch und drohende Verdoppelung der Weltbevölkerung in den nächsten dreißig Jahren bei gleichzeitigem Raubbau an den Sauerstoffreserven der Welt, das alles sind Alarmsignale. Jetzt macht die Natur selbst mit aller Eindringlichkeit deutlich, daß der Mensch Amokläufer auf falscher Lebensbahn ist und daß unbeschränkter materieller Fortschritt auf beschränktem planetarischen Raum ebensowenig möglich ist wie unbeschränkte Vermehrung der Menschheit.

Schon vor Jahren warnte die »American Association for Advancement of Science«: »Die Kräfte und Prozesse, die jetzt unter menschliche Kontrolle geraten, beginnen mit den Kräften der Natur gleichzuziehen; die ganze Umwelt gerät unter menschliche Herrschaft. In dieser Situation ist es zwingend, sicherzustellen, daß diese neuen Kräfte für ein Maximum an humanen Werten eingesetzt werden. Denn wenn auch der Nutzen, den sie schaffen, gewaltig ist, so besteht doch die

Gefahr gleichgroßer Schadenswirkung.« Selbst ein ›hippokratischer Eid‹ für Techniker ist in den USA schon angeregt worden. Doch ehe es so weit sein wird, daß sie ihre Finger zum Schwur erheben, der Menschheit nicht zu schaden und dem Leben zu dienen, wird es nötig sein, ihnen noch kräftig auf die Finger zu klopfen.

Und dies, obschon sie an unserer Biokrise nicht die Schuld tragen. Sie haben sie nur verursacht als Geschäftsführer eines lebensbedrohenden Fortschritts, den die ganze Kulturmenschheit zu verantworten hat.

Null-Wachstum als Illusion

»Aus Unwissenheit oder Gleichgültigkeit können wir der Umwelt, von der unser Leben und unsere Wohlfahrt abhängen, schweren und nicht mehr gutzumachenden Schaden zufügen. Wenn wir jedoch unser Wissen vertiefen und vernünftiger handeln, können wir uns und der Nachwelt in einer den Bedürfnissen und Wünschen der Menschheit besser angepaßten Umwelt bessere Lebensbedingungen sicherstellen. Es gibt viele Möglichkeiten zur Verbesserung der Qualität der Umwelt und für die Gestaltung eines glücklichen Lebens.« So heißt es in der Deklaration der Stockholmer UNO-Konferenz vom Juni 1972.

Aber schon am 10. August 1970 sagte Nixon in seiner Botschaft an den Kongreß über den Jahresbericht des Council of Environmental Quality: »Umwelt ist keine abstrakte Sorge oder nur eine Sache der Ästhetik oder des persönlichen Geschmacks, obschon sie auch das sein kann und soll. Doch der Mensch ist zum Großteil von dieser Umwelt geformt. Alles hängt von der Sicherung des ungestörten Funktionierens des natürlichen Systems der Erde ab. Die Gründe unserer Umweltsorgen sind komplex und liegen tief. Zu ihnen zählt unsere Neigung, quantitatives Wachstum auf Kosten des qualitativen zu forcieren; der Fehler unserer Wirtschaft, die sozialen Kosten der Umweltverseuchung nicht als Faktor ihrer Pläne und Entscheidungen in Rechnung zu stellen; das Ungenügen unserer Institutionen, solcher Probleme Herr zu werden, welche die üblichen politischen Grenzen überschreiten; unsere Abhängigkeit von Gewohnheiten ohne Rücksicht auf deren Folgen für die Umwelt; schließlich unsere Sünde, die Umwelt als Totalität in ihrer Bedeutung für den Menschen nicht zu begreifen.« Das waren kluge, wenn auch sehr spät gesprochene Worte. Damit war der Wachstumsfetischismus als der eigentliche Verursacher der Umweltkrise angeklagt; er ist endlich in den schlechten Ruf gekommen, den er verdient. Daß eine Wirtschaft auf begrenztem planetarischen Raum nicht unbegrenzt wachsen kann, und daß die immer weitere Hebung des materiellen Lebensstandards in den Wohlstandsländern bereits auf Kosten der Lebensqualität geht, das alles ist in der letzten Zeit der Öffentlichkeit durch die Massenmedien bewußt gemacht worden. Das Wort »Lebensqualität« war auf einmal in aller Leute Mund und ein Signal für das um sich greifende Unbehagen in der Kultur. Die spontane Antwort auf diese Anklage gegen das Wachstum war die Forderung nach »zero growth«, Null-Wachstum.

Null-Wachstum der Wirtschaft, vor allem der Industrie, galt plötzlich als einzige Garantie für das Null-Wachstum der Umweltverschmutzung. Die Meinung, alle Probleme der Umwelt seien gelöst, wenn man nur die Transformation natürlicher Rohstoffe in industriellen Abfall stabilisiere, war zunächst bestechend, sie schien ebenso einfach wie logisch und überzeugend zu sein. Denn die althergebrachte Annahme, daß alles, was zur

Hebung des materiellen Standards beiträgt, das Glück des Menschen und der Gesellschaft vermehrt, ist durch den Prozeß der Umweltverderbnis widerlegt worden. Es hat sich gezeigt, daß von einem bestimmten materiellen Niveau an die außerwirtschaftlichen, vor allem biologischen Bedürfnisse an Dringlichkeit so sehr gewinnen, daß das Bedürfnis nach zusätzlichen materiellen Leistungen der Wirtschaft zurücktreten muß.

Daß die Marktwirtschaft wohl die materiellen Bedürfnisse maximal angeheizt und ebenso maximal befriedigt, aber für die Lebensqualität nicht einmal ein Sensorium entwickelt hat, weil dieses Wirtschaftssystem nichts so sehr verfolgt wie sein eigenes Wachstum – das ist jetzt landauf und landab zu hören. Also gelte es, durch Wachstumsstop jene »quality of life« zu heben, die an die Wachstumshysterie verlorengegangen ist. Daß es für Lebensqualität keinen Maßstab gibt, ja daß es fraglich ist, ob diese Qualität überhaupt quantifizierbar und meßbar ist, blieb unbeachtet. Es genügte die Erfahrung, daß der Umweltzustand ein entscheidender Qualitätsfaktor ist, der durch Wirtschaftswachstum gefährdet wird. Also lag der simplizistische Schluß nahe, daß ein Null-Wachstum die Lebensqualität heben würde; er ist ein Trugschluß, wie leicht einzusehen ist.

Denn schon das Bevölkerungswachstum verhindert einen Stop des Wirtschaftswachstums. Ehe von »zero growth« der Wirtschaft die Rede sein kann, müßte für ein Null-Wachstum der Erdbevölkerung gesorgt werden, wofür nicht die entfernteste Aussicht besteht. Das einzige Land, das seine Bevölkerungspolitik durch Reduzierung der Geburtenrate umweltkonform betreibt, ist China, wo die Zwei-Kinder-Familie Staatsbürgerpflicht geworden und die Bevölkerungszahl damit annähernd stabilisiert ist. In den Entwicklungsländern jedoch explodieren die Bevölkerungen, dort sind die Zuwachszahlen enorm und verhindert die Primitivität der Menschen ihre Überredung zu einer gesunden Nachwuchskontrolle.

Aber auch in den Industrieländern ist von einem Stop des Bevölkerungswachstums keine Rede. Hier sind es Primitivismen anderer Art, die in einem minimalen Bevölkerungszuwachs ein Unglück sehen. Es sind Überbleibsel des nationalistischen Denkens, das die Stärke eines Staates nach seiner wehrfähigen Bevölkerung maß und für das Schlagwort »Volk ohne Raum« einen entsprechenden Bevölkerungsüberdruck manipulieren mußte. Heute wird in den gleichen Ländern die Stärke der Volkswirtschaft nach der Zahl der Arbeitskräfte und Konsumenten gemessen, die das Schlagwort »Wachstum« rechtfertigen soll. Aber auch religiöse Momente spielen in diese Frage hinein, wie die Diskussion über die Pille und die Abtreibung so besonders deutlich gemacht hat. Schließlich gibt es aber auch sehr rationale wirtschaftliche und soziologische Argumente gegen einen totalen Wachstumsstop der Bevölkerung. Am hörenswertesten ist die Erinnerung an die schnell vorschreitende Vergreisung in den Industrieländern, wo im Durchschnitt bereits ein Viertel der Menschen das 60. Jahr überschritten hat. Die Versorgung der aus dem Wirtschaftsprozeß Ausgeschiedenen mit Renten und Pensionen verlangt eine Erwerbsbevölkerung, die sich durch entsprechende Geburtenzahlen ständig mehr als nur regenerieren muß, um mit der rasch steigenden Lebenserwartung, also den wachsenden Altenzahlen Schritt zu halten. Genug an dem: von einem Stop des Bevölkerungswachstums ist die Menschheit weit entfernt, also bleibt auch ein wirtschaftliches Null-Wachstum schon wegen der zunehmenden Ansprüche der wachsenden Menschenzahlen an die Versorgungsapparaturen eine reine Illusion. Selbst ohne weiteres Wachstum des Lebensstandards verlangt schon dessen Erhaltung immer mehr Wohnungen, Straßen, Schulen, Arbeitsplätze für immer mehr Menschen. Ein wirtschaftliches Null-Wachstum wäre der Weg in die Verelendung der Welt.

Der entgegengesetzte Weg soll aber schon aus Humanitätsgründen beschritten werden: man will die Elendsländer auf den Wohlstandsstandard der entwickelten heben, und sie würden sich schön dafür bedanken, wollte ihnen der Umweltschutz durch Wachstumsstop nicht ebensoviele Autos, Eisschränke, Straßen und Fabriken, Tanks und Automaten gönnen wie den Industrieländern. Sie wären auf keinen Fall zu einem Null-Wachstum zu überreden, da dieses ihre Verurteilung zu ewiger und (wegen der Bevölkerungszunahme) rasch wachsender Armut wäre. Schließlich aber wehren sich sogar in den Industrieländern die Vertreter der Linken gegen eine Zementierung der heutigen Einkommens- und Vermögensverteilung durch Wachstumsstop. Nur Wachstum der Wirtschaft ermögliche sozialen Fortschritt, Wachstumsstop erzwinge geradezu den Klassenkampf.

Aber selbst dann, wenn man die sozial- und bevölkerungspolitische Seite des Wachstumsproblems ausklammert, bleibt Null-Wachstum eine Illusion, die nicht einmal mit den Bemühungen um Umweltverbesserung vereinbar ist. Denn die Sanierung der so sehr ruinierten Biosphäre, ja schon die Verhinderung ihres weiteren Ruins ist nur durch Einsatz technischer Mittel möglich, und deren Leistungen gehen als Produkte einer sich etablierenden ›Umweltindustrie‹, die bereits in enormer Expansion ist, in die volkswirtschaftliche Wachstumsrechnung ein. Das heißt, daß die Wirtschaft schon dann wächst, wenn sie nur die wünschenswerten Aufwendungen für den Umweltschutz erbringt, und um so rascher, je größer diese umweltkonformen Aufwendungen werden. Die Produktion von Abgasfilterungen, Kläranlagen, umweltschonenden Kraftfahrzeugen, Staubabscheidern, lärmarmen Maschinen, das alles sind Wachstumsmotoren, auf die gerade im Interesse der propagierten Umweltpolitik nicht verzichtet werden kann. Auch die umweltfreundliche Umstellung der industriellen Produktion von Wegwerfartikeln auf qualitativ höherwertige und längerlebige wäre ein deutlich fühlbarer Wachstumsprozeß.
Es genügt aber schon an die dringend notwendige Wiederverwendung von Altmaterialien (recycling) zu erinnern. Sollen hier Erfolge erreicht und Rohstoffvorräte geschont, sowie die Müll-Deponien vermindert werden, dann wird das ohne bedeutende technische Installationen, also wirtschaftliche Wachstumsvorgänge nicht abgehen. Schließlich kann keine Wirtschaft, die ihre Schrumpfung mit den zugehörigen

Deflationserscheinungen vermeiden will, auf Erhaltungs- und Ersatzinvestitionen in ihrem Produktionsapparat verzichten, und auch sie schlagen als Wachstumsfaktoren zu Buch.

Das alles heißt, daß wirtschaftliches Null-Wachstum nicht mehr ist als ein simplizistisches Schlagwort, das die wichtigsten Daten unserer Konsumgesellschaft ignoriert. So kann es also nur darum gehen, diesem Wachstum statt der heutigen materiellen Konsumziele andere zu setzen, die mit den Erfordernissen des Umweltschutzes, der Rohstoffschonung, des Energiehaushaltes, aber auch der Geldwertsicherung und Vollbeschäftigung vereinbar sind.

Das sagt sich einfacher, als es ist. Denn welche Ziele immer eine umweltgerechte Wirtschaft ansteuern mag, sie werden nur durch Arbeit zu erreichen sein. Arbeit schafft aber Einkommen, und Einkommen will seine Verwendung. Soll es nicht jenem Konsum zufließen, der umweltschädigende Produktion anheizt, dann wird es tiefgreifender und langwieriger gesellschaftlicher Umerziehungsprozesse bedürfen, um die Einkommensströme dorthin zu lenken, wo sie ohne Umweltbelastung verwendet werden können. Die andere Möglichkeit wäre eine so kräftige Abschöpfung des privaten Einkommens zugunsten des öffentlichen, das für Umweltverbesserung einzusetzen wäre, daß geradezu Enteignungen und damit gesellschaftliche Umschichtungen die Folge wären, die nicht ohne Konflikte abgehen könnten. Solche Überlegungen zeigen, wie eng der Umweltschutz mit grundsätzlichen gesellschaftspolitischen Fragen zusammenhängt, und erklären, weshalb mehr als Symptombehandlungen in den nächsten Jahrzehnten nicht zu erwarten sind; denn schwerlich wird sich die Gesellschaft ohne Widerspruch nach den Erfordernissen kausaler Umwelttherapie umschichten lassen.

Es würde schon schwierig genug sein, die Wegwerfwirtschaft durch eine Wirtschaft zu substituieren, die auf die Erzeugung dauerhafter Güter eingestellt ist, so daß das quantitative Wachstum durch qualitatives abgelöst wird. Qualitätsoptimierung statt Konsummaximierung, Verdrängung der Konsumgüter aus ihrer Funktion als Statussymbole und Veredelung der Konsumgesellschaft zur Kulturgesellschaft, in der immaterielle Werte höher geschätzt werden als materielle, vor allem aber Senkung des allgemeinen Anspruchsniveaus werden vielfach als Entwicklungsziele im Dienste des Umweltschutzes gefordert. Ihre Realisierung setzt freilich einen Umwertungsprozeß des sozio-ökonomischen Denkens voraus, der nur das Ergebnis einer langen Umerziehung der Gesellschaft sein könnte.

Professor Bruckmann, Direktor des Wiener Ford-Instituts für höhere Studien, findet, unsere Generation lebe an der Zeitenwende zwischen zwei Entwicklungsphasen, einer ersten unbegrenzter Wachstumsmöglichkeiten und einer zweiten, die durch Wachstumsschranken beengt sei. Er sieht in dem heutigen Konsumismus eine »neurotische Verirrung« der Wohlstandsmenschheit und in der Wegwerfwirtschaft mit ihrer eingebauten Obsoleszenz, der mutwilligen Produkteentwertung, eine »besondere Perversion«. Er propagiert eine Wachstumswirtschaft, in der es nicht um Forcierung

des Verschleißes und Steigerung des mengenmäßigen Konsums geht, sondern um immer bessere Ausstattung der Gesellschaft mit Gütern und Leistungen, kurz, er will den Übergang von dem quantitativen zum qualitativen Wachstum und setzt besondere Hoffnungen auf die etappenweise Weiterverkürzung der Arbeitszeit. »Eine Umweltkatastrophe wird um so weniger wahrscheinlich, je mehr Menschen vom Konsum materieller Werte zum Konsum immaterieller Güter übergehen«[42], als ob es in der Freizeit wirklich so hochkultiviert zuginge und als ob in ihr nicht vor allem der Konsum von Bier und Benzin zunähme.
Doch vor allem plädiert Bruckmann für maximales recycling zur Schonung der Umwelt. Die auf solche Art wiedergewonnenen Rohmaterialien könnten zumindest einen Teil jener Kosten decken, die das Verfahren verursacht. In Österreich sind die ersten Erfolge in der Magnesit- und Zellstoffindustrie erzielt worden. In den USA konnten Industrien aus ihren Abgasen und Abwässern Nickel, Blei und Zink wiedergewinnen, so daß sich die Kosten der Reinigungsanlagen in Kürze amortisierten. Über die Erfolge Polens wurde oben berichtet. Schweden verarbeitet bereits 350 000 Tonnen Altpapier jährlich zu neuen Papiersorten, gewinnt Futterhefe aus verschmutzten Abwässern, proteinhaltige Zusatznahrung für Küken aus den Abfällen in Schlachthöfen und Kraftfutter für Rindermast aus dem Kraut der Zuckerrüben. Schwedens Rückgewinnungsindustrie hat 1971 nicht weniger als 730 000 Tonnen Schrott im Werte von 100 Millionen Kronen gesammelt und den Hochöfen zugeführt

und 50 000 Tonnen Textilabfälle technisch nutzbar gemacht. Der Wert aller zurückgewonnenen Materialien erreichte eine halbe Milliarde Kronen. Die Rückgewinnungsindustrie ist in Schweden eine typisch umweltfreundliche Wachstumsindustrie, sie expandiert Jahr für Jahr um 5 bis 10 Prozent.

In der Bundesrepublik sind Versuche weit vorgeschritten, durch Mikroben den als unzerstörbar geltenden Kunststoffmüll zu Kompost verarbeiten zu lassen. Ein ähnliches Verfahren wurde schon vor einiger Zeit in England und vor kurzem in Wien entwickelt. Es soll den Kunststoff binnen 10 Tagen in Humus umwandeln.

Schon in Nixons Botschaft über den Umweltschutz von 1970 hieß es: »Wenn wir jemals des Problems der Abfallbeseitigung Herr werden wollen, so ist es unerläßlich, die Mengen des festen Abfalls zu verringern, indem seine wirtschaftliche Wiederverwendung gefördert wird.« Das stimmt. Die Nutzbarmachung des aus dem biologischen Kreislauf ausgeschiedenen Abfalls im wirtschaftlichen wäre eine fühlbare Umweltentlastung. Tatsächlich hat man schon Verwendung für feingemahlenes Abfallglas in der Bauwirtschaft gefunden, in Holland hat man mit kompostiertem Haushaltsmüll gute Erfahrungen gemacht, und ein Schweizer Industrieller konnte ein Verfahren entwikkeln, das es ermöglicht, Haushaltsmüll als Grundstoff für Spannplatten zu verwenden. In den USA stellt man aus Schlacken, die bei der Kehrichtverbrennung anfallen, Kunststeine für die Bauwirtschaft her, und in Holland wird die Schlacke selbst als Straßenbaumaterial verwendet. Die Wiederverwertung von Altblech als Schrott und von Altpapier ist kein technisches, sondern nur noch ein rein wirtschaftliches Problem. Wenn der Altmaterialmarkt übersättigt ist, übersteigen die Kosten des Transportes und die Sortierarbeit auf den Müllplätzen die erzielbaren Altmaterialpreise. Stützungsmaßnahmen der öffentlichen Hand, sei es durch Subventionen oder Steuervorteile, wären wünschenswerte Beiträge zur Umweltverbesserung durch Abfallverminderung.

Es bedarf keines Beweises, daß die Situation dieser Welt die Funktion unseres Wissens und seiner Verwertung ist. Also wird kein vernünftiger Mensch ein Null-Wachstum des Wissens wünschen. Aber mit dessen Vermehrung läuft unvermeidlich ein Wachstum der Möglichkeiten von Weltveränderungen parallel. Wissen um seiner selbst willen macht nur dessen geringsten Teil aus. Weit überwiegend geht es um Zweckwissen, um Wissen mit dem Zweck, zur praktischen Weltgestaltung verwendet zu werden. Wächst also der Wissensbesitz, so wachsen mit ihm die technischen und ökonomischen Eingriffe in die Umwelt, und über das exponentielle Wissenswachstum in unserer Epoche, in der 90 Prozent aller Wissenschaftler leben, die es je in der Menschheitsgeschichte gab, ist schon reichlich berichtet worden. Es ist kein Zufall, daß sich nicht nur die Zahl der wissenschaftlichen Publikationen, sondern auch die Industrieproduktion in den hochentwickelten Ländern alle 25 Jahre verdoppelt. Die Begriffe der Bildungsexplosion, Bildungspolitik und Bildungsgesellschaft sind in den Sprachschatz eingegangen. Wollte man ein wirtschaftliches Null-Wachstum verwirklichen, so hätte ihm nicht nur ein Null-Wachstum der Erdbevölkerung voranzugehen, sondern auch ein weltweites Verbot technischer und ökonomischer Forschung oder doch Obsorge dafür, daß sie für die Umwelt folgenlos bleibt; eine absurde Vorstellung.

Ein Stabilisierungsfaktor, freilich perniziöser Art, wäre das Versiegen der natürlichen Rohstoff-Vorkommen, wenn für sie keine künstlichen Substitutionsprodukte gefunden würden. Daß die Rohstoffreserven, weit davon entfernt, unerschöpflich zu sein, sich rasch ihrem Ende nähern, ist seit langem bekannt und durch die Untersuchung des Club of Rome noch deutlicher geworden. Dort heißt es: »Die Antwort auf die Frage, ob es genug Rohstoffe für die sieben Milliarden Menschen des Jahres 2000 bei einem erträglichen Lebensstandard geben wird, kann nur bedingt gegeben werden. Sie hängt davon ab, auf welche Weise die Verbrauchernationen einige wichtige Entscheidungen treffen werden. Sie könnten weiterhin ihren Rohstoffverbrauch wie bisher steigern oder aber dazu übergehen, wichtige Rohstoffe aus Altmaterial zurückzugewinnen. Sie könnten neue Techniken anwenden, um die Lebensdauer von Produkten aus knappen Rohstoffen zu verlängern. Sie könnten soziale und wirtschaftliche Verhaltensweisen fördern, die dazu anreizen, den persönlichen Bedarf an unersetzlichen Stoffen zu verringern, statt ihn ständig zu vergrößern. Diese möglichen Entwicklungslinien erfordern Entscheidungen, die in diesem Fall besonders schwierig sind, weil man zwischen gegenwärtigem und zukünftigem Wohlergehen zu entscheiden hat. Um auch für die Zukunft noch ausreichende Rohstoffvorräte zu sichern, müssen Maßnahmen erfolgen, die heute schon den Rohstoffverbrauch senken.«[43]

Daß die Abnahme verfügbarer Rohstoffmengen einen Wachstumsstop auslösen würde, ist unbezweifelbar. Die Folge solch einer Entwicklung wäre eine radikale Umstrukturierung der Weltwirtschaft mit Verlagerung der Aktivitätsschwerpunkte von der Produktion zur Dienstleistung. Jene würde sich dem Null-Wachstum annähern, diese aber um so kräftiger wachsen, je mehr Arbeit und Kapital von der Industrie ab- und zu ihr hinwandern, bis schließlich das Gesetz des Grenznutzens stabilisierend wirken würde. Was eine Abnahme der verfügbaren Energie für die Wirtschaft bedeutet, erlebt die Welt seit dem arabischen Ölboykott; darüber später.

Die Befreiung der Entwicklung aus den Klammern der Technologie zur Dämpfung des ökonomischen und technischen Wachstums, im Idealfall bis zum Wachstum Null, ist Thema vieler, meist utopischer Reformvorschläge. Einen solchen legt Gordon Rattray Taylor vor, indem er verlangt, innerhalb unserer technologischen Gesellschaft den strukturierten Charakter präindustrieller Gesellschaften teilweise wieder herzustellen. Er fragt: »Können wir die Vorteile der beiden nicht kombinieren? Oder sollten wir nicht, wenn wir die Vorteile beider Welten nicht bekommen können, einen Kompromiß finden? Es ist einfach die Frage, ob wir uns der Technologie auf der Basis ›Alles oder Nichts‹ in die Arme werfen sollen.«[44]

Taylor will sozusagen selektive Technik und findet es »relativ leicht, zu erwägen, was wir von ihr beibehalten sollten«, als ob nicht gerade an dieser Bewertungsfrage sich alle Interessenkonflikte entzünden würden. Chemische Düngemittel, für den Städter gleichgültig, sind für den Landwirt lebensnotwendig. Das Auto, ohne das kaum ein Städter leben möchte, ist für den Bergbauern entbehrliche technische Spielerei. Dabei sei noch von der Tatsache abgesehen, daß die technischen Erfindungen nicht beziehungslos und isolierbar nebeneinanderstehen, sondern miteinander höchst verwirrend verflochten sind, so daß die eine ohne die andere nicht denkbar und die dritte ihre unvermeidliche Folge ist. Taylors Plan eines wenn auch nur teilweisen Regresses in die präindustrielle Zeit und einer technologischen Selektion ist eine jener Utopien, von denen um so mehr herumgeboten werden, je weniger wohl sich die Gesellschaft in der technisch-ökonomischen Welt fühlt, die sie sich selbst zugerichtet hat.

Daß das Problem der Reduzierung des Wachstumstempos Utopisten mächtig anzieht, zeigt auch Alvin Toffler. In seinem Buch schreibt er: »Eine mächtige Strategie in der Schlacht um die Verhinderung eines Zukunftsschocks besteht in der bewußten Steuerung des technischen Fortschritts. Unsere technologische Macht nimmt zu, doch die Nebenwirkungen und potentiellen Gefahren vergrößern sich gleichfalls. Die beginnende weltweite Bewegung zur Bändigung der Technologie darf jedoch auf keinen Fall verantwortungslosen Technophoben, Nihilisten und naiven Rousseau-Jüngern überlassen werden. Leichtfertige

Versuche, die Technologie abzustoppen, werden ebenso verheerende Ergebnisse zeitigen wie leichtfertige Versuche, sie voranzutreiben. Zwischen diesen beiden Gefahren gefangen, brauchen wir dringend eine verantwortungsbewußte Lenkung der Technologie. Wir benötigen eine politische Gruppe, die sich für eine Fortsetzung der wissenschaftlichen Forschung und des technologischen Fortschritts einsetzt, aber nur auf selektiver Basis. Auf dem Gebiet der Technologie gibt es keine übergeordnete Planung oder verantwortliche Leitung. Das ist die erschreckende Wahrheit.«[45]

Da die Entscheidungsfällung angesichts der Komplexität technischer Entwicklungen die Fähigkeiten eines Individuums, ja selbst einer machthabenden politischen Gruppe, übersteigt, soll der Computer die Rettung bringen. Rettung vor unkontrolliertem technischem Fortschritt, Rettung vor dem Tempo des gesellschaftlichen Wandels. Rettung vor einer Katastrophe durch Umweltverwüstung, Rettung durch Reduzierung des Wachstums.

Zu den unaufhaltsamen Wachstumsvorgängen unserer Epoche zählt die rapide Verstädterung als Folge mondialer Strukturverschiebungen in den Gesellschaften. Es ist ein Vorgang, der mit kontinentalen Phasenverzögerungen, aber zielgleich und unter dem Druck des vom Wissenswachstum gespeisten technologischen Beschleunigungsschubes vor sich geht. Hier vollzieht sich die folgenreichste Transformation unserer Kultur aus ihrer alten agrarisch-handwerklichen Form in eine urban-hochindustrielle. Wir sind schon mitten in der Periode, in der es nicht mehr um Probleme der Gesellschaft schlechthin, sondern ganz konkret um die Probleme der Stadtgesellschaften, um deren Lebensform und Entwicklungsmöglichkeiten geht. Was man so die zweite industrielle Revolution nennt, ist gar nicht so sehr die Einwirkung von Automaten, Computern und Kernenergie auf die Gesellschaft; es ist die neue Lebensform der Stadt. Genug damit: was wir bisher an Städten erlebt haben, sind nicht mehr als deren Umrißzeichnungen gewesen. Die Stadt von morgen, die Stadt als neue Form sozialer Lebensgestaltung, die Stadt als Massenschicksal kennen wir nur als Vorentwurf, sie ist erst im Kommen. Die Industrialisierung geht in Urbanisierung über.

Die Sogwirkung des durchschnittlich weit höheren Lebensstandards in der Stadt als industriellem Zentrum mit besseren Löhnen, kürzerer Arbeitszeit, sozialen Sicherheiten und kulturellen Annehmlichkeiten zieht immer mehr Menschen aus den Agrargebieten an und drängt sie in den urbanen Industrieregionen zusammen, die Ballungszentren werden.

1790, zur Zeit der ersten Volkszählung in den USA, hatten sie nur 5 Prozent Stadtbevölkerung, 1900 schon 40 Prozent, und heute bedecken verbaute Areale rund 3 Prozent des Staatsgebietes. 1970 zählte man in den USA 150 Städte mit mehr als einer halben Million Menschen. 70 Prozent der Amerikaner leben heute in einer Stadtsiedlung, bis 1985 werden es schätzungsweise 80 Prozent sein. Extrapolationen des Urbanisierungsprozesses ergaben, daß im Jahre 2000 die Hälfte der Weltbevölkerung in Städten leben wird; 1800 waren es erst 2,4 Prozent, 1950 noch immer nicht mehr als 20,9. Die amerikanischen Futurologen Herman Kahn und Anthony Wiener sagen voraus: »Um 2000 wird es in der USA eine Stadtlandschaft geben, die sich von Washington bis Boston erstreckt, mit einer Bevölkerung von 80 Millionen. Eine zweite, die von Chicago bis Pittsburgh reicht, mit 40 Millionen Einwohnern und eine dritte am Pazifischen Ozean zwischen San Francisco und Santa Barbara, bewohnt von 20 Millionen. »Ähnliche Strukturen werden sich auch in anderen Ländern bilden. So wird fast ganz Süd-Ost-England eine riesige Stadtlandschaft sein. Etwa 80 bis 90 Prozent der Bevölkerung der entwickelten Welt werden bis zu Ende des Jahrhunderts in Städten konzentriert sein.«[46]

In Japan lebten 1945 erst 27,8 Prozent der Bevölkerung in Städten, 1965 hatte sich die Stadtbevölkerung auf 68,1 Prozent erhöht, und heute zählt Japan 7 Städte mit mehr als 1 Million Einwohnern und 119 mit mehr als Hunderttausend. Derzeit leben in Tokio etwa 12 Millionen Menschen, und japanische Statistiker erwarten für 1980 schon 33 Millionen Einwohner in der Landeshauptstadt. Tokio wird mit Osaka und Nagoya zu einer Magalopole zusammenwachsen, in der im Jahre 2000 nicht weniger als 42 Millionen Menschen leben werden.

Aber es ist nicht nur in den hochentwickelten Industrieländern so, daß die Verstädterung einer der problematischsten Wachstumsprozesse wird. Auch in den unterentwickelten Ländern wachsen die Städte in einem Tempo, dem ihre Infrastrukturen, Verkehr, Schulen, Spitäler, hygienische Einrichtungen längst nicht mehr zu folgen vermögen. Die südamerikanischen Bidonvilles (Blechkanisterstädte) in Lima, Rio, Santiago, Bogota und die indischen und afrikanischen Menschenablagerungen an Stadträndern ohne Strom, Wasser und Kanalisation, wo sich täglich neue Scharen Landflüchtiger zusammenballen, lassen für die sanitäre und politische Zukunft dieser »Stadtrandsiedlungen«, die aus Verschlägen von Blech und Pappe bestehen, Schlimmes befürchten. Die ungezählten Millionen, die dort in Lumpen gehüllt, von Bettel und Verbrechen lebend, schmutzstarrend und mit allen Elendskrankheiten geschlagen vegetieren und sich immer mehr vermehren, sollen die Großstädter von morgen sein. Um ihrer agrarischen Verelendung zu entgehen, sind sie in die urbane geraten.

In den Wohlstandsgebieten wie in den hungernden Ländern frißt sich die städtische Betonwüste immer tiefer in die Naturlandschaft hinein. Die UNO schätzen ein globales Defizit von 180 bis 200 Millionen Wohneinheiten, ein Null-Wachstum in der Bauindustrie wäre die Verewigung des weltweiten Wohnungselends.

Dieses Schnellwachstum der Städte ist eines der drükkendsten Probleme unserer Epoche und wird Folgen zeitigen, die sich heute noch nicht einmal erahnen lassen. Und dennoch darf es nicht isoliert betrachtet werden. Denn diese Urbanisierung ist nur eine Konsequenz des Übergangs der Menschheit in eine wirtschaftliche und soziale Zukunft, die als unbekannte Größe vor ihr steht.

Keine Symptombehandlung des Problemkomplexes

Stadt hat bisher überzeugende Erfolge gebracht. Stadtplanung als interdisziplinäre Wissenschaft steckt weiterhin in den Kinderschuhen. Wohl gibt es schon Pläne für schwimmende Städte, unterirdische Städte und Städte auf dem Mond, aber Pläne, die zu einer humanen Stadtsanierung führen könnten, fehlen noch immer. Galt einmal Los Angeles als besonders fortschrittlich, weil es die einzige für das Auto gebaute Stadt ist, so denunziert man heute Stadtautobahnen als Sünden gegen das Leben. Hat einmal die Idee der Satellitenstädte begeistert, so sieht man in ihnen heute nur die Kulturwüste und bedauert das Schicksal der »grünen Witwen«. Hielt man es einmal mit der Entflechtungstheorie, so bekehrte man sich bald zur Theorie der Funktionsdurchmischung. Die dringendsten Aufgaben der Stadtplanung sind heute noch ungelöst: sinnvolle Ordnung der Stadtteile nach ihren Funktionen und deren Interdependenzen; Planung des Verkehrs innerhalb der Stadt und zwischen ihr und der Umwelt; Sicherung der Lebensqualität durch Vorsorgen für Licht, Luft, Ruhe und Erholungsraum; Darbietung von quantitativ und qualitativ genügenden Wohneinheiten; Ausbau der Infrastruktur, Schulen, Spitälern, Post, Straßen, Kanalisation, Müllabfuhr. Die Literatur über Stadtplanung ist nicht mehr zu überschauen, aber gültige Erkenntnisse sind nur wenige gewonnen, und diese wenigen werden nur selten realisiert, weil sie zu Konflikten zwischen Interessengruppen führen, so daß sich nicht die bessere Einsicht, sondern die stärkere politische Macht, nicht der Überlebenstrieb, sondern der Gewinntrieb durchsetzt.

Null-Wachstum zur Stabilisierung der Umweltschädigung ist gerade durch die Urbanisierung praktisch aller Gesellschaften als eine Illusion erwiesen worden. Lebensqualität und Urbanität sind heute noch Gegensätze. Denn die explosive Verstädterung in der ganzen Welt bedeutet zugleich eine Explosion der Abfallmengen und die Vereitelung aller optimistischen Hoffnungen auf deren Verringerung.

Aber die Urbanisierung ist nicht nur ein Wachstumsprozeß, sie ist darüber hinaus ein Motor für viele andere Wachstumsvorgänge, von denen hier nur der agrarische angeleuchtet werden soll. Daß die Bevölkerungsexplosion bei gleichzeitiger Zusammenpferchung immer größerer Bevölkerungsteile in urban-industriellen Agglomalrationen die Landwirtschaft zu rasch steigender Produktivität zwingt, versteht sich von selbst. Daher die gefährlich anwachsende Verwendung chemischer Pflanzenschutz- und Düngemittel, die zu einer Umweltgefahr erster Ordnung geworden sind, ohne daß die ernährungspolitische Möglichkeit bestünde, ein Null-Wachstum dieser Chemisierung der Landwirtschaft zu erreichen.

Über die chemischen Insektenvertilgungsmittel, von denen DDT nur eines ist, schrieb Professor Dr. Gertrud Pleskot vom Zoologischen Institut der Universität Wien im Oktober 1970 in der »Österreichischen Ärztezeitung«: »Es handelt sich um schwerste Lebensgifte, die in unvorstellbar starker Verdünnung noch toxisch sind und auch unterhalb der Toleranzgrenze noch Schäden verursachen. Es sind naturfremde Stoffe. Erst durch die Erfindungsgabe des Menschen sind sie in die Welt gesetzt, in eine Welt, die auf sie nicht eingerichtet ist und deren Gefüge durch sie in Unordnung gerät.«

Denn nicht weniger gefährlich als DDT und manche andere Pflanzenschutzmittel sind viele chemische Düngemittel, die der Erde zugeführt werden und in die Sickerwässer gelangen. Es ist berechnet worden, daß aus landwirtschaftlich genutzten Flächen pro Hektar und Jahr bis zu einem halben Kilogramm Phosphor aus Mineraldünger ausgeschwemmt und in Grundwasser übergeführt wird. Ist aber einmal ein Mineral im Boden, dann entzieht sich sein weiterer Weg in der Nahrungskette jeder Beeinflussung.

Die Speicherung von Phosphor ist deshalb höchst beunruhigend. Nimmt man für seine Lösung im Wasser den Ausgangswert 1, dann zeigen nach amerikanischen Untersuchungen schon kleine Gliederfüßler Werte von 3,5, Enten und Gänse aber bereits 7500 und deren Eier, in denen Phosphor konzentriert abgelagert wird, einen Speicherungswert von nicht weniger als 200 000. Das sind Anreicherungen, die schwerste gesundheitliche Schäden bewirken können, so daß diese Tiere für den menschlichen Genuß vollkommen unbrauchbar werden.

Nicht weniger bedenklich ist die Stickstoffausschwemmung ins Grundwasser. Die Verwendung von Stickstoffdüngemitteln hat sich in den letzten Jahrzehnten stürmisch entwickelt, und ihr Einsatz zur Ertragssteigerung ist in den Entwicklungsländern systematisch gefördert worden. 1970 hat die Welt 20 Millionen Tonnen Stickstoffdünger erzeugt und verbraucht. Man rechnet, daß die Pflanzen nur 3/4 davon aufnehmen, der Rest vom Regen in den Boden gewaschen wird und durch Grund- und Fließwasser in die Seen gelangt. Dort zeigt dann der Stickstoff, was er kann. Er düngt die Algen mit solchem Erfolg, wie der erbärmliche Zustand europäischer Seen zeigt. Doch auch in den USA liegen die Dinge nicht besser, man rechnet, daß dort 40 Millionen Tonnen Phosphor jährlich in den Boden gelangen.

Also eine neues Dilemma. Weil zur Sicherung der Welternährung chemische Düngemittel in immer größeren Mengen notwendig sind, werden durch deren Rückstände Grundwasser, Fließwasser und schließlich die Meere vergiftet, die geradezu das Hoffnungsgebiet für die Welternährung nach dem Jahr 2000 sind.

Mit dem Abfall leben

Schon die Mailänder WHO-Konferenz von 1957 kam zu dem Ergebnis, daß trotz dem natürlichen Wunsch nach gesetzlicher Fixierung von Reinheitsstandards für die Umwelt und einer Toleranzgrenze für ihre Verschmutzung solche Gesetze abzulehnen seien. Denn die industrielle Wirtschaft beruhe auf ständig neuen Techniken, die entweder solche Standards rasch veralten lassen oder durch sie blockiert werden, weil starre Gesetze der Komplexität industrieller Entwicklung nicht für lange gerecht werden können. Auch ein Expertenkomitee der WHO stellte 1965 fest: »Länder mit drakonischen Gesetzen gegen Wasserverseuchung haben sie nicht verhindern können. Ein Grund dafür ist der, daß Gesetze, die jedwede Verschmutzung verbieten, nicht praktische Politik sind und deshalb übertreten werden. In einer Welt, die sich rasant urbanisiert und industrialisiert, ist es unmöglich, Flüsse in ihrem Naturzustand zu erhalten. Das Gesetz sollte die Verschmutzung nur unter Kontrolle stellen.«

Das sind sehr notwendige Warnungen vor einem utopischen Umwelt-Purismus, der von einer Restitution der Natur in ihren Urzustand träumt. Der homo ist nicht nur faber, Werkzeugmacher, und der Wohlstandsmensch nicht nur homo consumens. Er ist auch, seitdem das erste Menschenwesen in die Welt trat, homo polluens, das verschmutzende Wesen.

Solange er sein präindustrielles Dasein lebte, stand er als Umweltverschmutzer noch auf der Stufe des Tiers, dessen Ausscheidungen von der Natur aufgenommen, verarbeitet und damit wirklich beseitigt werden. Aber die Ablagerungen der industriellen Produktionsweise des homo polluens sind von der Natur zurückgewiesen worden, als naturfremde Stoffe schufen sie aus der natürlichen Umweltverschmutzung das unnatürliche Verschmutzungsproblem. Auch der Report der »Royal Commission on Environmental Pollution« erinnert an das Naturgesetz, daß eine Vermehrung der natürlichen Güter der Welt ohne die Möglichkeit, den Abfall aus der Welt zu schaffen, die Umwelt verschmutzen muß. Es gilt also, mit dem Abfall zu leben.

Um solch ein Leben zu ermöglichen, muß der Abfall bewirtschaftet werden, wobei sich diese drei Möglichkeiten anbieten: seine Rückführung in den natürlichen Kreislauf, seine Verwertung im industriellen Rohstoffkreislauf (recycling) oder seine Deponie. Die ETH in Zürich hat als neuen Beruf den eines Gesundheitsingenieurs vorgeschlagen mit der betrieblichen Funktion eines ›Product Managers für Umweltschutz‹, der Emissionsnormen zu erstellen und geordnete Abfalldeponie zu gewährleisten hätte.

Denn nur darum kann es gehen, jenen Abfall, der weder in den natürlichen noch in den wirtschaftlichen Kreislauf rückführbar ist, in einer solchen Form zu beseitigen, die zu einer möglichst geringen Umweltbelastung wird. Dabei ist »Abfallbeseitigung« ein Euphemismus, denn wo immer Abfall deponiert wird, bleibt er, soweit er nicht von der Natur resorbiert oder von der Technik wiederverwendet wird, unbeseitigt, es sei in einer Müllgrube, im Wasser oder in der Atmosphäre. Beseitigung kann nur heißen, Abfall aus dem ökologisch wirksamen Bereich des Menschen fortzuschaffen – in der Welt erhalten bleibt er immer. Denn dem Gesetz von der Erhaltung der Energie entspricht ein Gesetz von der Erhaltung der Materie. Wohl kann sie in andere Form umgewandelt, kann hin- oder hergeschafft werden, bloß aus der Welt wegzuschaffen ist sie nicht. Zu entscheiden bleibt nur, in welcher Form und an welchem Platz sie biologisch am wenigsten stört. Die zweite Frage ist aber die: wie lange werden sich überhaupt umweltneutrale Plätze für Abfalldeponierung finden lassen, wenn Wohlstandskonsum und Bevölkerungswachstum weiterhin in heutigem Ausmaß vorschreiten?

Die Bevölkerungsexplosion ist als »biologische Zeitbombe« wohl bis zum Überdruß auf ihre Folgen geprüft worden, ja man hat nicht nur durch ihre Extrapolation errechnet, wann die Menschheit des Hungertodes sterben wird, sondern selbst die absurde Rechnung erstellt, wann der Mensch nur noch über 1 Quadratmeter Lebensraum verfügen wird. Nie berechnet wurde aber, wann er keinen Raum mehr für seine Abfallablagerungen finden wird. Und doch ist Bevölkerungsexplosion vor allem Abfallexplosion. Wenn noch in den Industrieländern ein Wohlstandswachstum hinzukommt, das mit dessen bisheriger Rate Schritt hält, und eine weitere Industrialisierung der Entwicklungsländer, dann werden diese Wachstumsprozesse einen Abfall weit über das Ausmaß der bloßen Bevölkerungszunahme hinaus produzieren. Denn nichts verschmutzt die Umwelt mehr als Wohlstand, ja man kann an der Abfallproduktion geradezu den Wohlstandsstandard eines Volkes ablesen, wie schon die führende Rolle der USA in der Umweltverschmutzung beweist.

Sagte einmal ein Sprichwort: »Der reichste Bauer hat den größen Misthaufen«, so ist es heute so, daß die reichsten Völker die größten Abfallhaufen haben und daß in diesen Ländern der Raum für geordnete Deponie noch rascher knapp wird als der Wohnraum. Ob es nun im Jahr 2000 wirklich 7 Milliarden oder nur 6 Milliarden Menschen geben wird und ob eine mondiale Geburtenregelung rechtzeitig durchgeführt oder ob sich die Menschheit schließlich exponentiell weiter und weiter vermehren wird wie die Blattläuse – auf jeden Fall wird sie sich darauf einzurichten haben, mit immer mehr Abfall zu leben. Ja, mit dem Abfallproblem kündigt sich das Raumproblem der planetarischen Übervölkerung schon heute an.

Es erweist sich, daß es nicht genügt, Ballungen aufzulockern, die Menschenmassen, die da kommen werden, durch Erschließung neuer Siedlungsräume besser über die Erde zu verteilen und für neue Milliarden Arbeit und Ernährungsmöglichkeiten zu sichern. Diese Menschenlawine bedeutet auch eine Abfallawine, und das Problem der Übervölkerung ist schon jetzt als das der Überladung der Biosphäre mit den Ausscheidungen des hochtechnisierten homo polluens akut geworden. In den USA hieß es in einer Propagandaschrift der »Friends of the Earth«: »Eine Krankheit hat unser

Land befallen. Sie hat den Yosemite Nationalpark in Nebel gehüllt, den Hudson River mit Müll beladen, unser Essen mit DDT versetzt, unsere Städte ruiniert. Der Überträger dieser Krankheit ist der Mensch.«

Sein ›Revier‹, das ursprünglich fast grenzenlos war, verkleinert sich von Jahr zu Jahr mit dem Überwiegen der Geburten über die Todesfälle, und damit verkleinert sich auch der Raum, der ihm für die Entfernung seines Abfalls aus seinem biologisch relevanten Bereich zur Verfügung steht, also Raum für das, was man herkömmlich »Abfallbeseitigung« nennt.

Und doch kann es nur darum gehen, diesen Abfall, der sich vom Planeten nicht beseitigen läßt, dort zu deponieren, wo er umweltneutral wird, indem er die Biosphäre des Menschen nicht stört. Das ist alles, was bei dem heutigen technischen Stand der Abfallmanipulierung erreicht werden kann, und es ist im Grunde nicht mehr als das, was schon der Frühmensch praktizierte, wenn er seinen noch so bescheidenen Abfall von sich entfernte. Es sei, indem er seine Toten in die Erde vergrub, es sei, indem er seinen Haushaltsmüll weit weg von seiner Wohnstätte ablagerte, wie es die neusteinzeitlichen Kjökkenmöddinger, diese Anhäufungen von Knochen und Muschelschalen in Nordeuropa, zeigen.

Abfall aus dem Augen- und Nasenbereich entfernen, darum und nur darum ging es zunächst den Menschen in den Frühkulturen, und der biologische Wert dieses affektiven Widerwillens gegen Abfall ist so stark, daß schon den Kindern die Einübung der Sauberhaltung ihrer selbst und der Umgebung andressiert wird (Töpfchen gehen, Händchen waschen, Ordnung halten!). Was manche höhere Säuger instinktiv im Dienste ihrer Arterhaltung tun, wie der Hund, der seine Fäkalien vergräbt, und die Katze, deren Sauberkeitsbedürfnis sie als »Putzkatze« sprichtwörtlich gemacht hat, leistete der Mensch zunächst durch seinen erworbenen Ekel vor Abfall und half auch damit seiner Arterhaltung nach.

Denn der lebensfördernde Wert dieses Ekels liegt in dem hygienischen Effekt der Sauberkeit, dessen sich der Mensch freilich erst sehr spät bewußt geworden ist. Am Anfang stand sein Abscheu vor der Belästigung seiner Sinne durch den Abfall und das Bedürfnis, ihn aus dem Sinnenbereich zu entfernen. Es war ein Bedürfnis, das schon sehr früh durch religiöse Reinigungsvorschriften abgestützt wurde.

Es ist paradox, aber wahr, daß gerade dieses so frühkulturelle Reinlichkeitsbedürfnis die Umweltverschmutzung vorangetrieben hat. Da es dem Menschen anfänglich nur darum ging, ekelerregende Substanzen aus seinem unmittelbaren Wohnrevier zu entfernen, leerte er sie bedenkenlos in dem des Nachbarn ab, sowie sich die Reviere der Individuen einmal verengten, wie das in den frühen Stadtsiedlungen unvermeidlich war. Ihre grauenerregende Unsauberkeit und Seuchengefährdung waren das Ergebnis des sozial nicht gelenkten individuellen Sauberkeitsbedürfnisses. Ihm geschah genug, wenn Nachtgeschirre auf die Straße geleert, erschlagene Ratten dem Nachbarn in den Hinterhof geworfen oder gewerbliche Abfälle im Rinnstein deponiert wurden. Von Bologna im Mittelalter wird berichtet, daß es »stank wie aus einem Grab«. Im Jahre 1350 schrieb Bischof Johann von Neumarkt, der Kanzler Karls IV., an den Erzbischof von Prag, Nürnberg sei so verschmutzt, daß auf den Straßen die Reiter nicht vorwärtskommen und befürchten müssen, die Pferde könnten stürzen und sie selbst wie Schweine mit Kot besudelt werden. Erst 1489 wurde es in München verboten, Schweineställe an den Straßen zu halten, und verordnete ein Dresdner Polizeiedikt: »Es soll niemand Unflat, Harn oder stinkend Wasser aus seinem Haus auf die Straße gießen, und jeder soll die Nachtbecken in der Kammer behalten und nicht vor die Fenster stellen.« Das individuelle Reinlichkeitsbedürfnis war zur kollektiven Umweltverseuchung geworden.

Das hat sich bis heute nur sehr wenig geändert. Denn ob man seine tote Katze aus dem Fenster wirft oder das Wrack seines Wagens auf der Straße verrosten läßt, ob man Schweine in der Stadt hält oder deren Luft durch Abgase verpestet, macht einen Unterschied nur der Abfallart nach. Heute lagert der homo polluens seine Ausscheidungen durch jeden Haushalt, jede Fabrik und jedes Automobil in seines Nachbarn Luft und Wasser ab.

Aber das verschmutzende Wesen soll, kann und will mit seinem Abfall nicht leben. Sein hygienisch wertvoller Ekel vor Abfallbelästigung muß kulturkonform zu gesellschaftlich richtigem Verhalten kanalisiert werden, sollen Schädigungen des Kollektivs durch das Sauberkeitsbedürfnis des Individuums verhindert werden. Entfernung des Abfalls kann nicht mehr subjektivem Gutdünken anheimgegeben und es kann nicht länger geduldet werden, daß der Mensch ihn nur aus seinem persönlichen Revier entfernt. Seine Entfernung aus dem Menschheitsrevier, der Biosphäre, ist Gesellschaftsaufgabe geworden. Auch und gerade hier ist die ganze Gattung eine einzige Risikogemeinschaft. Nicht mehr die individuelle Ekelschranke und das Reinlichkeitsbedürfnis des einzelnen, sondern Volkshygiene und biologische Absicherung des Gattungslebens sind als Zielpunkte für die Lösung des Abfallproblemes zu erkennen und, was weit schwerer ist, durchzusetzen.

Welche Problemlösungen man immer entwickeln mag, die Räume, die jenseits der lebenswichtigen Umwelt für Abfälle gefunden werden können, werden mit ihrer Anfüllung rasch und mit der Bevölkerungs- und Wohlstandszunahme noch weit rascher kleiner werden. Es sind außerhalb der lebentragenden Biosphäre keine unbegrenzten Ablagerungsstätten für Abfall vorhanden, es sei denn, man schösse ihn in den Weltraum oder löste ihn in seine atomaren Bestandteile auf; vielleicht liegt gerade hier die wirkliche, heute noch längst nicht erkannte Zukunftsbedeutung der Raumfahrttechnik und Kernenergie.

Sieht man aber von solchen technischen Utopien ab und vergegenwärtigt sich die Abfallmengen der nächsten Jahrzehnte, dann gilt für die Gegenwart dieser Imperativ: den Abfall möglichst klein halten, indem man aufhört, ihn durch Vergeudungswirtschaft planvoll zu produzieren, und seinen unvermeidlichen Rest in einen der beiden Kreisläufe zurückholt, den natürlichen oder wirtschaftlichen. Der natürliche Kreislauf resorbiert alle organischen Materialien, die der Mensch als Abfall produziert. Brächte man sie nur nach dem Beispiel des Komposthaufens in den Wirkungsbereich der Bodenbakterien, so verschwänden sie wirklich ganz und gar in kurzen Fristen. Der wirtschaftliche Kreislauf könnte, wie gezeigt wurde, bedeutende Mengen anorganischer Abfallstoffe durch Wiederverwendung nutzbar machen, womit der Abfallrest wohltätig verringert würde. In beiden Fällen stellt sich aber das Kostenproblem. Wenn das wiedergewonnene Material teurer ist als das neu produzierte und wenn die Kompostgewinnung aus Abfall erst recht unrentabel ist, dann müßten beide »Kreislaufanregungen«, wie schon früher gesagt, in irgendeiner Form von der Gesellschaft bezahlt werden. Denn der Mensch muß mit seinem Abfall leben. Er wird deshalb Belastungen auf sich zu nehmen haben, die dieses Zusammenleben erträglich machen, wenn er einmal begriffen hat, daß er bei dem heutigen Stand der Technik Abfall produzieren muß, aber nicht völlig zum Verschwinden bringen kann. Er kann ihn nur biologisch neutralisieren.

Sein Ziel muß die Entwicklung einer globalen Strategie im Kampf gegen den Abfall sein. Gleichgültigkeit wird hier ebenso zur Gefahr wie ein Radikalismus, der an der Kraft der Tatsachen scheitern muß. Denn weder eine radikale noch eine rasche Umweltsanierung ist möglich. In seiner Botschaft an den Kongreß vom 10. August 1970 sagte Nixon richtig: »Es sollte klar sein, daß wir die tiefliegenden Ursachen der Umweltverschlechterung nicht einfach durch Gesetze beseitigen können. Wir brauchen neue Kenntnisse, neue Perspektiven, neue Haltungen, und dies auf allen Ebenen der Regierung und des privaten Bereichs: in der Industrie, bei allen Berufen und bei jedem einzelnen Bürger. Wir müssen nicht weniger als eine Basisform für die Art finden, in der die Gesellschaft ihre Probleme begreift und Entscheidungen trifft. Unser Erziehungssystem hat dabei die Hauptrolle zu spielen. Wir müssen hauptberufliche Umweltmanager heranbilden, die das Verschmutzungsproblem und die Raumordnung beherrschen. Es ist auch lebenswichtig, daß unsere ganze Gesellschaft ein neues Verständnis für die Beziehung des Menschen zu seiner Umwelt entwickelt, das, was man Umweltbewußtsein nennen kann. Das bedingt die Entwicklung und Lehre von Umweltkonzepten auf jeder Ebene des Erziehungsprozesses.«

Trotz alledem wird keine Umweltsanierung die völlige Wiederherstellung der ursprünglichen Natur erreichen können, denn Zivilisation ist unvermeidlich ein Eingriff in die Natürlichkeit der Welt. In dem UNESCO-Symposion, das im Juni 1970 unter dem Thema »Des Menschen Rolle bei der Veränderung der Umwelt« in Helsinki stattfand, warnte ein finnischer Referent, völlig im Einklang mit den schon zitierten Entschließungen der WHO: »Das Ziel einer in vernünftigen Grenzen sauberen Technologie kann kaum jemals die völlige Vermeidung unerwünschter Nebenprodukte sein, zumal die Kosten des Umweltschutzes um so steiler ansteigen, je vollkommenere Sauberkeit erstrebt wird. Es sind noch viele Untersuchungen nötig, um das optimale Ausmaß der Umweltverschonung zu fixieren.«

Aber es ist erschreckend, wie wenig praktische Erfolge die jahrelangen ernstesten Arbeiten so vieler Organisationen, Institutionen und Behörden erreicht haben, die nur allzu oft parallele Forschungen betreiben, über die sie einander schon in unzähligen Tagungen, Konferenzen, Symposien und Kongressen berichtet haben. Daß der Arbeitsstil der internationalen Bürokratie mitwirkt, um sie vor Verwechslungen mit einer Feuerwehr zu schützen, sei nur am Rande erwähnt. Entscheidender ist es, daß die wissenschaftlichen Tiefenbohrungen, die von hochspezialisierten Gelehrten in internationalen Spezialorganisationen durchgeführt werden, von den drängenden Problemen der Praxis oft allzu weit entfernt sind.

Die IULA (International Union of Local Authorities), die IUCN (International Union for Conservation of Nature and Natural Resources), die WMO (World Meteorological Organization), das IAS (Institute of Administrative Science) und viele andere, die mit dem Umweltschutz zu tun haben, führen ein wissenschaftliches Eigenleben. Aber mit Umweltfragen befassen sich auch die europäische Verkehrsminister-Konferenz, die Internationale Atomenergiebehörde, der Europarat, die ECE, die EWG, die UNO und die Nato, und die Koordinierung der Arbeiten läßt noch alles zu wünschen übrig. Allein in der UNESCO wurden während der letzten Jahre solche Themen durchforscht und diskutiert: »Methoden der Pflanzenökologie«, »Klassifikation und mögliche Nutzung von küstennahen Wüsten«, »Wissenschaftliche Probleme der Deltagebiete in Tropenzonen«. Man kann über soviel Tiefgründigkeit nur staunen und nicht weniger über so viel Unbekümmertheit darüber, welche kostbare Zeit solche Tiefgründigkeit verbraucht, ohne zu praktischen Ergebnissen zu führen. In dem Moskauer WHO-Seminar von 1967 über »Kontrolle der Luftverschmutzung« ließen sich Fachgelehrte über solche Themen vernehmen: »Kriterien der Luftqualität«, »Hygienestandard für die Umwelt«, »Experimentelle Methoden der Festsetzung von Grenzwerten für Luftverschmutzung«. Einstimmig wurde festgestellt, daß für viele Länder ein bindender Standard der Luftreinheit unzumutbar sei, er müsse als Kompromiß zwischen den Sozialvorteilen der industriellen Entwicklung und den unvermeidlichen Nachteilen der atmosphärischen Verunreinigung durch sie erreicht werden. Auch stellte ein sowjetischer Wissenschaftler fest, das biologische Optimum der Umweltbedingungen müsse erst definiert werden, ehe sachlich vertretbare hygienische Maßstäbe für Luftreinheit entwickelt werden können, deren Standard zu alledem durch die verschiedenen meteorologischen Umstände zonenbedingt zu differenzieren sei.

Doch was ist Standard? Fachgelehrte haben einen technischen, einen sanitären und einen epidemologischen Standard entdeckt und gerieten noch weit tiefer in die Gelehrsamkeit, als einmal die Kontrollmethoden der Luftreinheit von der WHO untersucht wurden. Aber zunächst: was ist sachrichtig, Kontrolle oder Überwachung (monitoring oder vigilance)? Selbst darüber wurde lange diskutiert, gar nicht zu sprechen von der »Definition und Typisierung der Kontrolle«. Das Ergebnis war, daß eine strikte Typisierung der analytischen Methoden zur Prüfung jeder einzelnen Verschmutzungsquelle nicht erreichbar sei, wünschenswert seien aber »Empfehlungen«.

Keineswegs soll überhasteten und unfundierten Umweltmaßnahmen das Wort geredet werden. Ohne die Hilfe der Wissenschaften, die hier interdisziplinär zu arbeiten haben, wäre die Praxis verloren. Aber die Wissenschaften sind daran zu erinnern, daß nicht sie selbst Hilfe bringen können, weil das nur die Praxis vermag, und daß die Menschheit auf solche Hilfe nicht beliebig lange warten kann. Die Umweltwissenschaften müßten strenger der Praxis verpflichtet werden.

Zu alledem kommt hinzu, daß ihr Beitrag zur Umweltsanierung zwar hochwichtig, aber dennoch begrenzt ist. Sie haben festzustellen, welcher Verschmutzungsgrad erreicht wurde, aus welchen Quellen er stammt, welches Bild seine Extrapolationen bieten, welche biologischen Gefahren akut sind und welche Mittel der Umweltsanierung zur Verfügung stehen.

Da der Mensch nie eine völlig saubere Umwelt erreichen kann, geht es entscheidend um seine Toleranz für Umweltverschmutzung. Sie ist aber nur zum Teil eine biologische Größe, die wissenschaftlich als Grenzwert festgestellt werden kann, zum anderen Teil sein freiwilliger Kompromiß zwischen der Umweltverschmutzung, die zu erdulden er bereit ist, und der Wohlstandsverbesserung, die zu erreichen er erpicht ist. Über diesen Kompromiß kann die Wissenschaft nicht befinden. Hier geht es um Entscheidungen der Gesellschaft über das ihr tragbar erscheinende Risiko, und die Erhebungen der Wissenschaften können den politischen Entscheidungsträgern nur Entscheidungshilfe leisten.

Weil die Sicherung der Umwelt nie deren völlige Unberührtheit von menschlichen Eingriffen erreichen kann, wird sich der Umweltzustand immer aus dem Ergebnis eines Zielkonfliktes des homo polluens ergeben: seinem Streben nach maximaler Gütererzeugung und maximaler Sicherung der Biosphäre. Die Resultante dieses Zielparallelogramms kann nur das Optimum der Technologie bei gleichzeitigem Optimum der Umweltverfassung werden. Und an dem Problem solcher Optimalisierung werden sich die Gruppenkonflikte kräftig entzünden und können nur von der Politik in Griff genommen werden. Denn sie werden ihren Nährstoff nicht nur in den einander widerstreitenden Gruppenegoismen finden, wenn es um die Verteilung der Kosten des Umweltschutzes geht, sondern auch in den vielen ethischen, sozialen, politischen, ja selbst religiösen, in objektiven Meßzahlen nicht ausdrückbaren Bewertungen, die nach Individuen, Gruppen und Völkern höchst differenziert sind.

Ein Beispiel unter zahllosen: für die Hauptrolle politischer Entscheidungsinstanzen bei der Umweltsanierung und für die lediglich beratende Funktion der Wissenschaften ist die Kontroverse um die Senkung des Bleigehalts in den Auspuffgasen der Verbrennungsmotoren illustrativ. Die Wissenschaften können die Schadenswirkungen des Bleis in der Atmosphäre, im Boden und im Wasser messen. Sie können durchschnittliche Toleranzwerte erheben und schließlich empfehlen, die Konzentration von Blei in der Umwelt zu senken. Dann aber stellt sich sofort die Frage nach den Formen und den Kosten solcher Umweltsanierung. Der Bleigehalt kann schon im Benzin herabgesetzt werden, oder erst in den Abgasen, schließlich aber auch durch völlig neue Motorentypen, die auf die Klopffestigkeit des Benzins nicht angewiesen sind, oder durch die Substituierung der Verbrennungsmotoren durch Elektromotoren. Wieder kann die Wissenschaft, diesmal die Nationalökonomie, befragt werden. Sie ist durchaus in der Lage, die Kostenbelastungen der Mineralölfirmen, der Autoproduzenten und Autofahrer durch jede einzelne dieser Maßnahmen zu quantifizieren und deren wirtschaftliche Folgewirkungen zu prognostizieren. Aber mehr als der Politik ihre Berechnungen auf den grünen Tisch legen, können die Wissenschaftler nicht. Die Entscheidung wird von außerwissenschaftlichen Erwägungen bestimmt werden, etwa von der jeweiligen Konjunktur und Struktur einer Volkswirtschaft, den wirtschaftlichen und steuerpolitischen Interessen der Regierung, ihrem Finanzbedarf und ihrer Budgetlage, von Exportproblemen, Fragen der Zahlungsbilanz, der internationalen Konkurrenzsituation und – dies wahrhaftig nicht zuletzt – von der politischen Stärke der einzelnen Interessengruppen. Die Erhebungsbefunde der Wissenschaften werden kaum mehr als ein Entscheidungsrahmen für Politiker sein. Wie vor einer Unterschätzung der wissenschaftlichen Rolle in Umweltfragen ist vor deren Überschätzung zu warnen, die nur allzu oft

Selbstüberschätzung aus intellektuellem Selbstgenuß ist.

Zu bedenken ist auch, in welch hohem Maße sich der Mensch bereits an die Umweltverschlechterung angepaßt hat. Diese Adaption an veränderte ökologische Bedingungen, die sich beim Tier langfristig durch Mutation und Selektion vollzieht, geschieht beim Menschen durch soziokulturelle Prozesse. Sein ganzes Leben ist ein ununterbrochener Anpassungsvorgang an die sich ständig ändernden umweltlichen Bedingungen, und diese Adaptionsfähigkeit zeigt sich auch dort, wo es um Veränderungen der Biosphäre geht. Noch vor zwei Generationen hätten die Menschen die heutige Stadtluft eine Gaswolke, unser Trinkwasser ungenießbar genannt und es für unmöglich gehalten, daß sich der Mensch je an beide gewöhnen werde. Aber es ist geschehen, ja seine Fähigkeit der Gewöhnung an verschlechterte Umwelt macht es so schwer, ihn von deren biologischen Gefährlichkeit zu überzeugen.

Selbst in der gleichen Generation differiert die Toleranzgrenze für Umweltverseuchung von Individuum zu Individuum. Dem Landbewohner mag die heutige Stadtluft den Atem verschlagen, der Städter nimmt sie hin. Während die einen auf Giftstoffe in der Nahrung mit schwersten Erkrankungen reagieren, fühlen Widerstandsfähigere keinerlei Beschwerden und könnten sehr leicht etwa die Anti-Blei-Kampagne der Ökologen und Hygieniker als »Hysterie« verschrobener Gelehrter oder Machinationen interessierter Konkurrenzindustrien mißverstehen.

Zu dieser sehr verschiedenen subjektiven Toleranz,

welche die Notwendigkeit einer Umweltverbesserung nicht jedermann ohne weiteres plausibel macht, kommt noch die Unmöglichkeit, jede technologische Innovation vor ihrer wirtschaftlichen Verwertung vorbeugend auf alle ihre umweltlichen Wirkungen zu prüfen. Aus der Tatsache, daß die Menschheit seit zwei Jahrhunderten ihre Versorgungstechnik im Dienste engstirnigster Konsum- und Profitinteressen ohne jede biologische Absicherung vorangetrieben hat, darf nicht der Fehlschluß gezogen werden, es könnten vor jedem techno-ökonomischen Entwicklungsschritt alle seine Konsequenzen für die Humanökologie durchforscht werden. Daß jede Erfindung ein Abenteuer und Spiel mit unbekannten Kräften ist, wurde in früheren Kapiteln verdeutlicht. Diese Abenteuerlichkeit kann durch die Wissenschaften wohl verkleinert, aber nicht im entferntesten aufgehoben werden. Wenn verlangt wird (und es wird schon verlangt), daß jede Technik vor ihrer Anwendung auf ihre Unschädlichkeit für die Menschheit überprüft wird, muß man dagegen erinnern, wie unvorhersehbar oft technische Auswirkungen auf die Umwelt sind, weil immer ungewiß bleibt, was die Gesellschfat aus einer Erfindung macht und wann sie durch sie ihre biologische Toleranzschwelle überschreitet. Weder der Benzinmotor noch DDT waren ein Verhängnis für den Lebensraum; erst das Übermaß ihrer Verwendung ist es geworden. Es ist die Quantität der technischen Einwirkungen auf die Umwelt, von der ihre Qualität mitbestimmt wird. An dem Wiener Kongreß der Internationalen Handelskammer im April 1971 sagte zu dem Generalthema »Technologie und Gesellschaft« der wissenschaftliche Chefberater der britischen Regierung: »Es kann kaum bezweifelt werden, daß die Verpflichtung, im voraus die möglichen Schadenswirkungen von Erfindungen abzuschätzen, den Erfindungsgeist abträglich beeinflusssen kann. Ebenso könnte die Initiative in einer Wettbewerbsgesellschaft gehemmt werden, wenn bei Entscheidungen der Industrie über die Verwendung ihrer natürlichen Hilfsquellen alle möglichen künftigen Belastungen der Gesellschaft berücksichtigt werden müßten.«

Gefährlich könnte es auch werden, wenn durch Sanierungsmaßnahmen für die Umwelt, deren Ketten- und Nebenwirkungen nicht genau genug geprüft sind, die Reduzierung eines Schadstoffes zur Vermehrung eines anderen führt, und der Teufel mit Beelzebub ausgetrieben wird. Wenn etwa fester Müll verflüssigt und geklärt wird, vermehrt sich der Klärschlamm. Wird DDT durch PCB ersetzt, tritt ein Gift an die Stelle des anderen. Wird zur Luftverbesserung statt der Kohlenfeuerung elektrische Heizung forciert, dann belasten die größeren Emissionen der Kraftwerke die Atmosphäre und das Wasser. Werden die konventionellen Kraftwerke durch kerntechnische ersetzt oder ergänzt, dann wird wohl die Luft entlastet, aber die thermische Pollution des Wassers vermehrt. Erster Grundsatz jeder Maßnahme für Umweltschutz muß der medizinische sein: primum non nocere, vor allem nicht schaden.

Die herausgeforderte Wirtschaft

»Die Probleme sind gewaltig. Es handelt sich nicht nur um Fragen der Gesetze, Verordnungen, Blendwerke und Dollars. Was nötig ist, ist der gemeinsame Wille aller Nationen. Das verlangt eine neue Auffassung der Verhältnisse zwischen Mensch und Natur. Es verlangt neue Ethik und neue Grundlagen ökologischer Prinzipien. Es verlangt schließlich eine Umbewertung vieler Werte, welche in die Wirtschaftstheorie, die Sozialstruktur und die politischen Institutionen hineinspielen.« So Dr. Batisse, Direktor der UNESCO-Abteilung für »Natural Resources Research«.

Umweltsanierung braucht die Aktivierung von drei in ständiger Interaktion stehenden Ebenen gesellschaftlicher Tätigkeit: der ökonomischen, sozialen und politischen. Ökonomisch wird man zu begreifen haben, daß die Produktion der Güter nur die eine Seite des Versorgungsprozesses ist, die zweite ist die Deduktion des Abfalls aus dem biologischen Wirkungsbereich. Da der Raum für Abfalldeponierung ganz offensichtlich Mangelgut geworden ist, verlangt er, wie andere Mangelgüter auch, seine wirtschaftliche Verwertung. Sie schließt, wie schon gesagt, die notwendige Minimierung des Abfalls in sich ein. Das ist wohl ein ökonomisches Problem, dessen Lösung aber nur durch Einsatz neuer Techniken gelingen kann. Damit ist die Technologie herausgefordert, die hier zu echtem Fortschritt beitragen und den Beweis erbringen kann, daß nicht sie selbst, sondern nur ihre biologisch unbekümmerte Verwendung das Umweltproblem geschaffen hat.

Umweltsicherung gehört zu den technologisch lösbaren Menschheitsproblemen, und das ist tröstlich. Denn der Mensch unserer Zeit ist in so hohem Maße technisch gesinnt, daß ihm die Lösung jeder Frage zuzutrauen ist, die mit technischen Mitteln bewältigt werden kann. Nur dort, wo er die Technik falsch einsetzt oder wo sie zur Problemlösung unanwendbar ist, etwa in Fragen der Bevölkerungskontrolle oder der Friedenssicherung, wird die Gesellschaft gefährdet.

Technische Fehlorientierung kann technisch saniert werden, wenn begriffen wird, daß die eigentlichen Schwierigkeiten nicht auf dem Gebiet der Technik, sondern auf dem ihres umweltgerechten Einsatzes liegen, dem vor allem Planziele und gangbare Wege zu ihnen hin erschlossen werden müssen. Wie sehr es an solchen Modellen noch fehlt, haben alle vorhergehenden Kapitel gezeigt. Von einer sinnvollen Orientierung der Wirtschaft auf umweltgerechte Verwendung ihrer technologischen Apparaturen kann noch längst nicht die Rede sein. Mag es in dem globalen Bereich umweltgleichgültigen Wirtschaftens auch schon einige regionale Ausnahmen geben, so ist doch der Umweltschutz als Kalkulationsfaktor noch längst nicht genügend in makro-ökonomische Planungen und betriebswirtschaftliche Programmierungen eingegangen.

Selbstredend ist die Größe der Umweltverschmutzung lokal ebenso verschieden, wie es ihre Verursacher sind.

In Los Angeles sind es primär die Autos, im Ruhrgebiet die Industrieabgase, in städtischen Gebieten ist es der Hausbrand, in Verkehrszentren das Flugwesen, an den Küsten die Ölverpestung der Meere. Umweltschutz, der heute verlangt wird, muß also höchst differenzierte Prioritäten ansteuern, und es wird noch gezeigt werden, wie gerade das seine internationale Regelung erschwert.

Die unvermeidlich revolutionären ökonomischen Maßnahmen zur Umweltsicherung setzen zunächst einmal ein neues soziales Denken voraus. Man wird das Recht des Menschen auf lebensgerechte Umwelt als ein Grundrecht anzuerkennen haben, dessen Sicherung eine gesellschaftliche Aufgabe höchsten Prioritätsranges ist. Diese soziale Aufgabe ist nur mit politischen Mitteln zu erfüllen, und da es sich hier, wie deutlich genug gezeigt wurde, um eine »grenzüberschreitende Aufgabe« handelt, müssen diese Mittel durch internationale Abkommen verfügbar gemacht werden: Weltpolitik für Umweltschutz ist unerläßlich geworden. Darüber und über die Schwierigkeiten solcher Weltpolitik später mehr.

Aber schon auf nationaler Ebene können sich Interessenkonflikte ergeben, die den Umweltschutz, besonders in föderalistisch aufgebauten Staaten, erschweren. Wie dann die Bundesländerpolitik, also der regionale Ehrgeiz von Länderkalifen und Gemeindepaschas gegen höhere gesamtwirtschaftliche Interessen operiert, hat sich in den USA, in der Schweiz und in der Bundesrepublik oft genug gezeigt, aber auch in Österreich, wo zum Beispiel Fremdenverkehrsinteressenten bemüht waren, die Diskussion um den tristen Zustand der Alpenseen zum Schweigen zu bringen. Hier stolpern alle Sanierungsmaßnahmen schon über die Probleme der ministeriellen Kompetenzverteilung. Zwar ist das Landwirtschaftsministerium für den Gewässerschutz primär zuständig, doch schiebt es dieses Problem als ein hygienisches zum Teil an das Sozialministerium ab. Weil der Seenzustand aber auch in das Gebiet des Fremdenverkehrs fällt, mischt auch das Handelsministerium mit, und da Seensanierung Schutzbauten verlangt, hat auch das Bautenministerium mitzusprechen, ganz davon zu schweigen, daß die Finanzierungsfrage eine Sache des Finanzministeriums ist. Daß es dennoch gelungen ist, den Zellersee durch eine Ringleitung für kommunale Abwässer fast völlig zu sanieren, muß unter diesen Umständen geradezu ein bürokratisches Wunder genannt werden.

In Reinform zeigte sich der Konflikt zwischen Ökologen und Lokalpolitikern in einer Kontroverse, als es für und wider eine Brücke über den Neusiedlersee ging. Dieser österreichische Steppensee ist ein europäisches Unikat und Reservat seltenster Tiergattungen. Durch internationale Spenden, einen riesigen Beitrag des World Wildlife Fund und einen erwarteten Millionenbetrag der UNESCO, soll dieses Gebiet als natürliches Vogelparadies erhalten werden. Kaum ein anderer See ist gegen Verschmutzungen empfindlicher als dieser mit seiner so geringen Tiefe und praktisch ohne Abflüsse. Schon hatten Industrien mit seiner Verseuchung durch Abwässer begonnen, als die Landespolitik den Entschluß faßte, ihn durch eine 3,5 Kilometer lange Autobrücke »dem Verkehr zu erschließen«.

Die wirtschaftlichen Vorteile, die ins Treffen geführt wurden, sind bescheiden. Die Erwartung, der Touristenstrom in dieses abgelegene Gebiet werde sich sofort vermehren, scheitert schon daran, daß der die Touristen anziehende Zauber dieser unvergleichlichen natürlichen Schilflandschaft eben durch die gedachte Brücke sehr bald entzaubert würde. Wenn sich Kolonnen von Automobilen über den See bewegen und durch ihre Abgase Flora und Fauna vernichtet werden, wird lokales Prestigebedürfnis über die ökologische Vernunft gesiegt haben. Gewässerverseuchung und Luftverpestung werden einen Erholungsraum mehr vernichten und ein Beispiel dafür geben, wie der Mensch mit seinem Abfall nicht leben soll, obschon er mit ihm leben muß.

Der schweizerische Ökologe Emil Egli schreibt: »Es muß Kulturlandschaft geschont werden, damit Zivilisationslandschaft tragbar bleibt. Der Mensch der großen Agglomerationen braucht die Erholungslandschaft. Die sogenannten Lungen der Städte genügen nicht mehr, die Sardinenbüchsen der Strandbäder können die Aufgabe nicht mehr erfüllen. Erholungslandschaft ist ein Großbestandteil des Lebensraumes geworden. Das Problem der Erholungslandschaft wird ebenso wichtig werden wie das Bauproblem der Städte.«[47]

Die drei Ebenen, die ökonomische, soziale und politische, stehen in vielfacher Interdependenz, sind mit ganzen Gebirgen von Problemen belastet, und schon deren Analyse ist eine gewaltige Herausforderung des gesellschaftlichen Denkens. Sowohl der Begriff der sozialen Wohlfahrt wie der der Produktion, des Mangelguts, der Sozialkosten, des Gemeinwohls, des Wohlstands und des Wirtschaftswachstums wird neuzufassen und in tieferem, umweltgerechteren Sinn zu begreifen sein. Das soll an dem Ungenügen des geltenden Wohlfahrtsbegriffes gezeigt werden, der bisher ausschließlich die Absicherung des Individuums vor unverschuldetem Unvermögen seines Existenzerwerbs umfaßt. Daß das Kind, der Kranke, der Alte, der Arbeitslose durch die Gesellschaft, die als Risikogemeinschaft verstanden wird, geschützt werden muß, gilt als das non plus ultra sozialer Fürsorge.

In dem schwedischen Bericht an die gescheiterte Prager ECE-Konferenz hieß es richtig: »Die gegenwärtigen theoretischen Modelle der sozialen Wohlfahrt sind unzureichend. Sie führen zu keinen praktischen Schlüssen für politische Maßnahmen zur Ordnung der Umwelt. Die Arbeit der ECE sollte sich dahin richten, exakte Werteordnungen aufzustellen, die in sozio-ökonomischen Analysen der sozialen Kosten und Gewinne verankert sind. Die ECE sollte dann Empfehlungen für eine Wirtschaftspolitik ausarbeiten, die auf diesen Feststellungen basiert. Die wichtigste Bedingung für eine fruchtbare internationale Kooperation bei der Lösung von Umweltproblemen durch politische Mittel ist die Feststellung, welche relevanten Basiswerte von allen Nationen angenommen werden, die von solchen Problemen berührt sind. Es ist unmöglich, Ziele und Wege zu ihnen zu diskutieren, ehe solche Basiswerte definiert worden sind. Die schwedische Regierung glaubt, daß die Beiträge der ECE in dieser Hinsicht von großer praktischer Bedeutung für eine internationale Kooperation zum Schutze der Umwelt sind.«

Solch ein Basiswert, zu dem sich jede Nation zu bekennen hätte, wäre das Grundrecht jedes Menschen auf eine biologisch zureichende Umwelt, und tatsächlich hat die Wiener Konferenz des Europarates 1973 die Kodifizierung eines solchen Rechts in einer Umwelt-Charta gefordert. Schon im März 1971 schrieb das Organ der Österreichischen Industriellenvereinigung: »Die Sozialpolitik wird in Zukunft ihrer Aufgabe nur dann gerecht werden, wenn sie dem Menschen jene Umwelt verschafft, in der er gesund leben kann.« Deshalb beschloß schon die UNO-Umweltkonferenz im Juni 1972 die Errichtung eines Umweltschutz-Sekretariats, als dessen Sitz von der UNO-Vollversammlung Nairobi gewählt wurde. Daß solche Initiativen dennoch keine allzu großen Hoffnungen rechtfertigen, zeigt der von Moskau vertretene Standpunkt, ein künftiger Umweltschutzapparat dürfe nicht supranationalen Charakter haben, er müsse international sein und durch Kooperation souveräner Staaten funktionieren.

Auf jeden Fall müssen nachtwächterstaatliche Prinzipien versagen. Umweltschutz läßt für freie, individuelle Entscheidungen keinen Raum, man kann auch in dieser Hinsicht aus der Risikogemeinschaft der Gattung Mensch nicht austreten. Dieser Grundsatz ist zunächst im sozialen Denken und dann in der Wirtschafts- und Sozialgesetzgebung zu verankern. Denn kaum je werden diejenigen, die für den Umweltschutz zu zahlen haben, aus ihm unmittelbare Vorteile ziehen. Wenn eine Gemeinde aus den Steuermitteln ihrer Einwohner eine Kläranlage baut, hat oft nicht sie selbst den biologischen Gewinn, ihn haben Trinkwasserbezieher anderer Gemeinden. Investiert eine Industrie in Luftschutzmaßnahmen, so geschieht das nicht im eigenen betrieblichen Interesse, sondern in dem der Luftkonsumenten. Wenn dem Bergbauern soziale Steuern zur Verbesserung der Stadtluft oder dem Städter Beiträge zur Seensanierung abverlangt werden, hat keiner von ihnen direkten Nutzen aus diesen Aufwendungen.

Aber es sind Sozialbeiträge für das allgemeine Wohl, und sie müssen als solche ihre allgemeine Plausibilität gewinnen, obschon sich dann, wenn die Sozialkosten der Umweltverbesserung der ganzen Gesellschaft auferlegt werden, das scheinbare Paradoxon ergibt, daß nicht nur die Verursacher, sondern auch die Opfer der Umweltschädigung zur monetären Ader gelassen werden. Damit sie das akzeptieren, muß ihnen zunächst klar gemacht werden, daß die gleiche gesellschaftliche Risikoteilung, die bei der Arbeitslosen-, Unfall-, Kranken- und Pensionsversicherung längst ihre unbestrittene Geltung hat, auch auf den Umweltschutz angewendet werden muß, der eine Wohlfahrtsaufgabe höchsten Prioritätsranges ist.

Niemand würde heute noch ernst genommen, der sich weigern wollte, seinen Beitrag zur allgemeinen Arbeitslosenversicherung mit der Begründung zu verweigern, daß ihm selbst Arbeitslosigkeit nicht droht. Und mit allem Recht verlangt man auch von dem bestbezahlten Angestellten, dem Generaldirektor eines Konzerns, seinen Beitrag zu einer Krankenversicherung, die er selbst nie in Anspruch nehmen wird. So werden auch die Kosten der Umweltverseuchung als solche Gemeinkosten zum beträchtlichen Teil auf die ganze Gesellschaft zu verteilen sein, und schon jetzt ist es deutlich geworden, daß in der Frage des Verteilungsschlüssels, die eine Frage der Steuerpolitik werden wird, die Gruppenegoismen kräftig zusammenstoßen werden. Im März 1971 sagte der österreichische Bundeskanzler: »Einer der härtesten Kämpfe der nächsten Jahre wird die Bewältigung der Umweltproblematik sein. Vor allem wird die Frage, wer die damit verbundenen Kosten trägt, unter Umständen eine Klassenauseinandersetzung in neuer Form werden.« Wie recht er hat, zeigte sich schon kurz nachher, als auf die Ankündigung neuer Steuern zur Finanzierung von zusätzlichen Gemeinschaftseinrichtungen die Bundeswirtschaftskammer als Unternehmervertretung den Finanzminister verdächtigte, unter dem Schlagwort der Verbesserung der Lebensqualität Einkommensumverteilung vom privaten zum öffentlichen Sektor zu manipulieren. Aber die für den Umweltschutz nötigen Beträge werden schließlich Größenordnungen erreichen, die bewirken, daß es ohne Wachstumsstop des Wohlstands oder gar gelinde Wohlstandsreduktion nicht abgehen kann. Daß materieller Wohlstand ohne biologische Wohlfahrt verderblich ist, wird in die Köpfe unserer Generation so einzuhämmern sein, wie die Vätergeneration zu lernen hatte, daß materieller Wohlstand seine

Ergänzung und Absicherung durch soziale Wohlfahrt verlangt.

Es wird ohne jeden Zweifel ein Schock für den Wohlstandsmenschen sein, wenn man ihm begreiflich macht, daß er bisher viel zu billig gelebt, das heißt zu nicht kostendeckenden Preisen produziert und konsumiert hat. Selbstredend zu Preisen, die alle betrieblichen Kosten gedeckt und darüber hinaus ganz hübsche Gewinne ermöglicht haben. Aber zu Preisen, die die sozialen Kosten von Erzeugung und Verbrauch nicht deckten: Es waren Produktionskosten der Güter ohne Deduktionskosten des Abfalls. Wie immer diese Kosten des Umweltschutzes auf Preise, Tarife und Steuern verteilt werden mögen, sie werden letztlich den Konsum belasten und unvermeidlich den materiellen Wohlstand zugunsten biologischer Wohlfahrt senken.

Dabei ist freilich gegen die Fanatiker des Umweltschutzes in Erinnerung zu bringen, daß die sozialen Vorteile gesünderer Luft, besseren Wassers, geschonteren Bodens und geringeren Zivilisationslärms gegen ihre Kosten abzuwägen sind, deren Kurve um so rascher steigt, je rigorosere Schutzmaßnahmen finanziert werden sollen. Allzu »vollkommene« Verbesserungen der Umweltqualität könnten zu einer solchen Kostenbelastung der Gesellschaft führen, daß der cost-benefit-Vergleich gegen sie spricht. Er mag selbst vorübergehend gegen manche erschwingliche Maßnahmen sprechen, wenn in einer bestimmten Wirtschaftskonstellation die Sozialvorteile einer Wachstumspolitik größer sind und für biologische Wohlfahrtspolitik andere Konjunkturbedingungen abgewartet werden müssen.

Das soziale Kostenoptimum und das biologische Umweltoptimum werden also jeweils zu ermitteln sein, und das dürfte schwierig genug werden, weil gerade hier sehr differenzierte Wertungen der einzelnen Gruppen ins Spiel kommen, was ohne Zweifel sehr lebhafte politische Diskussionen, ja Kampfstimmungen provozieren wird. Schließlich ist auch zu bedenken, daß die Finanzquellen für soziale und biologische Wohlfahrt, wie stark immer man die Steuer-, Tarif- und Preisschraube anziehen mag, beschränkt sind. Es wird also auch die relative Gewichtigkeit der verschiedenen Wohlfahrtsmaßnahmen geprüft und (unweigerlich nach subjektiven politischen Bewertungen) ins rechte Maß gebracht werden müssen. Noch konkreter gesagt: Soziale Aufwendungen für Umweltschutz werden in Konkurrenz mit vielen anderen Sozialzielen treten, die alle aus gesellschaftlichen Mitteln finanziert werden müssen – wie Bildung, Straßen-, Schul- und Spitalbau, Altersversorgung, Familienpolitik, um nur einige wenige zu erwähnen.

Und noch immer nicht genug mit allen diesen Problemen. Auch die Nebenwirkungen der einzelnen Umweltmaßnahmen sind ins Kalkül zu ziehen. Wenn bei begrenzten Mitteln die Wahl zwischen Prioritäten zu treffen und etwa zu entscheiden ist, ob im einzelnen Fall zunächst mit Luft- oder Wassersanierung begonnen werden soll, werden neben den sozialen Vorteilen auch die wirtschaftlichen Kettenreaktionen beider Maßnahmen sehr sorgfältig zu vergleichen sein.

Ohne Zweifel werden sich sehr bald große Komplexe spezialisierter Umweltschutz-Industrien bilden und durch ihre Werbung maßgeblichen Einfluß auf die öffentliche Meinung gewinnen. Schon heute haben manche Industrien die Werbewirksamkeit von Maßnahmen für den Umweltschutz erkannt. Stahlwerke machen Propaganda mit ihren Luftschutztechniken und mit den Kosten, die sie im öffentlichen Interesse auf sich genommen hätten. Andere Firmen offerieren ihr know how des Umweltschutzes, viele Unternehmungen haben sich schon auf Ausrüstungsgüter für Luft- und Wasserschutz spezialisiert, und in den Werbungen mancher Benzinfirmen heißt es nicht mehr nur »Mehr Kilometer«, sondern »Gesündere Luft«. Andere Industrien freilich, wie etwa die für Kunststoffverpackungen, haben bisher auf Forderungen des Umweltschutzes nur sehr gereizt reagiert.

In dem Züricher Symposion »Schutz unseres Lebensraumes« hieß es: »Heute erweist sich in vieler Hinsicht die einseitig und kurzfristig verstandene ökonomisch-technische Rationalität als Unvernunft.« Und im gleichen Sinn schrieben die »Wirtschaftspolitischen Blätter« der österreichischen Bundeskammer der Gewerblichen Wirtschaft: »Eine Volkswirtschaft, die nichts gegen die Umweltverschmutzung tut und sich über die hohen Wachstumsraten freut, gleicht einem Unternehmen, das keine Reinvestitionen vornimmt und stolz auf den hohen Gewinn hinweist, der auf lange Sicht aber keineswegs so hoch ist, wie er aussieht. Denn nach einigen Jahren wird der Betrieb veraltet, vielleicht sogar produktionsunfähig sein.«

Ursprünglich, also in all den Zeiten ungesättigter Märkte, war Wirtschaft die Deckung unbegrenzter Bedürfnisse durch knappe Güter. In der hochtechnisierten und dynamischen Wohlstandswirtschaft muß hingegen Knappheit der Güter oft erst künstlich erzeugt werden, um sie zu wirtschaftlichen zu machen. In dieser »Produktion von Knappheit« liegen die eigentliche Aufgabe der Werbewirtschaft, die dafür zu sorgen hat, daß die Nachfrage dem Angebot immer genügend weit vorauseilt, um es knapp zu halten und wirtschaftlich zu machen. Werbliche Nachfrageproduktion ist Knappheitsproduktion. Sie ist das letzte Ziel jener ›Strategie‹, die den Markt manipuliert, nicht indem sie das Angebot verkleinert, sondern indem sie die Nachfrage erhöht. Denn nur knappe Güter sind Wirtschaftsgüter, also muß Knappheit erzeugt werden. Nur die einzigen von Natur aus wirklich knappen Güter, Luft und Wasser, sind als unerschöpfliche, also außerwirtschaftliche Güter mißverstanden worden und müssen jetzt von der Wirtschaft als Mangelgüter entdeckt werden.

Die Wirtschaftstheorie steht hier vor einer völlig neuen Problemstellung, für die sie längst nicht genügend vorbereitet ist. Ja man kann sagen, daß bis in die fünfziger Jahre Umweltverschlechterung überhaupt kein Thema wirtschaftswissenschaftlicher Untersuchungen war. Aber noch heute ist in den landläufigen Wirtschaftsmodellen all dieser Struktur-, Wachstums-, Konjunktur- und Sozialtheorien die Umwelt eine völlig fremde Kategorie. Hier lief die tatsächliche Entwicklung der Theorie so weit davon, daß erst jetzt

eine systematische Behandlung dieses Themas, das so rasch gesellschaftliche Priorität vor vielen anderen gewonnen hat, durch die Wissenschaft zu erwarten ist.
Sie wird die Belastung der Volkswirtschaften durch die Umweltverschmutzung, die Fehlerhaftigkeit des Preissystems bei kostenlosem Verbrauch scheinbar unbegrenzter Naturgüter festzustellen und die Wachstumsrechnungen entsprechend zu rektifizieren haben. Auch die Notwendigkeit und die Folgen der Internalisierung der aus Umweltschädigung resultierenden Sozialkosten, wie die Kostenbelastung mancher Produktionen als Folge der rücksichtslosen Umweltbelastung durch andere, ist zu untersuchen. Etwa am Modell industrieller Luft-, Wasser- und Bodenverschlechterung in ihrer Wirkung auf die Fremdenverkehrswirtschaft oder an dem Beispiel agrarischer Produktionsbelastungen durch die Verkehrswirtschaft. Wie weit wird durch das geltende, umweltgleichgültige Preissystem die tatsächliche Produktionsstruktur zum Schaden umweltgerechter zementiert? Durch welche Maßnahmen wäre diese Zementierung aufzulockern? Welche Nebenreaktionen wären zu erwarten und mit welchen Mitteln zu neutralisieren? Fragen über Fragen, an denen die Wirtschaftswissenschaft nicht länger vorbeiforschen darf.
Bei der Erfüllung dieser Aufgaben wird sie von technologischen Forschungsergebnissen abhängig bleiben, die praxisnah sein müssen und Förderung durch die öffentliche Hand verlangen, die sich freilich selbst in ihrer Raum-, Produktions- und Konsumplanung solchen Forschungsergebnissen wird unterwerfen müssen.

In jenen Ländern, die Konkurrenten im Wettrüsten sind, werden militärtechnische Forschungen mit ungeheuren Beträgen aus Steuergeldern subventioniert. Würden zumindest jene Staaten, deren Glück und Politik ihnen Rüstungslasten in vergleichbaren Größenordnungen ersparen, mehr in Umweltforschung investieren, dann wüßte man heute vieles, was man noch nicht weiß, und die Gesellschaft wäre besser dran.

Ein Kapitel für sich wird die Neubewertung von Standorten durch die Entstehung ganz neuer Standortvorteile und Standortnachteile sein. Wenn die sozialen Kosten der Umweltbelastung zu betrieblichen internalisiert werden und wenn die jeweilige Umwelt verschieden kostspielige Schutzmaßnahmen verlangt, billigere in industrie- und verkehrsfernen Gebieten, teurere im verkehrsdichten Ballungsraum, dann werden standortbedingte Kostenfaktoren entstehen, die in die betrieblichen Kalkulationen Eingang finden müssen. Sie können zu großen Wanderbewegungen von Industrie und Gewerbe führen. Das mag wieder regionale Siedlungs- und Arbeitsmarktprobleme schaffen und für manche Gemeinden Steuerausfälle durch Industrieabsiedlungen zur Folge haben. Alles das sind noch unerforschte Kettenwirkungen der Umstrukturierung der Wirtschaft auf umweltgerechte Produktions-, Dienstleistungs- und Konsumbedingungen. Schwer vorstellbar, daß es hier ohne Stützungsmaßnahmen durch den Staat abgehen sollte und das heißt ohne erhebliche Budgetumschichtungen und Belastungen des Steuerzahlers.

Bei alledem ist aber nicht zu vergessen, daß Umweltschutz der Wirtschaft nicht nur neue Belastungen, sondern auch Chancen bringen wird. Industrien, die lärmarme Maschinen produzieren und Methoden der Abfallverwertung offerieren, aber auch die Bauwirtschaft mit ihren vielen Nebengewerben werden Wachstumsbranchen sein, wie schon gezeigt wurde. Solange nur von Steuern, Tarifen und Gebühren als Auflagen für den Umweltschutz gesprochen wird, kann eine positive Einstellung der Wirtschaft zu den ökologischen Notwendigkeiten nicht erwartet werden. Also wird entweder die Umweltpolitik durch die Gewinninteressen der Wirtschaft torpediert werden, oder man wird ihr klarzumachen haben, welche Gewinnchancen sich ihr gerade durch Umweltschutz eröffnen. Hier liegen ganz entscheidende Aufgaben jener gewaltigen gesellschaftlichen Umgliederung, die unerläßlich ist, soll ökogerechte und zugleich marktgerechte Wirtschaft verwirklicht werden.

Die Umerziehung der Öffentlichkeit zum Umweltbewußtsein und zur Präferenz umweltgerechter Produkte würde allen jenen Firmen Konkurrenzvorsprung geben, die sich auf diese Marktlücke beizeiten umstellen. Wirtschafts-, staats- und weltpolitisch sachlich geleitet, könnte eine solche Umwälzung geradezu eine »dritte industrielle Revolution« werden mit allen den sozio-ökonomischen Umgliederungen und Umschichtungen, welche die erste und zweite industrielle Revolution begleitet haben. Die unternehmerische Bereitschaft zu Neuem, die Vision nie dagewesener Chancen, das Wagnis neuer Produktionsformen und Produkte, das alles kann Märkte schaffen, von denen sich heute nur wirtschaftliche Pioniere eine Vorstellung machen. Die Umerziehung der Gesellschaft zur Umweltbeachtung und ihre Vorurteilsschärfung gegen umweltbelastende Produkte eröffnet jedenfalls der Wirtschaft ein unendliches Feld neuer Initiativen. Den unvermeidlichen Ausgabenbelastungen der Unternehmungen stehen also sehr erhebliche Einnahmechancen gegenüber.

Es ist heute evident, daß die optimale Produktions- und Konsumstruktur nicht nur an maximalem Angebot bei minimalen Preisen gemessen werden darf. Optimalisiert ist die Versorgung der Industriegesellschaft erst dann, wenn die social costs des Umweltgebrauchs in das Kosten-Preis-System so völlig eingebaut sind, daß Umweltverschlechterung zu teuer, also nicht mehr wirtschaftlich ist. Dann erst wird das Interesse des Versorgungssystems an Umweltschonung marktwirtschaftlich richtig angesprochen und die Präferenz umweltneutraler Güter und Dienstleistungen stimuliert.

Dort wo bei einer Produktion Umweltverschlechterung aus zwingenden technischen Gründen nicht auszuschließen und die Bezahlung der Umweltsanierung, also die betriebswirtschaftliche Internalisierung der bisher externen volkswirtschaftlichen Kosten in die Kalkulation nicht unterzubringen ist, wären der Industrie und dem Gewerbe starke Impulse für die Entwicklung umweltneutraler Ersatzprodukte gegeben. Man würde staunen, wie groß die Substitutionselastizität des Versorgungssystems tatsächlich ist, wenn es nur zur Entwicklung umweltgerechter Produkte marktgerecht durch Kosteneinhebung für Umweltver-

wüstung angereizt würde. Das Konkurrenzprinzip würde Wunder wirken.
Schwieriger zu lösen ist die Frage, wie die Kosten der Umweltbelastung gemessen werden sollen, um sie entsprechend dem Grad der schädigenden Immission vom Betrieb einzuheben. Technisch vermutlich ohne unüberwindliche Schwierigkeiten lösbar, stellt dieses Problem an die Verwaltung, die jeden einzelnen Produzenten zu überprüfen (und in Intervallen immer neu zu überprüfen) hätte, Ansprüche, für die sie heute noch in keiner Weise gerüstet ist. Vermutlich müßte man zentrale Kontrollsysteme entwickeln, wie ja auch die Telefonbenützung oder der Strom- und Gasverbrauch in Zentralen registriert wird.
Man wird schwerlich darauf verzichten können, die Umweltverschmutzung schon an ihrer Quelle durch kostenerhöhende Sicherungsvorschriften zu bekämpfen. Keineswegs wird das aber die einzige Finanzierungsart des Umweltschutzes sein dürfen. Denn dieses »Verursachungsprinzip«, das in der politischen Polemik so oft affektiv und einseitig gegen die Produzenten, vor allem gegen die Industrie verwendet wird, ist besser »Sündenbockprinzip« zu nennen. Es klingt politisch höchst konsumentenfreundlich, und vielleicht lassen sich mit ihm sogar Wahlen gewinnen. Aber diese Formel verliert ihre ganze Konsumentenfreundlichkeit, wenn man sie konsequent anwendet, indem man sich erinnert, daß nicht nur die Produktion, sondern auch der Konsum Verschmutzung verursacht. Also muß sich das »Verursachungsprinzip« auch gegen den Verbraucher wenden, der seine Abfälle

im Hausmüller oder in Gottes freier Natur deponiert. Nicht nur die Glasindustrie verpestet die Natur. Der Verbraucher, der den Preisvorteil aus Einwegflaschen zieht, die der natürliche Kreislauf nicht resorbiert, vermehrt den problematischen Abfall. Und nicht nur die Erdölindustrie ist wegen des hohen Bleigehalts des Benzins anzuklagen, sondern auch der Benzinkonsument, da dieses Blei ja erst durch die Abgase seines Automobils luftschädigend wird. In die Umweltbelastung teilen sich Produktion und Konsum. Industrie, Energieerzeugung, Verkehr, Hausbrand, öffentliche Hand und privater Verbrauch sind alle an der Umweltverschlechterung mitschuldig, das Verursachungsprinzip hat sich gegen alle zu wenden. Denn nicht die Industrie, sondern die Industriegesellschaft ist die Umweltverschmutzerin.

Aber wollte man selbst das Verursachungsprinzip einseitig gegen die Produzenten anwenden, dann wäre auch damit der Konsument im Hinblick auf Kostenbelastung nicht verschont. Denn selbstredend müßten die Produzenten ihre erhöhten Kosten auf die Preise abwälzen, wodurch der Wohlstandsstandard ebenfalls gesenkt würde. Alle diese Probleme zentrieren in diesen problembefrachteten Fragen: Welches ist das biologische Optimum in einer optimal industrialisierten Welt? Mit welchen anderen sozialen Wohlfahrtszielen konkurriert die biologische Wohlfahrtsfinanzierung? Wie sind die Prioritäten zu ordnen, und schließlich (oder richtiger anfänglich) wie ist die Öffentlichkeit für Wohlstandsopfer zugunsten ihrer Biosphäre zu gewinnen, deren Sicherung nicht mit mathematischem

Nutzenkalkül, sondern primär mit Begründungen motiviert werden muß, die auf humanitären Wertungen basieren.

Um exakt kalkulieren zu können, wieviel der Umweltschutz wert ist, müßte man den Wert von Gesundheit und Überleben mathematisch ausdrücken können. Zwar ist von sympathischen Zeitgenossen der Materialwert eines Menschen schon errechnet worden; er liegt irgendwo bei 16,50 DM. Aber niemand wird empfehlen, solche ›Bewertung‹ zur Kalkulationsbasis des Umweltschutzes zu machen. Die größten sozialen Fortschritte der Geschichte waren nicht Ergebnisse von Nutzenquantifizierungen, sondern von ethischen Zielsetzungen. Niemand hat eine cost-benefit-Analyse erstellt, ehe die Leibeigenen befreit, die Arbeiter versichert, die Schulpflicht und das Spitalwesen allgemein wurden.

In den verschiedensten internationalen Körperschaften, die das Umweltproblem studieren, ist immer wieder darauf hingewiesen worden, daß ein dirigistisches Lenkungssystem wegen der Starrheit seiner Gesetze der Dynamik technologischer Entwicklungen nicht gerecht werden kann. Entweder sprengt deren Kraft die gesetzlichen Schranken, oder sie wird durch sie zum Schaden des technischen Fortschrits und wirtschaftlichen Wachstums blockiert. Geht man von dem Grundsatz aus, daß die Gesellschaft ihre Umweltsicherung von der Technik und Wirtschaft zurückzufordern hat, und von der Erfahrung, daß Dirigismus bewegungs- also wachstumsfeindlich ist, dann bleibt nur das Marktsystem als denkbare Lenkungskraft zur umweltoptimalen Wirtschaft. Mit anderen Worten: die Umweltsicherung müßte in Kosten und Preise eingebaut und durch den Markt selbst zur bestmöglichen Wirkung hin reguliert werden.

Weil Umwelt heute weitgehend als res nullius, als herrenloses Gut gilt, das sich jeder aneignen kann, weshalb es »nicht marktfähiges Gut« ist, wird der Gebrauch und der Verbrauch von Umweltteilen nie als konsumiertes Rohmaterial den Produktionskosten zugerechnet. Die Vorstellung, daß die Verschlechterung von Luft und Wasser nichts kostet, ergibt sich mit verheerender Logik aus deren fehlender Marktfähigkeit. Daß sie als Mangelgüter Wirtschaftsgüter sind, also in die Betriebsrechnung auf der Kostenseite einzugehen haben, verlangt nicht weniger als eine ganz neue Konzeption der Begriffe »Wirtschaft« und »Umwelt«. Man wird Wirtschaft, die üblicherweise als sparsame Verwendung knapper Güter zum Zweck größten Nutzens verstanden wird, auf die Verwendung der Umwelt ausweiten, respektive Umwelt als knappes und daher der wirtschaftlichen Verwendung bedürftiges Gut zu verstehen haben. Der Käufer von Frischluft und reinem Wasser wäre dann der Produzent, der zu Lasten der Preise oder Gewinne für dieses öffentliche Gut zu zahlen hätte. Sein Verkäufer wäre die Nation, die Risikogemeinschaft als Eigentümerin dieser öffentlichen Mangelgüter, und sie hätte für sie entsprechende Preise oder Tarife festzulegen. Diese »kostendeckenden Preise« für Luft-, Wasser- und Bodengebrauch könnten, selbstredend mit zunehmenden Sicherungsmaßnahmen der Produzenten, degressiv sein. Je bessere Kläranlagen eine Fabrik selbst finanziert, um so weniger wird sie Wasser verschmutzen und um so billiger könnte es ihr angeboten werden. Andererseits hätten die größten Wasser- und Luftverpester, die sich durch Einsparung von Sicherungstechniken Kostenvorteile gegenüber der Konkurrenz verschaffen wollen, für die öffentlichen Mangelgüter Prohibitivpreise zu bezahlen.

Im Hinblick auf Umweltverderbnis und Umweltschutz ist das heutige Preissystem völlig verzerrt. Umweltschädigende Produktionen bieten ihre Waren gegenüber umweltneutralen zu billig an, eben weil ihnen aus dem Mißbrauch der Umweltgüter keine Kosten erwachsen. Diese hat die Gesellschaft durch Sanierungsmaßnahmen zu tragen, und hier wird die Risikogemeinschaft zur Unrechtsgemeinschaft.

Aber diese Preisverzerrung führt nicht nur zur sozial ungerechten Verteilung der Kosten für den Umweltschutz. Hinzu kommen sehr weitreichende ökonomische Folgen. Denn durch solche gesellschaftlich falsche Preissignale entsteht bei den Konsumenten ein positives Vorurteil für die scheinbare Preisgünstigkeit umweltschädigender Produkte, weil die gesellschaftlichen Kosten der Abfallentfernung aus der Biosphäre nicht in Anschlag gebracht werden. Schließlich fördert das geltende umweltgleichgültige Preissystem die Inaktivität der Forschung im Hinblick auf die Entwicklung umweltgerechterer Technologien. Warum sollte auch die Industrie kostspielige Entwicklungsarbeiten in dieser Richtung finanzieren, solange sie mit ihren heutigen Techniken praktisch kostenlos die Umwelt ver-

schmutzen darf, wenn sie nur Wachstum und Wohlstand fördert? Hier versagt das geltende Preissystem als Anreiz für umweltgerechte Produktionsformen. Auch bleibt zu bedenken, daß nur eine Belastung der Produktion (und indirekt des Konsums) mit den Kosten für verbrauchte Umweltreserven die Wiedergewinnung von Abfallstoffen durch wirtschaftlichen Kreislauf unter Umständen kostengünstig machen und damit die unternehmerische Bereitschaft für solchen Umweltschutz durch Abfallminimierung anreizen kann.
Denn die Technologie wurde zwar bisher ohne Rücksicht auf ihre umweltlichen Wirkungen eingesetzt. Aber es liegt keineswegs in ihrem Wesen, Umwelt zu zerstören. Sie kann ebensogut die Umwelt schonen und sanieren, es ist der Mensch, der sie zum Heil oder Unheil seiner Biosphäre machen kann. Ohne Zweifel kann er Techniken entwickeln, die luft-, wasser- und bodenschonend sind. Es müssen nur der Forschung Mittel und Anreize geboten und die ganzen gesellschaftlichen Verhältnisse auf umweltbewußte Techniken umstrukturiert werden. Dann wird sich wie schon so oft erweisen, daß der Mensch tut, was er kann, sein Können muß nur mit seinem Sollen übereingestimmt werden. Fortschritt der Wirtschaft bedeutet nicht zwangsweise Gefährdung des Planeten.
Selbstredend brächte eine umweltorientierte Strukturänderung des Preis-Kosten-Gefüges Veränderungen auf dem Markt hervor, die ganze Problembündel sind. Der Wiener Kongreß der Internationalen Handelskammer verwies auf die internationalen Handelshemmnisse und neue nichttarifarische Import-Export-

Belastungen, die sich ergeben könnten, wenn die Kosten des Umweltschutzes, die der Produktion auferlegt werden, nicht multilateral geregelt würden. Das stimmt. Bei fehlenden internationalen Vereinbarungen könnten Exporte Kostenbelastungen und Importe technische Auflagen für den Umweltschutz zu fühlen bekommen. Verzerrungen des Wettbewerbs, Umlenkung von Handelsströmen, wirtschaftliche Barrieren für den internationalen Austausch, der seit Jahrzehnten um seine Liberalisierung kämpft, wären denkbar.

Aber das wäre kein beispielloser Fall. Würden umweltschädigende Produkte von der Einfuhr ausgeschlossen, dann hätte das seine Präzedenz in dem Einfuhrverbot für Geräte, die nationalen Sicherheitsvorschriften nicht entsprechen. Würden der Exportwirtschaft die Kosten des Umweltschutzes auferlegt, ohne internationale Abkommen abzuwarten, so täte der Staat auch nichts anderes als damals, als er von der Wirtschaft die Lohnnebenkosten verlangte und damit Wettbewerbsverzerrungen schuf, die sich aus der sehr ungleichen Sozialbelastung der nationalen Wirtschaften als »außertarifarische Handelshemmnisse« ergaben.

Zweifellos können Exportkostenbelastungen ohne deren Neutralisierung durch gleiche Maßnahmen im Abnehmerland eine Handelsbilanz passivieren, im Extremfall Betriebe unrentabel machen oder doch deren Investitionsmittel verringern. Es kann auch durch Kosten- und Preiserhöhungen zugunsten des Umweltschutzes der säkulare Inflationstrend neuen Impuls bekommen, oder, wenn die Löhne hinter den Preisen zurückbleiben, durch Konsumverminderung eine Deflationsschraube in Bewegung gesetzt werden.

Gegen alle diese negativen Nebenwirkungen einer biologischen Umorientierung der Wirtschaft gibt es freilich Absicherungen im Marktsystem. Sie werden in den gemischten Wirtschaftsordnungen, die heute im Westen allgemein sind, im Zusammenwirken von Regierung, Wissenschaft und Wirtschaft durchaus zu entwickeln sein.

Widerstand, heftigster Widerstand breiter Wirtschaftskreise gegen neue Wohlfahrtsauflagen ist zunächst zu erwarten. Denn der Betriebswirt wird nichts so rasch verstehen wie seine Kostenbelastung, und viele Interessenverbände werden zum Schutz ihrer Mitglieder aktiv werden, wenn sie nur die kurzfristigen Wirkungen solcher Neuordnungen in Rechnung stellen. Dieser Widerstand wird sich überwinden lassen, wenn nicht daran gedacht wird, den Marktmechanismus durch Dirigismen zu blockieren oder einzelne Umweltverschmutzer gegenüber anderen zu diskriminieren. Es muß verdeutlicht werden, daß der Begriff der sozialen Wohlfahrt bis zur biologischen erweitert werden muß und daß die Kosten des Umweltschutzes in das ganze Preis- und Kostengefüge marktkonform einzubauen sind.

Auf keinen Fall wird die Umweltsanierung in einem einzigen Sprung zu erreichen, sondern eine stufenweise Annäherung an den Optimalzustand sein. In diesem Prozeß hat der Staat sehr weitreichende Möglichkeiten, unter Bedachtnahme auf die Bedingungen der Marktwirtschaft ausgleichend im Sinne der Wettbewerbsneutralität zu wirken, indem er durch steuer-, kredit- und subventionspolitische Maßnahmen dort eingreift, wo die Kostenbelastung durch Umweltschutz für einzelne Wirtschaftszweige ruinös wäre.

In gleicher Weise hätte der Staat finanzschwachen Gemeinden beim Bau von Klär- und Müllverbrennungsanlagen Unterstützung zu gewähren, was vielleicht sogar eine Neuordnung des Finanzausgleichs verlangen kann. Aber was immer geschehen mag, es wird ohne tiefste Eingriffe in das Budget-, Steuer-, Tarif- und Preissystem nicht abgehen.

Richtig sagte an dem Züricher Symposion »Schutz unseres Lebensraumes« der Präsident des Schweizerischen Wirtschaftsrates: »Die globale Klage über die Industrialisierung geht an der Sache vorbei. Der Wunsch nach einer Kombination aller Vorteile unserer Zivilisation mit all den schönen Dingen aus der guten alten Zeit ist illusorisch und eine rückwärtsgewandte Utopie.« Mit Recht warnte er vor jener Skepsis gegenüber der Technik, »die zwar die Gefahren sieht, aber deswegen kaum weiterhilft, weil sie diejenigen auf die Anklagebank setzt, um deren Mitarbeit es ginge«.

Tatsächlich sollten Technik und Wirtschaft weniger angeklagt, als zur Sanierung der Umweltsünden der ganzen Industriegesellschaft mobilisiert werden. Beide stehen vor einer ungeheuren Herausforderung, auf die sie antworten müssen. Sie müssen es, damit sie nicht durch ihre Passivität den Staat herausfordern, mit seinen eigenen herrschaftlichen Mitteln dirigistisch zu antworten. Die Staaten ihrerseits stehen vor der politischen Aufgabe, auf internationaler Ebene die Bedingungen für synchronisierte Schutzmaßnahmen der nationalen Wirtschaften zu schaffen. Diese Internationalisierung der biologischen Sicherung der Menschheit hat die heute noch längst nicht genügend erkannte Priorität unter allen zwischenstaatlichen Abkommen. Bis heute gibt es noch keine ausreichende internationale Regelung umweltgerechter Wasserverwendung. Und doch ist als Folge der Gewässerverschmutzung das Wasser drauf und dran, in den Industrieländern ein Mangelgut zu werden. Ja schon gibt es Stimmen, die dem Export sauberen Wassers eine große Zukunft voraussagen. Österreich und die Schweiz, im Besitz des europäischen ›Wasserschlosses‹, könnten einmal in der Wasserversorgung unseres Kontinents eine Schlüsselstellung einnehmen, wenn, ja wenn sie mit ihrer eigenen Gottesgabe schonend und das heißt wirklich wirtschaftlich umgehen wollten.

Die Weltbevölkerung wird sich bis zum Jahre 2000 verdoppeln, und der Wasserverbrauch pro Kopf wird mit dem Wohlstand steigen. Hinzu kommt, daß die zunehmenden Ansprüche der Weltbevölkerung an Nahrung sowohl die Bewässerung von Trockengebieten wie die Nahrungsgewinnung aus dem Meer erforderlich machen werden. Doch derzeit wird das Wasser weiter bedenkenlos verschmutzt und damit Raubbau an diesem biologisch unentbehrlichen und höchst begrenzten Gut getrieben, als wäre sein Vorrat unerschöpflich.

In ihrem Memorandum, mit dem die schwedische Regierung die UNO-Umweltkonferenz von 1972 in Stockholm angeregt hat, hieß es: »In vielen Fragen haben die Mitgliedstaaten der UNO verschiedene Auffassungen. In der Frage der Erhaltung und Verbesserung der Umwelt kann man auf Einigkeit hoffen.«

Kann man es wirklich? Die bisherige Geschichte der internationalen Umweltstrategie warnt vor allzu großem Optimismus.

Die Kunst des Möglichen

»Ich will die Zustände nicht dramatisieren. Aber nach den Informationen, die mir als Generalsekretär der Vereinten Nationen zugehen, haben nach meiner Schätzung die Mitglieder dieses Gremiums noch etwa ein Jahrzehnt zur Verfügung, ihre alten Streitigkeiten zu vergessen und eine weltweite Zusammenarbeit zu beginnen, um das Wettrüsten zu stoppen, den menschlichen Lebensraum zu verbessern, die Bevölkerungsexplosion niedrig zu halten und den notwendigen Impuls zur Entwicklung zu geben. Wenn eine solch weltweite Partnerschaft innerhalb der nächsten zehn Jahre nicht zustande kommt, so werden, fürchte ich, die erwähnten Probleme derartige Ausmaße erreicht haben, daß ihre Bewältigung menschliche Fähigkeiten übersteigt.«

So sah U Thant schon 1969 die Lage der Welt. Doch ehe auf internationaler Ebene wirklich wirksame und koordinierte Maßnahmen zur Umweltsicherung erwartet werden dürfen, wird man sich Klarheit darüber schaffen müssen, wie groß die akuten Umweltgefahren wirklich sind. Ein bemerkenswerter Zufall wollte es, daß drei Jahre nach den Warnungen des damaligen Generalsekretärs der UNO zwei Bücher aus angelsächsischen Quellen praktisch zur gleichen Zeit erschienen, deren eines höchst alarmierend U Thants Warnungen wissenschaftlich untermauert, das andere

aber ihm widerspricht und Umweltängste beschwichtigen will.
In dem einen Buch will John Maddox zeigen, »warum Kassandrarufe niemanden um die Nachtruhe bringen müssen«[48] und polemisiert gegen jede Art von ökologischer Katastrophenstimmung und Endzeitprophetie. Nach seiner Überzeugung geht man in der Annahme fehl, »daß immer der schlimmste Fall eintritt; die Pessimisten lassen völlig außer acht, daß die gesellschaftlichen Einrichtungen und menschliches Streben gemeinsam auch die hartnäckigsten Probleme aus der Welt schaffen können«.
Sie können es tatsächlich, wenn sie auf die richtigen Ziele konditioniert werden, und ebenso tatsächlich ist es ein Grundfehler so vieler futurologischer Extrapolationsrechnungen, die unberechenbare Freiheit menschlichen Verhaltens nicht zu berücksichtigen, das passiv bleiben kann, wie es das allzu lange in Sachen des Umweltschutzes war, oder sich zur Umweltsanierung aktivieren kann. Weil das bis heute bei weitem nicht genügend geschehen ist, entstand das, was Maddox das »Weltuntergangssyndrom« nennt, das »allen anderen Gefahren, die sich die Gesellschaft selbst bereitet hat, an Gefährlichkeit kaum nachsteht«. Mit vielen Vorwürfen, die der Autor den Weltuntergangspropheten macht, ist er unzweifelhaft im Recht. So, wenn er wünscht, daß ihre Anliegen »besser auf Tatsachen begründet wären, einen besseren Sinn für geschichtliche Perspektiven, ein Gespür für Wirtschaftsfragen und weniger Gefühlsduselei aufwiesen«. Auch der Vorwurf, daß übermäßige Befassung mit Schreck-

nissen einer fernen Katastrophe die Aufmerksamkeit von dem ablenkt, was man heute tun könnte, hat in gewissen Grenzen seine Richtigkeit.

Dieser Polemik mag man folgen, so weit sie sich gegen gewisse populäre Zukunftsliteratur richtet, die oft mit sehr groben Vereinfachungen und unter Sensationstiteln operiert. Die Vorwürfe, die Maddox gegen ökologische Autoren erhebt, reichen jedoch nicht an die wissenschaftliche Literatur heran, und selbst die seriösesten Untersuchungen kommen zu alarmierenden Ergebnissen. Für Maddox zeigen sie aber nur, »daß ihre Urheber kein Vertrauen zu Ingenieuren haben«. Jener technologische Optimismus, den Maddox zur Schau trägt und der ihn davon überzeugt, daß jeder technische Schaden der Biosphäre allezeit mit technischen Mitteln sanierbar ist, hat keine wissenschaftliche, sondern nur eine emotionelle Basis, und mit Recht stellt der Autor schon im ersten Satz seiner Arbeit fest: »Dieses Buch ist kein gelehrtes Werk, sondern eine Beschwerde.«

Es ist Beschwerde eines in seinem Zukunftsvertrauen gekränkten Zeitgenossen an die Adresse aller, die seinen Optimismus nicht teilen. Zu ihnen zählt Dennis Meadows, dessen Bericht des Club of Rome zur Lage der Menschheit[49] internationales Aufsehen gemacht hat. Seiner Untersuchung ging es um diese Fragen: Wieviel Zeit bleibt der Menschheit, ihre Umweltprobleme zu lösen? Welche Mittel besitzt sie dazu? Was kostet ihre Anwendung? Berechnungen der exponentiellen Wachstumsraten und ihrer Kollision mit den natürlichen Wachstumsgrenzen ergaben ein schockierendes Bild der ökologischen Gefahren und der Unausweichlichkeit freiwilliger Wachstumsbeschränkungen zur Herstellung eines Gleichgewichts durch Stabilisierung der Bevölkerungszahl und des Kapitalvolumens. Meadows schreibt: »Es läßt sich noch kaum etwas über die praktischen Schritte aussagen, die zur Erreichung eines weltweiten Gleichgewichtszustandes unternommen werden könnten. Ehe ein Teil unserer Gesellschaft freiwillig diesen Weg beschreitet, sind sehr viel weitergehende Diskussionen und Analysen erforderlich, und viele Menschen müssen noch neue Ideen beitragen. Um die Übergangsphase in den Griff zu bekommen, sind noch sehr viel mehr Informationen und Daten erforderlich. So seltsam es auch klingt: Wenn man nichts unternimmt, diese Probleme zu lösen, geschieht tatsächlich doch sehr viel. Jeder Tag weiterbestehenden exponentiellen Wachstums treibt das Weltsystem näher an die Grenzen des Wachstums. Wenn man sich entscheidet, nichts zu tun, entscheidet man sich in Wirklichkeit, die Gefahren des Zusammenbruchs zu vergrößern. Wir können nicht mit Sicherheit vorhersagen, wie lange der Mensch die Kontrollmaßnahmen gegen das Wachstum noch hinausschieben kann, ehe er die Möglichkeit dazu verliert.«[50]

An Einwänden gegen diese Arbeit fehlt es nicht. Die Begrenztheit variabler Größen in einem Weltmodell könne deren tatsächlicher Unzahl und ihren Wechselwirkungen nicht gerecht werden, weshalb durch die fünf Hauptvariablen allein: Bevölkerung, Rohstoffe, Umweltverschmutzung, Nahrung und Industrialisierung die künftigen Veränderungen nicht exakt erfaßbar seien. Auch die unberechenbaren Fortschritte des Wissens seien unberücksichtigt geblieben und damit die nicht vorhersehbaren Möglichkeiten der Menschheit, in den Veränderungsprozeß sanierend einzugreifen, also etwa im Zuge des technischen Fortschritts verknappende Rohstoffe durch Kunststoffe zu substituieren. Schließlich sei die Datenbasis zu schmal, insbesondere sei die Menge der Rohstoffreserven nicht genügend bekannt.

Aber ziemliche Einstimmigkeit besteht darüber, daß dieser Bericht schon deshalb wertvoll sei, weil er den exponentiellen Charakter der gesellschaftlichen Wachstumsprozesse deutlich macht und deren Begrenzung durch ein geschlossenes und endliches System zum Bewußtsein bringt. Das ist eine Tatsache, die trotz ihrer lebensentscheidenden Bedeutung für die Gattung und ihre schon nächste Zukunft von der praktischen Politik nicht beachtet wird. Die Bedeutung dieses Berichtes liegt auch darin, daß er aufzeigt, um wieviel mehr die Umweltkrise ist, als nur eine leicht zu behebende Nebenerscheinung der industriellen Produktionsweise, und wie fehlorientiert die politischen Anschuldigungen gegen die »Profitgier« der Marktwirtschaft und die Hoffnungen auf Umweltschonung durch Staatswirtschaft sind.

Der Bericht kommt zu diesem Schluß: »Unsere gegenwärtige Situation ist so verwickelt und so sehr Ergebnis vielfältiger menschlicher Bestrebungen, daß keine Kombination rein technischer, wirtschaftlicher oder gesetzlicher Maßnahmen eine wesentliche Besserung bedeuten kann. Ganz neue Vorgehensweisen sind erforderlich, um die Menschheit auf Ziele auszurichten, die an Stelle weiteren Wachstums auf Gleichgewichtszustände führen. Sie erfordern ein außergewöhnliches Maß von Verständnis, Vorstellungskraft und politischem und moralischem Mut. Diese große Aufgabe ist eine Herausforderung unserer Generation. Sie darf nicht der nächsten überlassen werden. Zweifellos wird das Einschlagen neuer Wege für die Menschheit eine langfristige gemeinsame Planung und aufeinander abgestimmte internationale Maßnahmen in einem bisher unbekannten Ausmaß erforderlich machen.«[51]

Das schreibt sich so einfach hin, und doch setzt eine solche Umorientierung der wirtschaftlichen Aktivität nicht weniger als eine Umerziehung des Wohlstandsmenschen voraus, die praktisch alle seine sozio-ökonomischen Vorstellungen in Frage stellt und durch völlig andere ablöst. Der seit Jahrhunderten fixierte Zusammenhang zwischen ökonomischer Leistung und materiellem Lebensstandard soll keine Gültigkeit mehr haben, Statuskonsum, Wegwerfwirtschaft, Wachstumsanbetung und Fortschrittsfetischismus müssen neu überdacht, ja selbst preisgegeben werden, und das alles zu Gunsten einer mondialen Solidarität zwischen den Nationen, deren Zurückgebliebene auf das Niveau der Fortgeschrittenen gehoben werden wollen und sollen.

Wie die Dinge heute liegen, scheitern die meisten Vorschläge für eine internationale Kooperation im Umweltschutz schon daran, daß die ungleichen wirtschaftlichen Standards der Völker gleiche Maßnahmen zur Umweltsicherung nicht zulassen. Unterentwickelte

Länder, die noch weitgehend Bauernwirtschaft haben, haben kleinere, jedenfalls andere Umweltprobleme als die hochentwickelten Industriestaaten. Sambia mit einer Bevölkerungsdichte von 4,6 Menschen auf den Quadratkilometer und Äthiopien mit einer städtischen Bevölkerung von 8 Prozent sind hinsichtlich ihrer Umweltprobleme nicht mit Japan zu vergleichen, das eine Bevölkerungsdichte von 266 Menschen pro Quadratkilometer und 68 Prozent Stadtbevölkerung hat. Entwicklungsländer werden etwa dann, wenn für sie die Erntesicherung und Malariabekämpfung Priorität haben, zur Beschränkung der Verwendung von DDT nicht zu gewinnen sein. Sie werden auch, wenn ihre wenigen Industrien und ungefährdeten Sauerstoffreserven keine aktuellen biologischen Probleme aufwerfen, ihre Wirtschaften im bloßen Interesse internationaler Solidarität kaum mit Luftschutzkosten belasten.

Denn es ist nicht zu vergessen, daß die biologischen Schutzmaßnahmen für die Wohlstandsländer leichter finanzierbar sind als für die Armutsländer, die noch auf Entwicklungshilfe angewiesen sind und diese für unmittelbares Wirtschafts- und Wohlstandswachstum einsetzen müssen. Zwar ist, wie gezeigt wurde, der Wohlstand der größte Umweltverschmutzer, doch hat er auch die größten Möglichkeiten der Umweltsanierung. Kenia oder Paraguay, deren Bruttonationalprodukt pro Kopf etwa 200 Dollar jährlich beträgt, haben weder soviel Umwelt verschmutzt, noch so viele Mittel für Umweltschutz wie die USA. Länder in Entwicklung, die unter anderen ökonomischen und sozia-

len Bedingungen leben als die Industrieländer, werden auch in der internationalen Politik des Umweltschutzes sehr anders operieren wollen.
Die Situationsunterschiede zwischen ihnen und den hochindustrialisierten Ländern werden dann, wenn von ihnen Umweltschutz im Interesse internationaler Solidarität gefordert wird, zu Solidaritätsforderungen der Unterentwickelten an die Industrieländer führen. Der Syndrom Umweltschutz wird in den Problemkomplex Entwicklungshilfe hineingetragen werden, wie das schon an der Wiener Konferenz der Internationalen Handelskammer im April 1971 geschah. Damals nahm der Vertreter Indiens die Umweltdiskussion zum Anlaß, von den Industrieländern mehr Kapital, mehr technische Hilfe und mehr Handelserweiterung zu verlangen, um technologische Lücken zu schließen. Was mit einer Diskussion des internationalen Umweltschutzes begonnen hatte, endete mit Anklagen gegen den »technischen Kolonialismus« der Industrieländer durch den Präsidenten der indischen Kammer für Handel und Industrie; das läßt für weitere Verhandlungen nichts Gutes erwarten. Die Menschheit ist zwar daran, in ihrem Abfall zu erstikken, aber offenbar noch nicht bereit, ihre Abfallprobleme rational und das heißt ohne Vorbelastung durch Macht- und Prestigepolitik zu diskutieren. Einen entscheidenden Part in allen den mißtönenden Konzerten der Nationen spielt ihr »friedlicher Wettkampf mit den Mitteln der Industrie«. Wie sollten Moskau, das die industrielle Überholung der USA zu seinem Wachstums- und Prestigeziel gemacht hat, oder Wa-

shington, das seinen nationalen Ehrgeiz in die Erhaltung seiner führenden Industrierolle setzt, leicht bereit sein, ihrem industriellen Expansionismus im Interesse des Umweltschutzes Schranken aufzuerlegen? Aber immer noch weiter. Schon ist auch der Vorwurf erhoben worden, die kapitalistischen Staaten spielten das Umweltproblem bloß deshalb hoch, um durch den Kampf um die Biosphäre von dem wichtigeren Klassenkampf gegen wirtschaftliche Ausbeutung abzulenken.

Schließlich ist noch die reichlich undurchsichtige Rolle zu bedenken, die von den militärisch-industriellen Komplexen und den großen multinationalen Wirtschaftsimperien gespielt wird, die von Maßnahmen für Umweltschutz direkt in ihren Bilanzen betroffen werden. Man macht sich von der Größe und der Einflußmöglichkeit derartiger Weltunternehmungen meist nicht genügende Vorstellungen und scheut den Vorwurf »antikapitalistischer Umtriebe«, wenn man das Interesse dieser Mammutgebilde am ungestörten »business as usual« in Erinnerung bringt. General-Motors, dessen Jahreserlös die Budgets fast aller kleinen und mittleren Staaten bei weitem überschreitet, ein Unternehmen, das 700 000 Menschen in den USA, in Südamerika, Australien, Europa und Asien beschäftigt und Lohnsummen auszahlt, die doppelt so groß sind wie die Einkommen der ganzen Arbeiterschaft Irlands; die Standard-Oil mit 100 000 Angestellten und einer Tankerflotte von 6 Millionen Tonnen, das sind, wie ein US-Autor richtig schrieb, Firmen mit Einflußmöglichkeiten, die jenen eines Staates gleichkommen, ja sie oft genug übertreffen, als Machtgebilde sind sie »Staaten«.

Welche Macht sie tatsächlich ausüben können, zeigten 1972 die Enthüllungen der politischen Rolle, welche die International Telephon and Telegraph (ITT) mit ihren 7 Milliarden Dollar Kapital, 300 Tochtergesellschaften in 70 Ländern und 300 000 Beschäftigten gespielt hat, als es in Chile um die Wahl des Präsidenten ging und dieser multinationale Konzern gegen den Sozialisten Allende intrigierte. Dieser gleichen ITT wurde 1973 vorgeworfen, die Nazirüstung mitfinanziert zu haben, und nicht nur der IBFG (Internationaler Bund freier Gewerkschaften), sondern selbst die Unctad, die Un-Weltwirtschaftsorganisation hat 1973 vor dem Machtmißbrauch dieser Wirtschaftsgiganten gewarnt.

Es gibt sehr seriöse Prognosen, die vorhersagen, daß es binnen 10 Jahren 60 multinationale Wirtschaftsimperien geben wird, die das Schicksal der westlichen Welt bestimmen werden. Ihr Einfluß auf die Politik wird entscheidend sein, entscheidender jedenfalls als der von kleineren und mittleren Staaten. Höchst unwahrscheinlich, daß diese wirtschaftlichen Mächte, die bei den Regierungen so gut vertreten sind, darauf verzichten werden, ihre Vorstellungen über die richtige Wirtschaftspolitik bei Umweltkonferenzen durch ihre »Gesandten«, die Lobbyisten deutlich, obschon diskret zur Geltung zu bringen, indem sie alle politischen Reizworte: Prestige, Souveränität, Führungsrolle, rote Gefahr, für ihre Interessen mobilisieren.

Am 10. August 1970 ließ sich Nixon in seinem ersten

Jahresbericht über die Arbeit des Rates für Umweltschutz so in seiner Adresse an den Kongreß vernehmen: »Wenn es um Umweltschutz geht, müssen wir lernen, nicht die Natur, sondern uns selbst zu beherrschen, unsere Einrichtungen und unsere Technologie. Wir müssen ein neues Bewußtsein unserer Abhängigkeit von der Umwelt entwickeln, die jedes Leben trägt. Aber dieses Bewußtsein verlangt seine Verbindung mit der vollen Kenntnis unserer enormen Möglichkeiten, die Umwelt zu verändern. Nirgends ist diese Fähigkeit größer als in den USA, und dieses Land muß führend sein, wenn es darum geht zu zeigen, daß unsere menschlichen und technologischen Reserven für ein besseres Leben und eine gesündere Umwelt eingesetzt werden können.«

Besser kann man gar nicht sprechen, und wenn die Taten auch nur annähernd an das moralische Niveau dieser Worte herankämen und gleiche moralische Tatbereitschaft in allen anderen Ländern fänden, dann dürfte man der Zukunft getrost entgegensehen. Aber man darf es nicht. Zwar wäre es böser Wille, in dieser Deklaration des US-Präsidenten nicht mehr als unverpflichtende Deklamation zu sehen, aber wie leicht selbst der beste Wille eines einzelnen Machthabers der Welt an der Macht weltpolitischer Tatsachen scheitern kann, zeigt die ganze Kluft zwischen »promise and performance«, Worten und Taten. Es ist ein »credibility gap«, eine Glaubwürdigkeitslücke, die weit davon entfernt ist, geschlossen zu werden.

Es kann als eine der wenigen gesicherten Erkenntnisse der langen Umweltdiskussion gelten, daß das materielle Wachstum der Produktion und des Lebensstandards nicht mehr lange fortgesetzt werden kann, ohne die Umweltverschmutzung über die kritische Grenze hinauszutreiben. Deshalb verlangt der bereits zitierte Bericht des Club of Rome über die Lage der Menschheit, daß das Wachstum sich auf jene Bereiche zu beschränken hätte, die keine großen Mengen unersetzbarer Rohstoffe benötigen oder Schadstoffe freisetzen und den Lebensraum belasten. Mit einem Satz: die ökologische Lage der Menschheit verlangt, den Fortschritt zu überdenken, zwischen seinen Werten und Gefahren zu unterscheiden und dort, wo es nötig ist, zu bremsen oder sogar den Rückwärtsgang einzulegen, damit umweltschädigende Aktivitäten gestoppt oder doch zumindest minimiert werden. In dieser Umwertung des Fortschritts sieht der Wiener Kardinal die große Chance des Christentums. Die neue Rolle der Naturwissenschaften, die von Motoren des technischen Fortschritts sich allmählich zu dessen Bremsen verwandeln, indem sie immer lauter vor seinen unbedachten Folgen warnen, sei ein Anruf, das unbegrenzte geistig-moralische Wachstum anstelle des materiellen zu intensivieren, das sich seiner ökologisch vertretbaren Grenze gefährlich nähere.

Die Menschheit steht an einem Wendepunkt. Sie kann die zweite industrielle Revolution bis zur Vernichtung ihrer Gattung weitertreiben. Sie kann aber auch durch eine dritte industrielle Revolution die Versöhnung von Technologie und Ökologie erreichen. Nach so vielen Vorarbeiten der Wissenschaften und all den Diskussionen der Wirtschaft hat die Politik das entscheidende

Wort, das endlich System in die internationale Umweltstrategie bringen müßte.

Aber auf dieses Wort wird die Welt nicht warten können, ohne unwiederbringliche Zeit zu verlieren. Es genügt schon, sich an das Schicksal der Genfer Abrüstungskonferenz zu erinnern, die – nach Vorbereitungen, die bis auf 1926 zurückreichen – am 15. März 1962 begonnen und am 11. März 1971 ihre 500. Sitzung erlebt, aber nur den Entwurf eines neuen »Arbeitsprogramms« zustande gebracht hat. Und dies, obschon bei weitem nicht alle Staaten der Welt, sondern nur rund zwei Dutzend Konferenzteilnehmer sind.

Wenn eine militärische Abrüstungskonferenz in Zeiten des Rüstungswettkampfs so verläuft, was darf man sich dann von einer industriellen Abrüstungskonferenz in der Zeit eines Industriewettkampfes um die wirtschaftliche Vormachtstellung in der Welt erhoffen? Was können Politiker leisten, die ein Problem zu behandeln haben, das nicht nur grenzüberschreitend ist, sondern selbst die UNO-Grenzen überschreitet? Es ist ein Problem, das nach einer Übereinkunft ruft, welche die ganze Menschheit verpflichten müßte, unabhängig von nationalen Ideologien, gesellschaftlichen Systemen und Entwicklungsstufen.

Aber wenn sich aus den bisherigen politischen Kontaktnahmen der Staaten für den Umweltschutz überhaupt etwas lernen läßt, so ist es die ungeheure Komplexität des Themas, in das Fragen hineinspielen, an die der Mann von der Straße nicht einmal denkt, wenn er Umweltsicherung verlangt.

Schon das Problem der Souveränität erschwert alle Regelungen. Präzedenzfälle dafür, wie das Beharren auf staatlichen Hoheitsrechten überstaatliche Regelungen erschwert, liegen zur Genüge vor. Schon die teilweise Delegation von Souveränitätsrechten an den Haager Gerichtshof und die UNO hat nicht verhindert, daß sich weiterhin jeder Staat erbittert gegen »Einmischungen in die inneren Verhältnisse« wehrt, und auch die wirtschaftliche Integration Europas war jahrelang ein Hindernislauf über die Hürden nationaler Interessen und Souveränitätsvorbehalte. Die internationale Integration des Umweltschutzes wird nicht leichter werden.

Solange die Staaten darauf beharren, in ihrem Territorium unbeschränkte Herrschaftsrechte auszuüben, kann nichts die Bundesrepublik hindern, den deutschen Rhein zum Schaden Hollands zu verschmutzen, nichts Tirol, durch seine Abwässer den bayerischen Chiemsee zu verpesten, nichts Großbritannien, durch seine Abgase die skandinavische Luft zu gefährden, nichts die seefahrenden Nationen, die Weltmeere zu verölen, die in niemandes Eigentum sind und wo es jeder treiben darf, wie er will. Wie er will, es sei denn, man einige sich auf internationale Selbstbeschränkung dieses Willens.

Im Juni 1970 tagte eine vom »Center for the Study of Democratic Institutions« in Santa Barbara, Kalifornien, nach Malta einberufene Konferenz, die ein globales Abkommen über umweltgerechte Nutzung der Meere zustande bringen sollte. 200 Wissenschaftler und Diplomaten aus 45 Ländern nahmen teil, und die

Konferenz erhielt den Segen des Papstes und ein Grußtelegramm des UNO-Generalsekretärs. Aber Moskau und Peking glänzten durch Abwesenheit, und die Entwicklungsländer zeigten prinzipielles Mißtrauen, es könne sich hier um ein bloßes Ausbeutungsmanöver der Reichtumsländer handeln. Da eine internationale Regelung der Meeresnutzung selbstredend auch die Küstengewässer umfassen müßte, die als Territorialgewässer der nationalen Souveränität der Küstenstaaten unterliegen, tauchte sofort als Geist aus der Flasche die Souveränitätsfrage auf. Damit war das Ende der Konferenz besiegelt, noch ehe es formal gekommen war. Daß ein globales Regime unmöglich ist, solange die Politik vom Souveränitätsbegriff keine Abstriche gemacht hat, erwies sich wieder einmal mit aller Kraßheit. Der anfängliche Optimismus der in Malta versammelten Biologen, Ozeanographen, Meteorologen, Ökologen und Klimatologen machte sehr bald tiefster Enttäuschung Platz, als sie die so begrenzten Möglichkeiten ihrer Wissenschaften in einer Welt politischer Realitäten zu spüren bekamen. Die Konferenz endete, wie vorherzusehen war, mit dem Beschluß, einen Appell an die Welt zu formulieren, und zu diesem Zweck eine Kommission einzusetzen; und wenn sie nicht gestorben ist, formuliert sie noch heute.

Denn die wirklichen Akteure auf der internationalen Bühne der Ökopolitik sind Diplomaten, dazu erzogen und dafür bezahlt, die Staatsinteressen nach außen zu vertreten. Von ihrem Verständnis für die Staatsinteressen auf dem für sie völlig fremden Gebiet des Umweltschutzes hängt ihre Bereitschaft ab, kurzfristige Interessen zugunsten langfristiger, scheinbare im Dienste an wirklichen preiszugeben. Von diesen Diplomaten, die weder wirtschaftlich noch wissenschaftlich in Umweltfragen geschult sind, werden Entscheidungen verlangt, die sie einfach überfordern. Wenn sie Verträge über Umweltschutz nach den Mustern von Handelsverträgen mit dem Ziel des größten nationalen Nutzens behandeln, oder die internationalen Kontrollrechte im Lichte unnachgiebiger Souveränitätsverteidigung betrachten, dann kann man sich leicht die Ergebnisse solcher Umweltdiplomatie ausmalen. Der nationale Egoismus der Außenpolitik wird auf die Umweltpolitik transponiert und die Ökologie zu einer balance of powers werden.

Sinnvoll wäre es, wenn die Staaten ihren Auslandsvertretungen geschulte Umweltdiplomaten zuteilten. Solche Umweltattachés, die segensreicher wirken könnten als alle die Presse-, Handels-, Kultur-, Luftfahrt-, Militär- und Marineattachés und was da sonst noch an Zugeteilten die diplomatischen Vertretungen bevölkert, wären für ihre Aufgaben speziell zu schulen. Sie hätten nach wissenschaftlicher und wirtschaftlicher Sonderausbildung die Umweltmaßnahmen des Staates, in dem sie akkreditiert sind, zu beobachten und über sie an ihre Regierungen zu berichten. Sie hätten Kontakte mit den Vertretern einschlägiger Wissenschaften im Ausland herzustellen, die Presse auf Umweltberichte hin zu studieren, Umweltkongresse vorzubereiten, ihren Regierungen Vorschläge für internationale Vereinbarungen oder Forschungsauswertungen zu unterbreiten, kurz sie wären Fachleute im diplomatischen Dienst.

Daß dieser Vorschlag ins Leere gehen wird, ist so gut wie gewiß. Denn so lange sich die Diplomaten »auf den Zinnen der Menschheit« fühlen, wie in einer modernen »Technik der Diplomatie« zu lesen ist[52], wird man warten müssen, bis die Luftverpestung zu diesen Zinnen hochstinkt. So wird es wohl dabei bleiben, daß die Diplomatie die nationalen Souveränitätsrechte auch in Fragen des Umweltschutzes eisern verteidigt, wie es der Tradition entspricht. Auch dann, wenn sie von einer Regierung unbekümmert, weil in Notwehr, überschritten werden wie 1971 von der britischen, als diese ein Gesetz durchpeitschte, das sie berechtigt, selbst außerhalb der Territorialgewässer »notwendige Maßnahmen gegen Schiffe einzuleiten, die die Küsten des Vereinigten Königreichs zu verschmutzen drohen«. Nicht zu Unrecht nannte die Opposition dieses Gesetz legalisierte Piraterie und verkehrte den Satz »Britannia rules the waves« in »Britannia waves the rules«. Aber weder mit dem bemoosten Souveränitätsbegriff aus der Zeit Metternichs noch mit souveränitätsüberschreitenden Notwehrakten ist das internationale Umweltproblem zu meistern, sondern nur mit einer Anpassung des Souveränitätsrechtes an die Überlebensrechte der Menschheit und mit dem guten Willen aller Staaten, sich gegen das tödliche ›fall-out‹ der Zivilisation gemeinsam zu schützen.

Nicht zuletzt ist der Kompetenzwirrwarr, der zwischen den überregionalen Organisationen herrscht, daran schuld, wenn schon das Forum der Umweltdiskussionen umstritten wird. Für Fragen des Umweltschutzes erklären sich zuständig: die UNO und viele ihrer Sonderorganisationen wie UNESCO, WHO, FAO, ECE, daneben der Europarat, die EWG, die Organisationen der unterentwickelten Länder, die Internationale Handelskammer und viele andere Vereinigungen, Organisationen und Verbände, die schon früher erwähnt worden sind. Ordnung in diesem Kompetenzdschungel ist so wenig abzusehen, daß es als eine allen Umweltfragen vorgegebene Tatsache hinzunehmen ist, die durch National- und Gruppenegoismen wie durch bürokratische Expansionstendenzen geradezu zementiert wird.

Das vorbereitende Komitee der Stockholmer UNO-Umweltkonferenz von 1972 stellte fest, daß der Konferenzerfolg weitgehend von der Arbeit entsprechender Institutionen abhängig sei. In einem Dokument von 31 Seiten wurden die notwendigen Aktionen und Interaktionen der unzähligen bereits bestehenden Organisationen behandelt, nach dem Grundsatz, daß möglichst keine neue administrative Maschinerie geschaffen werden solle. In einem Zehn-Punkte-Programm entwarf das Komitee die Kriterien, nach denen die Aktivitäten der einzelnen Organisationen koordiniert werden sollten, und unterstrich die Schwierigkeiten, die sich daraus ergeben, daß von den notwendigen Maßnahmen die Gesellschaft auf allen ihren Ebenen betroffen wird. Was da über die Techniken regionaler Kooperation, die Methoden der Situationsbewertung und der Vorhersagen, die Normen der Untersuchungen, die interdisziplinäre Zusammenarbeit, die Ak-

tionsziele, den Nachrichtenaustausch, das Umweltmanagement, die Finanzierung der Programme und ihre Eingliederung in die Entwicklungshilfe breit dargelegt wurde, hob einen Zipfel des Schleiers, der über den Techniken internationaler Zusammenarbeit liegt.
So sind es also neben den Souveränitätsempfindlichkeiten und nationalen Wirtschaftsegoismen die bürokratischen Kompetenzverwirrungen, die eine Lösung der grenzüberschreitenden Umweltprobleme durch konzertierte internationale Aktionen so schwer möglich machen. Letztlich aber, und das wird zur schwerstwiegenden Gefährdung der ökologischen Situation, ist es die verhärtete Fehleinstellung der Wohlstandsmenschheit zu ihrer Wirtschaft und die daraus folgende Fehlorientierung des technischen Fortschritts.
Nun ist aber, wie in den ersten Kapiteln gezeigt wurde, diese Fehleinstellung die zeitgemäße Ausprägung von physischen und psychischen Dispositionen der Gattung, die auf die Zeit der Menschwerdung zurückreichen und urtümlichste Zukunftshoffnung, Daseinsangst und Glücksverlangen in modernen Formen ausdrücken. Das allmähliche Hinübergleiten des lebensnotwendigen struggle for life in den lebensbedrohenden struggle for better life läßt der Erwartung wenig Raum, der auf stetigen Fortschritt konditionierte Wohlstandsmensch werde seine biologisch gefährliche Aggression gegen die Natur, die einmal deren biologisch sinnvolle Indienstnahme war, ohne zwingendste Not – und das könnte leicht heißen: zu spät – korrigieren. Ganz im Gegenteil. Es ist nicht damit zu rechnen, daß in absehbarer Zeit solch eine fundamentale

Änderung des Menschheitscharakters eintritt, und es ist vor einem Utopismus zu warnen, der Hoffnungen auf rechtzeitige Selbstbesinnung der ganzen Wohlstandsgesellschaft weckt. Der Mensch ist, wie er ist, und Erwartungen, er könne in Bälde werden, wie er sein soll, sind der gerade Weg zu Enttäuschungen, die in Zukunftspessimismus, ja in Katastrophenprophezeiungen zu enden pflegen.

Eine umweltgerechte Wirtschaftsordnung verlangt nicht nur internationale Organisationen, die alle anderen gesellschaftlichen Ziele mit dem der biologischen Gattungssicherung übereinstimmen. Sie verlangt vor allem eine Umwertung von ökonomischen, sozialen, philosophischen, ja selbst religiösen Werten, die im jahrtausendelangen Kulturprozeß gewachsen und der Menschheit eingeimpft worden sind; solche traditionellen Werte werden nicht kurzfristig ökologischen Einsichten aufgeopfert werden.

Wie tief die Fehleinstellung der heutigen Menschheit zu ihrer Wirtschaft und Umwelt wurzelt, kann man doch schon daraus ersehen, daß sie im westlichen wie im östlichen Gesellschaftssystem die gleiche ist. Die technische Fortschrittsbegeisterung der Zentralverwaltungswirtschaft ruiniert die Biosphäre genauso wie die Marktwirtschaft; darüber wurde berichtet. Hier wie dort hat sich bis heute das Wissen nicht durchgesetzt, daß Umweltgüter knappe, also wirtschaftliche Güter und daher durchaus marktfähig sind. Die Folgerungen daraus müßten, würden sie konsequent gezogen, eine *dritte industrielle Revolution* auslösen, deren soziale, rechtliche und kulturelle Folgen, geschweige denn Kosten, sich heute noch nicht einmal absehen lassen. Sie werden gigantisch sein, weil die summierten Sünden zweier Jahrhunderte gutzumachen sind. Die früheren Profiteure unserer Umweltverseuchung können nicht mehr belastet werden, sie sind dort, wo nach frommem Glauben die Umwelt in jeder Hinsicht durch und durch gesund ist. Wir, ihre Nachfahren, haben mit dem Abfall zu leben und dafür zu zahlen, daß diese unvermeidliche Koexistenz biologisch erträglich bleibt. Weder der schon angedrohte Klassenkampf um die Verteilung der Kosten des Umweltschutzes noch Schutzmaßnahmen einzelner Industrien oder die Mobilisierung der Konsumenten gegen umweltbelastende Produktionen, wie dies in USA durch Frank Nader und die »Friends of the Earth« geschieht, können eine entscheidende Wende bringen. Das könnte nur die *koordinierte Zusammenarbeit von Produktion, Dienstleistung, Konsum, Regierung und internationalen Organisationen.*

Aber es wurde gezeigt, wie sehr die internationale Politik des Umweltschutzes mit den überkommenen Basiswerten und Leitzielen des sozialen und ökonomischen Systems zu rechnen hat; gezeigt, wie stark deren Verflechtung mit dem Kulturganzen ist und welcher umfassenden Umwertung traditioneller Kulturwerte es bedarf, um eine wirklich kausale und mondiale Umwelttherapie zu ermöglichen, die doch das Verhaltensmuster der ganzen Menschheit radikal verändern muß. Welche Resistenz aber selbst verbesserungsbedürftige Systeme gegen Eingriffe in sie mobilisieren, hat gerade in den letzten Jahren die Abwehrkraft der etablierten

Gesellschaft gegen die versuchte Systemänderung durch die Neue Linke gezeigt. Wo eine Ordnung organisch gewachsen ist, kann sie nur in sehr langer Evolution oder durch radikale Revolution umgeordnet werden. Für eine Umweltrevolution fehlt aber jede Möglichkeit, und es gibt auch kein Indiz dafür, daß sie vorbereitet wird. Also kann nur in langer, vielleicht generationenlanger Entwicklung eine Beeinflussung des sozio-ökonomischen Systems im Sinne verbesserten Umweltschutzes erwartet werden. Auch ist nicht zu vergessen, daß die Menschheit von ihrer Umwelt nicht nur die Bedingungen für Überleben, sondern für ein qualifiziertes Leben verlangt, ein Leben in Sicherheit, Gesundheit, Bildung, Information, Wohlfahrt und Wohlstand. Das alles sind soziale Ziele, die von der Umweltstrategie in Rechnung gestellt und mit dem Kampf gegen die Vergiftung der Biosphäre koordiniert werden müssen. Es sind Ziele, die eine Technophobie verbieten und die Einsicht verlangen, daß nicht die Technik, sondern nur ihre umweltgleichgültige Anwendung den Fortschritt in seine heutige Krise geführt hat. Der Aberglaube, Technik, weil wertneutral, verlange auch keine Wertausrichtung ihres praktischen Einsatzes, hat sich als verhängnisvoll erwiesen. Das ist unverkennbar geworden, seitdem die Machtmittel, die dem Menschen durch die Technik verliehen wurden, ausreichen, nicht nur die Natur zu zähmen, sondern sie zu zerstören und den Menschen von ihrem Herren zu ihrem Opfer zu machen. So warnen heute selbst besorgte Naturwissenschaftler vor dem tödlichen Irrtum, alles was neu sei, sei wünschenswert, sie mahnen, Vor-

und Nachteil jeder Innovation sei zu bedenken, der Fortschritt werde ohne solche Güterabwägung zum Fluch werden.

Nun war aber die Welt noch nie so sehr in Bewegung und die Gesellschaft noch nie so sehr Prozeß wie heute, und alles das Neue, das da hervorgefördert wird, nimmt den Menschen mit der Stabilität der Außenwelt auch die der Innenwelt und das Gefühl der Sicherheit. Diese innere Unsicherheit, die heute nicht einmal mehr in eine unfragliche kirchliche Geborgenheit flüchten kann, will gerade die fortschrittliche Wohlstandsmenschheit durch immer mehr Fortschrittlichkeit bekämpfen, die immer mehr äußere Instabilität erzeugt und damit das Gefühl der Lebensunsicherheit verstärkt.

Rettung wird von der Technik erwartet, die solche Rettung nie bringen kann, sondern das Leben, statt es nur zu entlasten und zu vereinfachen, auch störanfälliger und unsicherer macht, aber dem Menschen zu seiner zweiten Natur geworden ist. So wird man eine kausale Umwelttherapie, die die Wurzeln des Übels bekämpft, noch lange vergeblich erwarten und sich zunächst mit Symptombehandlungen bescheiden müssen, weil schon sie ein beachtlicher Fortschritt gegenüber jener Umweltgleichgültigkeit sind, die noch vor drei Jahrzehnten allgemein war.

Es ist unsinnig, einen Umweltpurismus zu verlangen, ein System totalen Schutzes der Biosphäre, das bei dem materiellen und kulturellen Standard der Menschheit nicht zu realisieren ist. Solcher perfektionistischer Utopismus lähmt viel zu oft jene Kräfte, die bereit und fähig wären, sich für Teilleistungen zu engagieren. In einem Satz: jede Gemeinde, die eine Kläranlage baut, und jede Schulklasse, die ein Bachufer säubert, hat für den Umweltschutz mehr getan als jene, die tatenlos von ihm vollen Perfektionismus verlangen, der einen heute nicht erreichbaren Konsens zwischen staatswirtschaftlichem Osten, privatwirtschaftlichem Westen, hochindustrialisiertem Norden und entwicklungsbedürftigem Süden voraussetzt. Dennoch haben auch die Perfektionisten durch ihre Katastrophenwarnungen weit mehr gefördert als nur das »Geschäft mit der Angst«. Sie waren es, denen das heutige Umweltbewußtsein der breiten Öffentlichkeit zu verdanken ist.

Weil eine Wiederherstellung des ursprünglichen Naturzustandes in einer Industriegesellschaft undenkbar ist und weil selbst der technisch erreichbare Standard der Umweltsanierung unerschwingliche Kosten macht und oftmals unvereinbar mit dem Finanzbedarf der anderen Sozialansprüche der Menschheit ist, wird jedes realistische Überlebensprogramm sich vorerst auf summierte Einzelaktionen zu konzentrieren haben, mögen diese zunächst auch unsystematisch und nur lokal wirksam sein. Eine Umweltpolitik der kleinen Schritte ist eine erste anfängliche Möglichkeit, die Krise des Fortschritts zu entschärfen. Das Mögliche ist immer eine Dimension des Wirklichen.

Nachwort

Öl ist ein ganz besonderer Saft

Der Ölkrieg der arabischen Staaten gegen Westeuropa, die USA und Japan hat diese Länder wie mit einem Paukenschlag aus ihrer Wachstumseuphorie aufgeschreckt und ihre Wirtschaftsstruktur, Konjunkturpolitik, ja sogar die Vollbeschäftigungsphilosophie über Nacht in Frage gestellt. Energiekrise als Wachstumsgrenze, bisher eine in ferner Zukunft liegende Drohung, ist plötzlich erschreckendste Wirklichkeit geworden und traf die Industrieländer völlig unvorbereitet.

Ihre ersten und panischen Reaktionen: Sonntagsfahrverbot, Tempobeschränkung, zeitweilige Tankstellensperre, Herabsetzung der Zimmertemperatur, Drosselung der Reklamebeleuchtung und drastische Verteuerungen der Rohölprodukte konnten nicht genügen, den Energieverbrauch der neuen Situation anzupassen.

Es war zu erwarten, daß jene Produktionen als erste den Energiemangel fühlen mußten, die, wie die Automobilindustrie, bisher durch aufgeputschte Verbrauchswerbung, eingeplante Begrenzung der Nutzungszeit ihrer Erzeugnisse und Status- und Modediktate enorme Wachstumsraten erreicht haben, die zugleich zu stolzen Erfolgsmeldungen der Wachstumsfetischisten wie zu einer Beschleunigung der ökologischen Verwüstung führten. Daß jetzt die Wachstumskurve, deren Extrapolation schon längst in die Weltkatastrophe wies, plötzlich an die »Energiemauer«

stößt, könnte als »List« der Schöpfung verstanden werden, durch die sie die Überlebensdauer der Gattung Mensch verlängert. Wie dem auch sei, schon gibt es Stimmen, die den Ölboykott »ein Geschenk des Himmels« nennen.

Denn die Reaktionen auf diese Generalprobe für Wachstumsstop waren so unterschiedlich wie die grundsätzlichen Einstellungen der Kommentatoren zur Wachstums- und Umweltproblematik. Da nach jüngsten Erhebungen die Erdölreserven beim heutigen Verbrauch bloß bis zum Jahr 2000 reichen würden, sehen viele Beobachter in der plötzlichen Erdölkrise nur die Vorverlegung einer Situation, die unvermeidlich auf die Menschheit zukommt: eine Welt ohne flüssige Energieträger. Ein italienischer Autoindustrieller sprach geradezu von einem »heilsamen Schock«.

Auch manche Umweltschützer begrüßen den Zwang, Erdöl durch Energieformen zu ersetzen, die, wenn schon nicht umweltneutral, so doch weniger umweltbelastend sind. Schon gibt es Visionen einer künftigen Kultur, deren Produktion und Verbrauch von Energie mit den ökologischen Bedingungen der Menschheit harmonieren werden. Auch die Notwendigkeit, Energie nur noch sehr selektiv zu verbrauchen, sei, so kann man hören, vielleicht der wünschenswerte Beginn einer Zeit, in der nicht mehr die individuelle Lebensbequemlichkeit wie die elektrische Zahnbürste, sondern die jeweils zum Gemeinwohl erklärten Versorgungsziele den Energieverbrauch steuern werden. »Es ist plötzlich alles machbar geworden, was noch vor zwei Wochen als fromme Wünsche der Konsumkritiker, Hygieniker, Umweltschützer, Wachstumsverweigerer abgetan wurde. Wir üben Energieknappheit. Das Zeitalter der sorglosen Verschwendung geht langsam zu Ende, dasjenige der Sparsamkeit bricht an.« So schrieb der Zürcher »Tagesanzeiger« am 17. November 1973. Ja, der Leiter der schweizerischen Beratungsstelle für Unfallverhütung war von dem durch den Benzinmangel erzwungenen Tempolimit, weil es die Zahl der Verkehrsopfer vermindern werde, geradezu begeistert, und Bundeskanzler Brandt nannte die Energiekrise eine »Herausforderung an die Technologie«.

Der Erdölmangel, der sich durch Überbeanspruchung anderer Energieträger zu einem allgemeinen Energiemangel ausweiten könnte, würde dann unvermeidlich zu tiefgreifenden Strukturänderungen in allen westlichen Volkswirtschaften und vor allem zu einer entscheidenden Veränderung des Wirtschaftsbewußtseins der hochentwickelten Völker führen. Wenn sich zur Zeit dieser Niederschrift auch noch nicht im entferntesten sagen läßt, welche Maßnahmen von den Regierungen ergriffen werden müssen, um der neuen Energiesituation zu begegnen, so läßt sich doch so viel mit einem hohen Grad von Wahrscheinlichkeit vermuten: Es werden Maßnahmen sein, die darauf abzielen, Erdöl durch andere Energieformen möglichst rasch zu ersetzen, wobei »möglichst rasch« einen Zeitraum von mindestens einem Jahrzehnt, wahrscheinlicher aber zwei bis drei Jahrzehnten meint. Bis dahin wird das gesamte Produktionsvolumen und Verkehrsaufkommen unvermeidlich der verfügbar gebliebenen Restenergie anzupassen sein.

Wieviele Jahre immer diese Durststrecke der Industrie und des Verkehrs dauern wird, die Zeit des Energiemangels wird begrenzt sein. Das, was Bundeskanzler Brandt die »Herausforderung der Technologie« genannt hat, wird zum Ersatz von Erdöl durch andere Energieträger führen. Die von den Arabern gedrosselte Erdölzufuhr wird eine neue energietechnische Revolution erzwingen, vielleicht nicht weniger einschneidend und zukunftsbestimmend, als es die Erfindung der Dampfmaschine und des Eloktromotors gewesen ist.

Das Elektromobil, das als bloße Forderung der Ökologen für seine wirtschaftliche Verwertbarkeit Jahre um Jahre gebraucht hätte, wird jetzt, wenn konventionelle Automobile mangels Treibstoff nicht mehr so leicht verkäuflich sein werden wie bisher, erstaunlich rasch auf den Markt kommen. Man wird in größerem Maßstab als bisher und auch mit wirtschaftlicheren Methoden Kohle verflüssigen und mit supermodernen Techniken und gewaltigem Finanzaufwand nach Erdgas bohren. Man wird die Ausreifung der Kernfusion beschleunigen, die Energie der Sonne, der Gezeiten und der Winde ausbeuten und längst Erfundenes und Gefundenes (wie den amerikanischen Ölschiefer), dessen Verwertung bisher unwirtschaftlich war, nutzbar machen. Denn mag die Zeit des Energiemangels auch beschränkt sein, die der billigen Energie, ja der Energieschwemme ist vermutlich für immer vorbei. Das, was man so die »Energiemauer« des Wachstums nennt, ist in Wirklichkeit eine Umstrukturierung der Energieträger und Energiepreise, wohl mit jahrelangen Krisen-

erscheinungen, doch der homo inveniens, das erfinderische Wesen, wird sich wieder zu helfen wissen.
Es wird also, wann immer das sein mag, wieder genug Energie für neues technisches Wirtschaftswachstum geben und damit neue ökologische Probleme; die Umwelt ist noch längst nicht sicher geworden, obschon manche Energieform umweltfreundlicher sein wird als das Erdöl, das man vielleicht bald altmodisch nennen wird. Bis dorthin aber wird die Güterproduktion und das Verkehrsvolumen selektiv verringert werden müssen. Eine neue Gewichtung der einzelnen Erzeugnisse und Leistungen nach allgemeinem und privatem Nutzen wird unumgänglich sein. Komfortgüter werden gegenüber solchen zurückzustehen haben, die arbeitsplatzpolitisch und kulturell von Bedeutung sind. Die Auslese wird durch Energiezuteilung erfolgen; wie einst kriegswirtschaftlich wichtige Betriebe bevorzugt wurden, werden es vielleicht in der nächsten Zukunft volkswirtschaftlich wichtige sein. Diese Energiezuteilung muß aber nicht notwendig von Staatswegen erfolgen. Gewiß wird schon der erhöhte Energiepreis in der Marktwirtschaft selektierend wirken, zum Nachteil der energieintensiven aber verzichtbaren Komfortgüter und zugunsten der unentbehrlichen »essentials«.
Strukturbereinigungen, deren Ausmaß Ende 1973 noch nicht abzusehen ist, werden die Folge sein. Es wird zu Auswirkungen kommen, die sich kaum schon erahnen lassen. Einige Beispiele: Mit der Automobilindustrie, die als eine der ersten von der Krise voll getroffen wurde, wird die Elektro- und Stahlindustrie notleidend werden. Erdölmangel trifft auch die Plastikherstellung,

die Kunstfaserindustrie, ebenso die Schallplattenerzeugung, deren Ausgangsprodukte Erdölderivate sind. Die Fremdenverkehrswirtschaft, durch die Behinderung des Autotourismus hart getroffen, wird zahllose Nebengewerbe in ihre Krise ziehen, und es ist auch nicht abzuschätzen, welche Folgen allein die Drosselung des Flugverkehrs haben wird. Das Speditionsgewerbe bekam die Verteuerung der Treibstoffe sofort zu spüren, es wird diese Kostenbelastung auf seine Tarife und damit auf die Preise aller auf der Straße transportierten Güter abwälzen, es wird also Kettenreaktionen von den Raffineriepreisen bis etwa zu denen der Eierteigwaren geben. Daß Chemie und Petrochemie mit ihren gewaltigen Produktionssortimenten zu den unmittelbar betroffenen Sparten gehören, sei nur kurz erwähnt. Während die Öffentlichkeit zunächst nur um ihr Benzin und leichtes Heizöl für Raumheizung bangte, sind das industriell benötigte schwere Heizöl und Dieselöl Mangelwaren geworden. Es geht längst nicht mehr nur um den Treibstoff für die Sonntagsfahrt ins Grüne, es geht um die ganze Wirtschaft, um Arbeitsplätze, Einkommenshöhe und Konsumniveau. Nicht nur Nullwachstum, das bisher theoretisch so lange diskutiert worden ist, droht, das Gespenst der Rezession, des Minus-Wachstums klopft an die Tür. Die Börse, von der man sagt, daß sie immer der Entwicklung voraus sei, hat Ende 1973 bereits die Rezession vorausgedacht und sie mit enormen Kursstürzen wichtiger Aktiengruppen antizipiert.

Energie wird also für lange Zeit Mangelgut sein, gleichgültig, ob es auf dem Erdölsektor wirklich ein

Mengen- oder nur ein Preisproblem geben wird. Derzeit scheint es, daß Rohöl, obschon zu drei- und vierfachen Ausgangspreisen, auf dem Weltmarkt in genügenden Mengen erhältlich ist, und schon ruft man nach einer Kontrolle der Gewinne der internationalen Erdölgiganten, die im Verdacht stehen, Mengen und Preise zu ihren Gunsten zu manipulieren.

Daß die nach den Marktgesetzen von Angebot und Nachfrage rapid steigenden Energiekosten bis zu allen Letztverbraucherpreisen durchschlagen und die schon seit Jahren munter trabende Inflation leicht zum Galopp bringen können, sei hier nur erwähnt. Auch nur erwähnt sei, daß Wachstumsminus der Gütererzeugung nicht unbedingt ein Minus des Wohlstandswachstums sein muß. Es ist kein Naturgesetz, daß Wohlstand nur eine Funktion des bedenkenlosen Verschleißes von Rohstoffen und Energie ist. Der Wohlstandstrend wird auf den Dienstleistungs- und Kultursektor ausweichen können, und statt Einkommenserhöhung und Mehrkonsum von Waren wird man Freizeitvermehrung und Mehrkonsum von Kultur zum Wohlstandsindex machen müssen. Mehr Freizeit zu vermehrtem Genuß von Kulturgütern und von Dienstleistungen aller Art ist die Vision einer neuen Wohlstandsgesellschaft und kann, muß aber nicht unbedingt deren Utopie bleiben. Die sozialen, ökonomischen und kulturellen Probleme, die mit einer solchen Bewußtseinsänderung verbunden sein werden, sollen nicht verniedlicht werden, sind aber nicht Thema dieser Arbeit.

Hier geht es um die Frage, wie die Energiekrise auf die Umweltverfassung wirken wird. Vermutlich im Gesamtergebnis positiv, obschon längst nicht so positiv, wie manche Ökologen hoffen. Jedenfalls aber sind sie alle rehabilitiert, die wie Grzimek, Lorenz und König bisher Prediger in der Wüste waren und als Käuze, Miesmacher, Phantasten und Wohlstandsneider galten. Jetzt haben ein paar Araberscheichs durch Drosselung der Erdölhähne klargemacht, was die Wissenschaft durch bloße Appelle an die Vernunft nie genügend zu Bewußtsein bringen konnte: daß Energie vorläufig noch längst keine unbeschränkt verfügbare Gabe der Natur ist.

Unmittelbar wird die wohlstandsgeschädigte Umwelt durch die Energiekrise entlastet werden. Weniger Benzin bedeutet weniger Bleiablagerung im Gemüse, weniger Auspuffgas weniger Luftverpestung in den Städten, weniger Ölrückstand, weniger Wasservergiftung und weniger Wegwerfprodukte werden weniger Müllberge verursachen; der Vergeudungs- und Verpestungswahn erlebt seine Schocktherapie.

Das heißt, daß jene »Lebensqualität«, von der so viel und so unklar die Rede ist, durch Verbesserung der Umweltqualität gewinnen könnte: durch ein Minus an Gestank, Wasserverpestung, Luftverderbnis, Bodenbelastung und Lärm. So könnte nur sturster Ökonomismus im Wachstumsritardando durch den Energiemangel eine Katastrophe ohne jede Lichtseite sehen. In Wirklichkeit ist dieser Mangel unvermeidlich im Kommen gewesen, ist durch die arabische Erpressung bloß um 50 oder 100 Jahre vorverlegt worden und könnte die Rettung der Menschheit vor ihrem ökologischen Tod werden. Aber nur völlige Wirtschaftsblindheit kann andererseits die unmittelbare Rettung der Biosphäre durch die Erpressungstaktik der Araber ohne Einschränkung bejubeln.

Denn diese Rettung wird uns teuer zu stehen kommen. Sie wird mit enormen Umschichtungen von Arbeitskräften zu bezahlen sein, mit Krisensituationen ganzer Branchen, mit Mangelerscheinungen auf vielen Märkten. Alle diese Umwälzungen können unmöglich sozial reibungslos verlaufen. Schon an der Frage, welche Wirtschaftszweige durch Energiezuteilung im allgemeinen Interesse privilegiert werden sollen, werden sich Interessenkämpfe heftig entzünden. Denn objektive Kriterien für den Gemeinnutzen eines Produktes gibt es nicht, es gibt nur Wertungen, die unvermeidlich subjektiv und politisch getönt sein werden. Daß Energie nicht nur ein Wirtschafts-, sondern auch ein Kulturfaktor ist, auf den kein Spital, kein Theater, keine Druckerei, kein Rundfunk, ja letztlich kein Zahnarzt verzichten kann, macht die Selektion der Privilegierten noch schwieriger.

Es wird zumindest temporäre Arbeitslosigkeit geben, und ob das ohne politische Folgen bleiben wird, ist fraglich. Das hängt von der Einsicht der Betroffenen, von der Politik der Regierungen, der Haltung der Gewerkschaften, aber auch von den Manipulationen jener Kräfte ab, die von sozialen und politischen Wirren profitieren. Zeichen an der Wand sind schon da, aber Europa kann sie derzeit noch nicht recht deuten.

Enorme wirtschaftliche Umwälzungen mit weitreichenden Folgen werden also der Preis der reduzierten Umweltverwüstung sein. Auch ist vor dem Irrtum zu warnen, die Welt trete jetzt, durch den Energiemangel gezwungen, in eine Epoche völlig umweltfreundlichen Wirtschaftens ein. Ganz davon zu schweigen, daß in der nächsten Zeit in der westlichen Welt eine hektische Suche nach eigenen Erdölvorkommen einsetzen wird (in der Nordsee und an der Ost- und Westküste der USA wird mit Erfolgsaussicht gebohrt). Auch gegen die bisher von Umweltschützern verhinderte Auswertung der Erdöllager in Alaska kann jetzt kein Einwand mehr erfolgreich sein; die Konzession wurde von der Regierung Nixon bereits erteilt.

Das so umweltfeindliche Erdöl wird bis zur Erschließung neuer westlicher Ölquellen durch etwas weniger schädliche Energieträger, elektrischen Strom, Kohle und Erdgas, ersetzt werden, vor allem aber durch die biologisch so problematische Kernenergie. Deren Ausbau wird bereits jetzt vorangetrieben. Die Brüsseler Kommission der Europäischen Gemeinschaft kündigte Vorarbeiten für eine europäische Urananreicherungsanlage an, um den Kontinent in der Vorsorgung mit diesem Mineral autark zu machen. Da bisher der Energieverbrauch der Länder der Gemeinschaft jährlich um 10 Prozent stieg und von den Mitte 1973 erzeugten 66 Milliarden kWh Strom nur 3,5 Milliarden durch Kernenergie produziert wurden, sollen raschestens neue Reaktoren gebaut werden.

Daß die USA jetzt nicht nur ihre eigenen, noch nicht ausgebeuteten, enormen Kohlen- und Ölvorkommen energisch erschließen, sondern auch alle biologischen Bedenken gegen die Kernenergie über Bord werfen wird, war zu erwarten. In dem Verzweiflungschor der Wirt-

schaft werden die Stimmen der Biologen und Ökologen nicht mehr vernehmbar sein. Vor dem Ölboykott gehörten die USA zu den Ländern mit billigstem Energieverbrauch, der durch massivste Verbrauchswerbung ständig weiter angeheizt wurde. Klimatisierte Räume, phantastische Lichtreklamen und elektrische Haushaltsgeräte gehörten gleichermaßen zum »American way of life«. Die Energiekrise hat dieses Land mit voller Wucht getroffen. Radikale Sparmaßnahmen einerseits und schleunigste Vermehrung der Kernenergie bis 1985 auf das Dreizehnfache sind die Ziele. Ein namhafter Experte nannte es einen Segen Gottes, daß Kernenergie gerade jetzt durch die Fusionstechnik ein neues Stadium erreicht hat. Doch bis sie wirtschaftlich so stark ins Gewicht fallen wird, daß sie Erdöl zu ersetzen vermag, werden noch viele Jahre vergehen, und bis dorthin mag die Umwelt wirklich Schonzeit haben.
Mehr läßt sich jetzt noch nicht sagen. Noch gibt es zum Jahresende 1973 nicht einmal darüber Gewißheit, ob sich der Ölboykott, der ja die Milliardeneinkünfte der Ölländer vermindert und die technologische Hilfe des Westens für den arabischen Raum in Frage stellt, nicht bloß als ein riesiger Bluff erweisen und nach gelungener politischer Erpressung wieder abgeblasen werden wird. Oder ob es sich wirklich um den Posaunenstoß handelt, der eine Weltwirtschaftskatastrophe signalisiert. Der bekannte austroamerikanische Raumplaner Victor Gruen sieht schon ein »Ende des Automobilzeitalters«. Er empfiehlt Einstellung des Straßenbaus, der nur Autoverkehr animiere, Bauverbote für Gebäude (besonders Zweitwohnungen), die nicht mit

öffentlichen Verkehrsmitteln erreichbar sind, und ähnliche Maßnahmen mehr. Denn alle Erfindungskräfte und finanziellen Möglichkeiten müßten jetzt auf die Erschließung neuer Energiequellen und energiesparender Produktionsformen konzentriert werden. Der Autoverkehr sei zu entmutigen.

Aber selbst wenn die Optimisten Recht behalten und die Welt nur einen kurzfristigen Bluff einiger Ölpotentaten erleben sollte, so würde schon das genügen, sie, die bisher in Energieeuphorie ihrem materiellen Wachstum nachjagte, aus ihren Illusionen aufzuschrecken und mit der natürlichen Tatsache ihrer Energieabhängigkeit zu konfrontieren. Mag die Welt jetzt den Beginn ihrer langdauernden Energiekrise oder nur die Generalprobe für sie erleben, — nie wieder wird sie die gleiche sein, die sie vor dem Ölboykott war. Mit der künftigen neuen Verfassung der Wirtschaft wird sich auch die der Umwelt verändern, ob zum Besseren oder zum Schlechteren, hängt von den kommenden Generationen ab.

Anmerkungen

[1] *Gaetan Picon,* Panorama des zeitgenössischen Denkens, Berlin 1961, S. 7.

[2] *Otto König,* Das Paradies vor unserer Tür, Wien–München–Zürich 1971, S. 11ff.

[3] *Julian Huxley,* Entfaltung des Lebens, Frankfurt 1954, S. 112.

[4] *Eugen Böhler,* Die Zukunft als Problem des modernen Menschen, Freiburg 1966, S. 87.

[5] *Eugen Böhler,* a.aO., S. 13.

[6] Vgl. *Herman Kahn,* Angriff auf die Zukunft, Wien–München–Zürich 1972.

[7] *Peter F. Drucker,* Die Zukunft bewältigen, Düsseldorf–Wien 1969.

[8] *Hans Sachsse,* Technik und Verantwortung, Freiburg 1972, S.124.

[9] *Ernst Topitsch,* Mythos, Philosophie, Politik, Freiburg 1969, S.66.

[10] *Friedrich Hacker,* Aggression, Wien–München–Zürich 1971, S. 168.

[11] *Fritz Riemann,* Grundformen der Angst, München 1970, S. 7f.

[12] Vgl. *Walter Houston Clark,* Chemische Ekstasen, Salzburg 1971.

[13] *Eugen Böhler,* a.a.O., S. 51.

[14] *Jean Fourastié,* Die 40.000 Stunden, Düsseldorf–Wien 1966.

[15] *Herbert Marcuse,* Triebstruktur und Gesellschaft, Frankfurt 1969, S. 148.

[16] *Herman Kahn,* Anthony Wiener, Ihr werdet es erleben, Wien 1968.

[17] *Olof Johannesson*, Saga vom großen Computer, Wiesbaden 1970.

[18] *Ernst Topitsch*, Vom Ursprung und Ende der Metaphysik, München 1972, S. 9f. und 30.

[19] *Alfred Weber*, Kulturgeschichte als Kultursoziologie, München 1950, S. 26.

[20] *Hans Sachsse*, a.a.O., S. 49.

[21] *Hans Sachsse*, a.a.O., S. 25f. und 35f.

[22] *Hans Sachsse*, a.a.O., S. 66.

[23] *Hans Hass*, Wir Menschen, Wien 1968, S. 109.

[24] *J. Huizinga*, Homo ludens, Basel 1944, S. 17.

[25] *Jacob Burckhardt*, Größe, Glück und Unglück in der Weltgeschichte, Leipzig 1870, S. 52.

[26] Jacob Burckhardt an Friedrich v. Preen 1871.

[27] *Hermann Schelsky*, Der Mensch in der wissenschaftlichen Zivilisation, in: Auf der Suche nach der Wirklichkeit, Düsseldorf 1965, S. 449.

[28] *Wilhelm Kühnelt*, Grundriß der Ökologie, Jena, 2. Auflage, 1970, S. 332.

[29] *Wilhelm Kühnelt*, a.a.O., S. 338.

[30] *Garrett de Bell*, The Environmental Handbook, New York 1970.

[31] *Eugen Böhler*, a.a.O., S. 97.

[32] *Hans Sachsse*, a.a.O., S. 25f.

[33] *Helmut Schoeck*, Der Neid, Freiburg 1966, bes. Kap. 13.

[34] *Lester B. Pearson*, Parntners in Development, New York 1969.

[35] *Gunnar Myrdal*, Asian Drama, London 1968.

[36] *Alexander Mahr*, Der unbewältigte Wohlstand, Berlin 1964.

[37] *Arnold Gehlen*, Die Seele im technischen Zeitalter, Hamburg 1957, S. 26f.

[38] *Wolfgang Schmidbauer*, Homo consumens, Stuttgart 1972.

[39] *Arthur Jores*, Der Mensch und seine Krankheit, Stuttgart 1962, S. 33.

[40] *Wilhelm Kühnelt*, a.a.O., S. 322.

[41] *Bertrand de Jouvenel*, Jenseits der Leistungsgesellschaft, Freiburg 1970, S. 23.

[42] „Die Industrie", 22. 9. 1972.

[43] *Dennis Meadows*, Die Grenzen des Wachstums, Stuttgart 1972, S. 56.

[44] *Gordon Rattray Taylor*, Das Experiment Glück, Frankfurt 1972, S. 234 f.

[45] *Alvin Toffler*, Der Zukunftsschock, Bern 1970, S. 337 ff.

[46] *Herman Kahn / Anthony Wiener*, a.a.O., S. 77 f.

[47] *Walter Egli*, Natur in Not, Bern 1971, S. 145 f.

[48] *John Maddox*, Unsere Zukunft hat Zukunft, Stuttgart 1973, S. 5.

[49] *Dennis Meadows*, Die Grenzen des Wachstums, Stuttgart 1972.

[50] *Dennis Meadows*, a.a.O., S. 161, 164.

[51] *Dennis Meadows*, a.a.O., S. 172 f.

[52] *H. Wildner*, Technik der Diplomatie, Wien 1959.